Writinz Coach 가 알려주는
영문기사 **작성법**

목차 Contents

파트 I
Part One

파트 II

Part Two

추천사_서문 • Foreword 1

The book in your hands represents the distilled wisdom of the most experienced and longest-serving English-language journalist in Korea. Paul Shin Ho-chul has worked at his craft for 50 years.

His key message here for journalists is: simplicity. A lot of English nouns and verbs come in three types: the scientific, the literary and the popular. For example, ingest, consume, eat. In journalism, if you mean eat, you write eat.

That means that every Korean university graduate will already know most of the English he or she will ever use as a journalist. But to write simply, you must adjust. If you have studied science, for example, you will need to cut all those long words out; if you've studied literature, you need to unlearn it; if you've studied law, you need to shorten your sentences and inject your prose with life and color.

The guidance here, therefore, is about developing a craft. And that is something that every journalist needs to learn, regardless of which language they work in. Some don't learn it very well. There are good reporters who are poor writers, and good writers who are poor reporters. This book will help you excel at both.

I remember, back in the early 1980s, I used to write my stories on a typewriter and walk over to the office of UPI, where Paul was one of the correspondents. My newspaper had an arrangement and so someone at the bureau would type my story into the UPI system and send it to America. Amazing technology.

Before I got there I had struggled a lot with each story, ripping out 10 sheets of paper from the typewriter for every one produced. When I moved to computers, it was the same problem with the blank screen. I wish now that I had told Paul about this struggle. He could have given some good advice. The news agency reporters, you see, are the best at the basics.

They learn their craft from the beginning, while newspaper and magazine writers may learn by imitation of their colleagues, but never learn the rules.

That is why Paul's fifty years at UPI, AP, and Yonhap represent such an extraordinarily valuable font of experience. I suggest you use it well.

Michael Breen
CEO of Insight Communications
and author of The Koreans

추천사_서문 • Foreword 2

Fortunate the men and women in South Korean media who have worked with Paul Shin or, like me, have benefited repeatedly from his wise counsel. Fortunate now the many more budding reporters who, because of this book, will be able to see for themselves just what Mr. Shin has meant for English-language journalism in Korea for the last half century.

Since 1965 -- first, as a young man, with The Korea Herald, then for 16 years with UPI, 18 with AP, as the dean of wire service news editors, and, after his 2003 retirement, as Yonhap's in-house mentor for the young reporters in the growing English news service -- Mr. Shin has steered newsrooms through the coups, protests, assassinations, bloody inter-Korean border clashes and the interminable nuclear showdowns and subsequent high-stakes diplomacy that have made the Korean Peninsula one of the hottest news stories on Earth.

Thin but wiry, his hair neatly parted, his tie knotted tight, Mr. Shin embodied calm assurance and unshakable professionalism as his fingers worked typewriter and then keyboard. In moments of deep thought over a tricky lead or while deciphering an awkward bit of government-speak, Mr. Shin would stand in front of his terminal, one hand cupping his chin, the other supporting his elbow, swaying slightly to the left and right as he worked the problem. Though not a tall man, his presence -- the manifestation, as it were, of his dedication to his reporters'stories -- seemed to fill the newsroom.

The lucky ones who have worked with Mr. Shin remember him as much for what he taught them as for his skill during breaking news. He believes in the basic fundamentals of good journalism -- the clear, balanced quote; the accurate, interesting lead; holding governments and those in power accountable for their words and actions -- and he has made it his mission to pass along his knowledge to countless young reporters.

In doing so, he has uncovered scores of talented journalists whose continuing work covering the Koreas stands as a fitting monument to their mentor. Mr. Shin's work, and now this book, will stand alongside the many memories of his good humor, his ability to inspire, his phenomenal work ethic and, perhaps most keenly, his real concern for his reporters'work. In the words of one former Yonhap English reporter, when it came to questions about reporting and writing the news, "He loved to be 'bothered.'"

Foster Klug
AP Seoul Bureau Chief

"News writing: Information is not enough."

-- Rene J. Cappon --

르네 J. 카폰(Rene J. Cappon)은 AP통신사에서 2002년 은퇴할 때까지 반세기 넘게 활동한 뉴스 보도의 달인이었다. 그는 일선 기자를 거쳐 편집국장까지 올라간 입지전적인 인물이었지만 많은 사람들은 그를 AP 기사의 질을 높이는 데 커다란 족적을 남긴 writing coach(기사 작성 코치)로 더 기억하고 있다.

그의 창의적인 어휘 구사력은 많은 후배, 동료들에게 선망의 대상이었고 배움의 원천이었다. 이 책의 저자도 그 중의 한 사람이었다. 지금도 그의 지적 사항이 머리에 맴돌고 있는데, Cappon이 1982년에 출판한 명저 〈The Word〉에서 인용한 위의 문구는 뉴스 보도에 관한 그의 생각을 함축적으로 나타내고 있다.

뉴스 기사의 본질이 정보(information)의 전달에 있다고 할 때 전달 자체로 만족하는 기자가 많은 게 현실이다. 그러나 Cappon은 이를 한 단계 뛰어넘어 보다 효율적이고 감동적으로 전달하는 방법을 강조하고 있다.

이 책의 저자가 2015년 여름, 반세기에 걸친 영문 언론 현장을 떠나기로 했을 때 많은 사람들이 후학을 위해 저자의 경험을 기록으로 남기기를 권했다. 그러나 책으로 무언가를 남긴다는 소박한 생각에서 쉽게 응하고 보니 어려움이 한두 가지가 아니었고, 후회했던 순간도 있었다. 그러나 어려움이 있을 때마다 주위 여러분들의 격려가 있어 오늘에 이르렀다.

본인의 지나온 과거를 돌이켜 볼 때 첫 수십 년간은 외국 통신사에서 일선 기자로, 또 데스크(desk) 책임자로 동분서주한 시간이었다. 2003년 AP에서 은퇴한 후 10여 년간은 연합뉴스에서 후학들을 위한 writing coach로서 언론 현장을 지켰다.

〈Writing Coach가 알려주는 영문기사 작성법〉은 저자가 그동안 겪어 온 경험의 산

물이다. 책 이름이 시사하듯 이 책은 영문 기자가 되고자 하는 독자에게 그 초점이 맞추어져 있다. 기자 지망생에게는 입문서가 되고, 현업에 있는 독자에게는 기억을 되새기는 기회가 되었으면 한다.

영어를 모국어로 하는 사람이 영어로 글을 쓰는 것은 비교적 쉬운 일인지 모른다. 하지만 일선 현장에서 꼭 그렇지 않은 것을 보면 유능한 영문 기자로 성장하는 길은 별개일 수 있다는 생각을 하게 된다. 달리 말하면, 영문 기자직은 그렇게 간단치 않은 프로의 세계라는 것이다.

영어는 대부분의 한국인에게 낯선 언어다. 따라서 영어로 기사를 써서 영어를 모국어로 하는 외국인의 관심을 불러일으키는 일은 쉬운 일이 아니다. 그러나 그 길은 닫힌 문이 아니고 열린 문이다. 비록 쉽지 않은 길이지만 길을 잘 안내하는 이가 있다면 성공적으로 안착할 수 있다.

한국에서 영문 기자가 되는 길은 한국인에게는 특권이다. 한국인이기에 가능한 일이기 때문이다. 한국어를 자유롭게 구사할 수 없는 외국인에게는 범접할 수 없는 영역이다. 한국에서 발생하는 모든 뉴스의 출처가 한국인이고, 콘텐츠(contents) 역시 한국어인데 외국인이 그 내용과 진의를 정확히 이해하고 기사화해 보도하는 것은 지난한 일이다.

그런 면에서 여러분이 이 직업에 대한 남다른 열정을 가지고 있다면 충분히 도전해 볼 만한 가치가 있다. 적지 않은 사람이 지금 영문 기자로 활동하고 있고, 새로 이 직업에 입문하려는 사람도 줄을 서서 대기하고 있지만 뉴스 제작 현장에서 보면 준비된 지망생은 그리 많지 않은 실정이다.

기본적으로 영어 구사 능력이 중요하지만 그것만으로 모든 문제가 해결되진 않는다. 가장 두드러진 문제는 영문 기사의 독자가 외국인이라는 사실을 충분히 깨닫지 못하는 데서 출발한다. 그 결과 한국인의 관점에서 기사가 만들어지고 외국인에게는 관심도 없고 심지어 알 필요도 없는 기사가 작성되기도 한다.

"영문 기사의 독자는 외국인이다"라는 간단한 사실을 재확인하는 과정이 이 책의 목적일 수 있다. 이 책의 출발점과 종착점은 이와 같이 명명백백한 전제를 확인하는 과정이라고 할 수 있다. 이 책의 독자가 이를 이해한다면 그 보상은 충분하리라고 생각한다. 이 전제는 기회 있을 때마다 이 책에서 강조된다.

뉴스룸(newsroom)에는 정치, 경제, 사회 등 세분화된 부서가 있고 각 부서는 부장(editor)을 중심으로 뉴스 제작 활동이 이루어진다. 보다 깊이 세분화된 기능을 가진 부서가 협업 체제로 존재하며 이런 부서에서는 특집 프로그램이나 장기 과제로 주어지는 탐사 보도(in-depth investigative reporting) 등 다양한 일을 하고 있다.

신문과 통신의 경우 제작 활동을 돕는 편집부, 교정부(proofreading), 조사부 등이 따로 있고 사진부, 논설위원실이 독립적으로 존재한다. 요즈음 비용 절감 차원에서 일부 매체에서는 사진이나 단순 스포츠 경기 결과를 수집하는 일 등은 외주로 돌리고 있다.

취재 부서를 책임지고 있는 에디터(editor), 즉 부장직은 바쁜 자리다. 예고 없이 쏟아지는 기사를 읽고 수정해야 하며 때에 따라서는 기사를 다시 쓰게 해야 한다. 이 모든 과정은 격무일 수밖에 없다. 따라서 부장이 따로 시간을 할애하여 기자 훈련에 신경 쓰는 일은 애초부터 불가능하다고 할 수 있다.

미국의 언론 현장도 사정은 비슷하다. 이런 문제를 해결하기 위해 미국의 신문사는 1980년대부터 경험 많은 언론인이나 언론 학자를 writing coach로 영입하여 기자 재교육을 담당하도록 했다. 그에 따른 효과는 지대한 것으로 나타났고, 그 트렌드(trend)는 지금도 계속되고 있다. 시간 제약 때문에 각 부장이 할 수 없는 역할을 writing coach가 담당하는 것이다.

이 책 〈Writing Coach가 알려주는 영문기사 작성법〉은 우리 나라 언론에선 아직 낯선 writing coach의 역할을 자임하고 나섰다고 할 수 있다. 그러나 이 책을 쓰면서 하나의 커다란 현실적인 문제는 영문 기자 지망생의 영어 실력이다. 영문 기자 혹은 영문 기자 지망생 가운데 유학파의 숫자가 늘어나는 추세이지만 아직도 언어 문제에 매달리는 지망생이 많다고 봐야 할 것이다. 그러나 언어 문제는 스스로 해결할 수밖에 없다.

이 책은 이런 현실적인 문제를 염두에 두었다. 초보 지망생에게 기사 쓰는 요령을 습득하도록 도와주고 그들이 성공적으로 기자직에 안착하려면 어떤 자질을 가져야 하는지 알려주려고 노력했다. 즉, 두 마리 토끼를 잡는 방법을 제시하는 것이다.

한국에서 영문 기자가 되는 길은 두 가지가 있다. 첫째는 영자 신문사에 입사하는 길이고, 둘째는 통신사에 입사하는 길이다. 현재 한국에서 영문 뉴스를 규모 있게 제공하는 통신사는 연합뉴스가 유일하다. 따라서 두 번째 길은 연합뉴스에 입사하는 길을 말한다.

현재 우리나라에는 3개의 일간 영자신문(The Korea Herald, The Korea Times, The Korea JoongAng Daily)이 연합뉴스와 상생 혹은 경쟁관계를 이루고 있다. 이곳에는 각각 수십 명의 기자가 활동하고 있다. 일부 대규모 한글 종이 매체도 영문 기사를 온라인으로 제공하고 있으나 그 범위는 제한적이다.

신문, 통신, 방송사의 편집국은 비슷한 체제로 운영된다. 영문의 경우 일정한 형태로 기사를 작성하여 제출하면 부장(deskman)과 영어를 모국어로 하는 외국인 copyeditor 혹은 copyreader의 손을 거쳐 지면에 실리거나 외부로 송출된다. 신문사의 경우 내부 기사 카피(copy)에 대한 외부 접근이 제한되어 있어 이 책은 통신 기사에서 주로 예문을 찾고 있다.

이 책은 두 개의 파트(part)로 나누어져 있다. 첫째 파트에서는 영문 기사 작성 요령과 방법을 제시하고 예문을 통해 독자의 이해를 돕고 있다. 예문은 가능하면 일부가 아닌 전문을 제시하여 독자가 많이 읽어볼 수 있도록 했다.

두 번째 파트는 연합 영문 기사의 리뷰(review)로 구성되어 있다. 기자들이 일선 현장에서 작성한 기사는 시간 제약 등의 요인으로 완성도가 떨어진 채로 외부에 송고되는 경우가 발생한다. 이런 '미완성'의 기사를 해설과 더불어 재작성(rewrite)하여 제시함으로써 독자들이 자신의 기사 작성 능력을 시험해 볼 수 있도록 했다.

이 책을 쓰면서 맞닥뜨린 또 하나의 문제는 영어로는 뜻이 명확하지만 그에 해당하는 한글을 찾기가 쉽지 않다는 것이었다. Attribution, context 등이 이에 해당한다. 숙고 끝에 이 책을 읽는 독자의 영어 이해도를 고려하여 한글과 혼용하기로 했다.

이 책이 나오기까지 많은 분들의 격려가 큰 도움이 되었다. 특히 뉴스통신 진흥회의 이문호 이사장님과 직접 출판을 맡아준 연합뉴스에 감사드린다. 그리고 바쁜 시간을 내어 책 전체를 읽고 조언을 아끼지 않은 연합 영문뉴스부의 김수연 기자, 영문경제뉴스부의 김은정 기자, 그리고 동료였던 Steve Beland에게 특별한 고마움을 표하고 싶다.

많은 노력에도 불구하고 어쩔 수 없이 나타나기 마련인 오류는 전적으로 저자 자신이 책임져야 할 몫으로 남는다.

저 자

파트 I
Part One

영문 언론 시장

English media market in Korea

지금 세계 언론 시장에는 격변이라고 할 수 있을 정도로 많은 변화가 일어나고 있고, 그 변화의 중심에는 날로 어려움이 가중되는 종이 매체, 신문이 자리하고 있다. 발행 부수(circulation)의 감소와 광고 시장의 위축으로 돌파구를 찾기가 쉽지 않다. 이에 따른 한국 영문 언론 시장의 상황도 비슷하다.

신문, TV, 라디오, 잡지 등 일선 현장의 매체는 뉴스의 소매상이라고 할 수 있다. 이들에게 상품화 된 뉴스를 공급하는 통신사는 도매상의 위치에 있다. 대표적인 국제 뉴스 통신사로는 미국의 AP와 프랑스의 AFP가 있다. 영국에서 출발한 또 다른 주요 국제 뉴스 통신사인 로이터(Reuters)는 2007년 캐나다(Canada)와 미국에 기반을 둔 거대 정보 통신업체인 톰슨 코퍼레이션(Thomson Corporation)에 인수되어 새롭게 태어났다. 경제 뉴스로 특화된 대표적인 국제 통신사는 Bloomberg News, Dow Jones, Reuters가 있다.

미국의 UPI도 한때 대표적인 국제 뉴스 통신사였으나 1970대 말부터 불어닥친 급격한 언론 시장의 환경 변화를 이기지 못하고 쇠퇴하기 시작하여 지금은 존재 자체가 거의 사라졌다.

한국에도 국가 기간 뉴스 통신사인 연합뉴스를 비롯하여 뉴시스, 뉴스원 등 소규모 민영 통신사가 존재한다. 연합뉴스는 최근 10여 년간 해외 뉴스를 강화하여 한국 관련 주요 뉴스를 영어, 중국어, 일본어, 불어, 스페인어, 아랍어로 내보내고 있고, 한글과 별도로 영문 특파원을 워싱턴과 베이징에 상주시키고 있다.

대부분의 한글 매체와 마찬가지로 국내 영문 매체도 많은 지면과 방송 시간을 국내 혹은 해외 언론사의 기사로 채우고 있다. 이는 자연스러운 현상이다. 개별 매체들이 모든 뉴스를 자체 취재하여 보도하는 것은 불가능한 일이기 때문이다. 이에 따라 여유가 생긴 가용 인력을 심층 보도 등 다른 부분에 투입할 수 있어 여러 면에서 효과적이라고 할 수 있다.

한국 언론의 중심은 누가 뭐래도 한글 매체다. 그러나 빠른 세계화의 물결 속에 영문 매체도 날로 주목받고 있다. 뉴스 보도의 핵심이 속도(speed)와 정확성(accuracy)의 경쟁이라고 할 때, 영문 매체에도 긴급 뉴스(breaking news)에 관한 한 한글 매체를 앞설 수 있는 기회는 항상 열려 있다. 즉, 특종의 기회는 모두에게 있다는 것이다.

분, 초를 따지는 속보 경쟁은 전쟁이라고 할 수 있을 정도로 치열하고 종종 특종(exclusive)으로 이어진다. 특종은 기자가 부지런하면 언제든지 가능한 일이다. 따라서 부지런함을 기자의 중요한 자질 중 하나로 꼽는 이도 있다. 요즈음은 부지런한 기자가 많아 경쟁에서 이기려면 더 부지런해야 한다.

부지런함의 중요성을 강조하기 위해 흔히 쓰는 영어 속담이 있다. "An early bird catches the worm"이다. 이 속담을 요즘 "An early bird catches the fattest worm"으로 바꿔 이야기하는 이도 있다. 영문 기자가 새겨들었으면 한다.

세기의 속보 경쟁 중의 하나는 존 F. 케네디(John F. Kennedy) 미국 대통령이 1963년 11월 22일 텍사스 주 댈러스(Dallas)에서 세 발의 총격을 받고 사망한 사건이라고 할 수 있다. 미국 언론의 입장에서 보면 일본의 진주만 공격 이후 가장 치열한 속보 경쟁을 촉발시킨 사건이었다.

Kennedy 사망 속보 경쟁은 UPI의 완승으로 끝났는데 그 과정은 일선에서 뛰고 있는 오늘의 젊은 기자에게도 시사하는 바가 많아 그 전모를 자세히 알아본다.

미국 정부의 공식 수사 결과에 따르면 당시 케네디 대통령은 12시 30분 머리에 총상을 입고 30분 후 병원에서 사망했다. UPI의 백악관 출입기자인

메리만 스미스(Merriman Smith)는 4분 후에 다음과 같은 짧은 첫 보도를 내보냈다.

UPI A7N DA

PRECEDE KENNEDY

DALLAS,NOV.22(UPI)--THREE SHOTS WERE FIRED AT PRESIDENT KENNEDY's MOTORCADE IN DOWNTOWN DALLAS.

Kennedy 대통령의 안위를 알지 못한 상황에서 Smith의 첫 보도는 UPI가 자체로 정한 긴급성 등급 No. 2에 해당하는 BULLETIN이었다. 케네디가 치명적인 총상을 입었다는 사실은 그로부터 5분 후 긴급성 최고 등급인 FLASH로 타전되었다. 총격 후 9분 만이었다. 지금과는 비교할 수 없는 당시의 열악한 통신 수단을 감안할 때 경이적인 속보다.

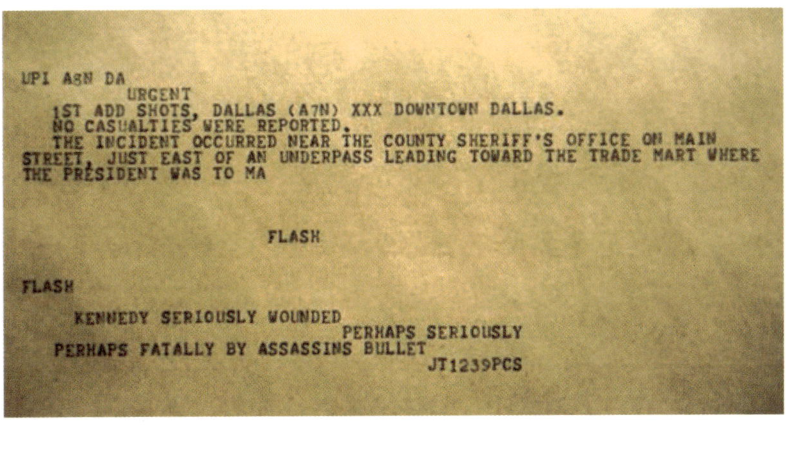

UPI A8N DA
URGENT
1ST ADD SHOTS, DALLAS (A7N) XXX DOWNTOWN DALLAS.
NO CASUALTIES WERE REPORTED.
THE INCIDENT OCCURRED NEAR THE COUNTY SHERIFF'S OFFICE ON MAIN STREET, JUST EAST OF AN UNDERPASS LEADING TOWARD THE TRADE MART WHERE THE PRESIDENT WAS TO MA

FLASH

FLASH
KENNEDY SERIOUSLY WOUNDED
PERHAPS SERIOUSLY
PERHAPS FATALLY BY ASSASSINS BULLET
JT1239PCS

위 사진(photostat copy)은 UPI가 전 세계에 타전한 두 번째 긴급 기사의 원문이다. 최고의 긴급성을 나타내는 FLASH와 송고 시간 1239pcs 즉, 12:39 p.m.이 선명하다.

그 날 Smith에게 일어난 일을 두고 행운이었다고 평가절하 하는 사람도 있다. 그러나 전후 사정은 그가 얼마나 부지런하고 정확한 판단력의 소유자였는지를 보여준다. 기자에게 필요한 자질을 말할 때 흔히 판단력과 글 솜씨를 지적하는 이가 많다. 여기에 부지런함을 더한다면 금상첨화일 것이다.

당시 Smith는 몇 안 되는 풀(pool) 기자단의 일원이었고, 그 pool 단을 위해 제공된 취재 차량의 맨 앞자리에 자리 잡고 있었다. 유일한 무선 전화(radio-phone)가 비치된 앞자리는 그날 Smith가 앉을 차례가 아니었다고 한다. 그 자리는 취재에 참가한 통신사들 간에 순번을 바꿔가며 차지하는 것이 관행이었는데 그날 Smith는 그 자리에 앉았고 아무도 이의를 제기하지 않았다고 한다.

사건이 터지자 radio-phone은 Smith의 차지가 되었고 첫 보도로 이어졌다. 수십 미터 넘게 이어진 대통령 차량 행렬 앞쪽에서 어떤 일이 벌어지고 있는지 알지 못하는 상황에서 그가 보인 침착함과 정확한 판단력은 신속한 첫 보도로 이어졌고 정확한 후속 기사가 뒤를 따랐다. Kennedy가 치명적인 총상을 입었다는 사실은 친분이 있는 대통령 경호원의 도움을 받았다고 한다.

Kennedy 사망 후 린든 B. 존슨(Lyndon B. Johnson) 부통령이 대통령직을 승계했는데 취임 선서가 댈러스에서 워싱턴으로 향하는 비행기 안에서 급히 이루어졌다. Smith는 그 비행기에 탑승한 유일한 기자였다. 그의 부지런함과 민첩성이 돋보이는 대목이다.

우리 모두가 아는 것처럼 1960년대는 인터넷 시대가 아니다. 당시 모든 통신사의 송고 수단은 속도가 느리고 정확성에서 늘 문제가 많은 텔레타이프(teletype)라는 무선 전신기였다. 이 방법으로 송고된 기사는 글자가 서로 꼬여 읽기가 어려울 때가 다반사였다. 당시의 혼란스러운 상황과 열악한 통신 수단을 고려하면 Smith가 보인 판단력과 민첩성은 찬사를 받아 마땅하다.

Smith는 radio-phone으로 댈러스에 있는 UPI 지국을 연결했고, 누군가가 기사를 타자기로 받아써 slot editor라고 불리는 책임자에게 넘겼다. 그 기사는 다시 puncher라고 불리는 teletype operator에게 전달되어 테이프(tape)에 글자를 천공해서 입력하는 과정을 거쳐 전 세계에 타전되었다. 이 복잡한 과정을 거친 두 개의 첫 기사에 소요된 시간은 고작 9분이었다.

Smith는 이 공로로 다음해 퓰리처(Pulitzer) 상을 받았고, 1970년 그가 사망하자 백악관 출입기자단(The White House Correspondents' Association)은 그의 기자 정신을 기려 'The Merriman Smith Memorial Award'라는 상을 제정하였다. 대통령 취재에 돋보인 기자에게 주어지는 이 상은 전통적으로 매년 현직 미국 대통령이 참석하는 백악관 출입 기자단 만찬 모임에서 수여된다.

기록에 의하면 Smith는 Kennedy 저격 사건 당시 50세로 대단히 적극적인 성격의 소유자였다고 한다. 아마도 그의 이런 적극적이고 부지런한 성격과 프로 정신이 그를 치열한 취재 경쟁에서 우위에 서게 했는지 모른다. 오늘날 많은 언론사에서는 신입사원을 뽑을 때 적극적인 성격의 소유자를 선호한다고 한다.

통신 수단의 제약으로 인한 희비는 한국에 근무하는 외신 기자들에게도 잊혀지지 않는 기억으로 남아있다. 1953년 휴전으로 한국전쟁은 중단되었지만 한반도는 늘 불안했다. 비무장지대 내에서는 북한군에 의한 총격 사건이 빈발했고 사건이 터질 때마다 판문점에서 군사 정전 회담이 열렸다. 국내외 언론에 중요한 취재 현장이었는데 송고 수단이 늘 문제였다.

판문점 외신기자들의 송고 수단은 용산 미군 교환대를 통해 서울에 있는 각자의 지국으로 연결되는 유선 전화 1회선뿐, 국내 언론을 위한 현지 송고 수단은 없었다. 따라서 현지에서 중요 뉴스가 발생하면 회담장에서 50미터 떨어진 기자실을 향해 전력 질주해 전화기를 먼저 잡는 사람이 그날의 행운아가 되었다.

어느 날 아주 중요한 뉴스가 회담장으로부터 갑자기 쏟아져 나왔다. 미군 당국은 외신 송고 전화선까지 회수하여 자체 통신 수단으로 장시간 사용하였는데 차단되기 직전 한 외신사는 10여 초 동안 중요한 내용을 송고할 수 있었다. 세계적인 특종이었다. 그 행운의 외신기자는 그런 긴급 상황을 예견하고 대비책을 미리 세워두었다는 후일담이 있다. 부지런함과 치밀함이 함께한 보상인 셈이다.

한국 내의 영문 언론 시장은 아직 협소하다고 할 수 있다. 그러나 급속한 세계화에 힘입어 국내 체류 외국인 숫자는 꾸준히 증가하고 있고 해외로부터의 한국에 대한 관심도 높아지고 있어 전망은 긍정적이다.

저자가 외신에 몸담기 시작했을 때 서울 외신기자 클럽(The Seoul Foreign Correspondents' Club)의 회원 수는 30명 정도였고 그 중 상당수는 일본 기자였다. 세월이 흘러 지금 FCC의 회원 수는 260명을 넘어서고 있고, 계속 늘어나는 추세다.

기자의 자격과 임무

Qualifications of a journalist

"Journalism is about telling real-life stories and explaining the world beyond a person's direct experience. Good journalists shine lights where the public cannot see, they bring knowledge where there was ignorance and, if they are very good, empathy where there was antipathy."

Helen Sissons

헬렌 시손(Helen Sissons)은 전직 BBC 기자였으며 후학들에게 널리 알려진 〈Practical Journalism〉의 저자이다. 미국과 영국 등에서 오랫동안 대학 강단에 선 경험이 있는 등 이론과 실무에 능한 언론 전문가이다.

그가 말하는 언론인은 어떤 직업인인가? 기자라면 어떤 자질과 자세를 가져야 하고 어떤 목적의식을 갖고 자기 직업에 종사해야 하는지 Sissons의 글은 함축적으로 잘 설명해 주고 있다.

기자직은 부와 명예를 얻는 직업이 아니다. 다만 어떤 기자가 부단한 자기 능력 계발을 통해 넓은 안목을 쌓고 많은 사람이 공감할 수 있는 내용으로 사회현안에 대해 꾸준히 대안을 제시한다면 그에 합당한 주목을 받을 것이고 존경은 자연스럽게 따라올 것이다.

기자직은 전문직이다. 복잡한 사회현상을 그대로 반영하듯 기자직도 특화되거나 세분화되고 있다. 특정 출입처를 담당하는 기자부터 분야별로 전문성을 인정받은 전문 기자까지 다양하다.

어떤 분야는 그 분야에서 오래 활동한 전문가라 할지라도 다 알지 못하는 것도 있다. 그러나 언론사에는 전문가 못지않은 기자도 있어 이런 기자를 전문 기자 혹은 대기자로 임명하여 활용하고 있다. 정치, 군사, 국제, 문화, IT 담당 전문 기자 등 직책도 다양하다.

어떤 면에서 영문 기자도 그 특성상 전문 기자라고 할 수 있다. 다른 사람이 쉽게 대신할 수 있는 분야가 아니기 때문이다. 즉, 프로의 영역이라는 것이다. 다만 프로에 걸맞은 실력을 갖추어야 하는 노력을 꾸준히 해야 함은 당연하다.

우리나라의 영문 뉴스 시장은 예전과는 비교할 수 없을 정도로 그 저변이 넓어졌고 질도 많이 향상되었다. 그러나 어떤 면에서는 구색 맞추기 수준에 머물고 있는 측면도 없지 않다. 지금 영문 뉴스 매체의 당면 문제는 능력 있는 인력의 확충인데 현실적으로 어려움이 많다.

영문 뉴스 제작의 현장에서 보면 모든 초점은 기사 제작 요령을 습득하는데 맞춰져 있어 전문적인 기자상을 논하기에는 아직 거리가 있어 보인다. 아마도 편하지 않은 남의 나라 언어를 사용하는 특성 때문인지 기사를 정형화된 틀에 가두고 의미 전달에 매달려 창의력 개발은 뒷전으로 밀려난 측면도 있어 보인다.

그러나 앞에서도 언급했지만 영문 기자도 본질적으로 다른 특화된 기자와 마찬가지로 전문가이다. 즉, 기자라면 어느 분야에서 일하든지 직업적 또는 사회적 소명은 다르지 않을 것이기 때문이다.

그렇다면 기자는 어떤 자질을 가져야 하고, 어떤 노력을 해야 하며, 또 어떤 자세를 가져야 하는가?

Helen Sissons은 다음과 같은 자질을 제시하고 있다.

- a people person
- a doubter
- a questioner
- a verifier
- persevering
- courageous
- a good judge of news
- curious
- an able writer
- creative
- competitive
- ethical
- fair
- balanced
- objective
- cultivating of contacts
- well informed

일선 현장에서 보면 위에 열거된 자질은 잡힐 듯 잡히지 않는 평생소원(bucket list)에 해당한다고 할 수 있다. 그러나 명심해야 할 점이 여기저기 보인다.

오늘의 현실에서 볼 때 영문 기자의 활동 영역은 확대된 것은 사실이지만 제약은 여전하다. 아직 저변이 빈약함은 물론이고, 막상 능력 있는 영문 기자를 찾으려면 쉽지 않다는 하소연도 들린다.

우리나라 영문 언론 시장의 현실에서 볼 때 위에 나열된 자질 중 어떤 것이 영문 기자에게 보다 더 중요한 자질인지 질문을 해본다. 현실적인 측면에서 단순화시켜 보면 판단(judgment)과 글 쓰는 능력(writing skill)이 보다 중요해 보인다. 이 문제를 보완하고 그 해법을 찾도록 도움을 주고자 하는 데 이 책의 목적이 있다.

판단은 기자라면 매 순간 빠르게 해야 하는 필수적인 자질이다. 판단이 잘못되면 기사는 방향을 잃고 결과는 참담해질 것이다. 앞에서도 밝힌 바와 같이, 기사는 속도와 정확성의 경쟁이라고 할 때 그 과정에서 매 순간 판단이 개입되기 마련이고 그 판단에는 착오가 없어야 한다. 기사 내용의 정확성이 문제라면 속도가 무슨 소용이 있으며 내용이 정확하지 않다면 속도인들 무슨 소용이 있겠는가?

따라서 기자에게 이 두 가지 요소는 끊임없이 제기되는 도전이라고 할 수 있다. 기자에게 시간을 두고 느긋하게 해야 하는 일은 없다. 거의 모든 일은 시간을 다투어 해내야 하고 무엇을 선택하고 무엇을 버릴 것인지 순간적으로 결정해야 한다. 결국 판단의 문제로 귀결된다.

기사의 정확성이 의심받을 때 기자는 괴롭다. 노련한 외신기자도 예외는 아니다. 에드윈 Q. 화이트(Edwin Q. White)는 베트남(Vietnam) 전쟁이 끝날 때 AP 통신의 마지막 사이공(Saigon) 지국장이었다. 그가 1987년 40년 가까운 기자 생활을 마감하고 서울에서 은퇴할 때 동료로부터 질문 하나를 받았다.

"돌이켜 볼 때 무엇이 기자에게 제일 중요한 자질이라고 생각하느냐"라는 질문에 망설임 없이 "judgment"라는 답이 돌아왔다. 부연 설명은 없었지만 그가 말하는 판단의 문제는 기사 작성 시 맞닥뜨릴 수밖에 없는 근본적인 질문이었으리라는 것을 미루어 짐작할 수 있었다. 그는 실제로 잘못된 판단으로 어려움을 겪은 자신의 기사 작성 사례를 평소에 이야기 하곤 했다.

Mr. White는 몇 년 전 하와이(Hawaii)에서 죽음을 맞아 세상을 떠났는데 그때까지 그가 진정 후회한 것은 사이공 함락이 목전에 닥쳐 목숨이 위태로운 위기의 상황에서 현지에 남느냐, 아니면 떠나느냐의 갈림길에서 후자를 택한 것이었다. 사이공에 남아 생생한 현지 소식을 보도할 기회를 놓친 것이다. 사이공 함락 후에도 그곳에 남아 후속 보도를 한 서방 언론인이 있었기 때문이다.

기자직은 스트레스가 쌓이는 직업이다. 치열한 경쟁 속에서 매일 취재원을 찾아 동분서주해야 하고 마감 시간에 쫓겨 밥맛을 잃기 십상이다. 쏟아지는 자료의 홍수 속에서 뉴스 가치를 판별하고 정리하는 작업은 쉬운 일이 아니다. 모두가 순간적으로 빠른 판단이 이루어져야 가능한 일이다.

이러한 판단의 기준은 의심에서 출발한다. 언론의 주요 기능이 권력과 가진 자에 대한 감시라고 할 때 감시의 대상인 정부나 기업체로부터 쏟아져 나오는 보도 자료에 대한 기자의 합리적인 의심은 극히 중요하다. 보도 자료는 기본적으로 선전 자료이다. 감추고 싶은 내용은 배제된다고 보면 된다. 따라서 단순 뉴스가 아닌 보도 자료를 그대로 기사화해서 전달하는 일은 유능한 기자라면 절대로 해서는 안 된다. 최소한 추가 취재를 통해 사실 여부를 확인하는 노력이 필요하다.

관료들은 bureaucratese 혹은 officialese로 알려진 그들 특유의 표현 방식을 쓰기 때문에 보도 자료를 인용할 때 조심해야 한다. 그들이 공문서를 작성할 때 즐겨 쓰는 언어나 표현은 일반인들이 흔히 쓰는 표현 방식과는 차이가 있어 자칫 사안의 초점이 흐려질 수 있다.

보도 자료는 그대로 베껴 옮겨도 표절 시비는 없다. 그러나 조심해야 한다. 결과적으로 기자 자신이 해당 정부 부처나 기업체의 홍보 요원으로 전락하는 결과가 올 수 있기 때문이다.

요즈음 많은 사람들이 영어에 관심을 보이고 자신감도 표출한다. 그래서 영문 기자 지망생도 늘어가고 있다. 그러나 영어를 잘한다고 해서 영문 기자의 요건이 다 갖추어진 것은 아니다.

유능한 기자는 냉철한 판단력의 소유자여야 하며 독자를 이해시킬 수 있는 글 솜씨(writing skill)를 가져야 한다. 남의 나라 언어로 기사를 쓴다는 것은 어려울 수밖에 없지만 영문 기자에게는 숙명적인 도전이다.

이 숙명적인 도전의 단기 해법은 없다. 무엇보다 다른 사람이 쓴 잘 작성된 기사를 많이 읽어보고 도움을 얻어야 한다. 이러한 기사의 첫 문장(lead)은 어떻게 다른가? 기사 전체는 어떻게 구성되었는가? 무엇이 이 기사를 돋보이게 하는가? 끊임없이 읽고 그 내용을 살펴야 한다.

유능한 기자는 취재 단계부터 두각을 나타내지만 뉴스가 속보로 이어지는 단계에서 더 진가를 발휘한다. Breaking news는 초기에 그 내용이 빈약할 수밖에 없다. 따라서 필요한 정보를 신속히 확보하여 후속 보도를 이어가려면 자신만의 취재원(news source)이 있어야 한다. 이것이 평소 자신을 도와줄 수 있는 취재원 개발에 신경을 써야 하는 이유이다. 연말연시에 수십 명에 달하는 자기의 취재원에게 이메일로 인사를 보내는 기자도 보았다.

취재원과의 약속은 꼭 지켜야 한다. 실명을 밝히기 꺼리는 취재원이 있을 수 있고 그런 약속이 이루어지면 반드시 지켜야 한다. 그러나 익명의 기사는 언제나 신뢰도가 떨어진다는 것을 알아야 한다.

익명을 전제로 한 취재원과의 대화는 다음과 같은 표현을 사용한다.

"The North Korean regime is a menace to the region and to its own people, with a disturbing record of human rights violations," the U.S. official said, **speaking on (the) condition of anonymity.**

익명을 전제로 브리핑이나 대화가 이루어진 경우 according to one official이라는 표현을 쓸 수 있다. 그러나 이러한 경우에도 독자가 가지는 기사에 대한 신뢰도는 익명을 사용할 때와 별 차이가 없다.

취재원이 기사 전체가 아닌 일부를 실명 혹은 익명으로 요구하는 경우 어떤 부분이 on the record이고, 어떤 부분이 off the record인지 명확히 하고 이를 기사에 반영해야 한다.

on the record -- 기사의 내용과 출처를 밝힐 수 있다.

off the record -- 뉴스 출처로부터 얻은 내용 중 전부 혹은 어느 특정 부분은 사용할 수 없는 경우이다. 똑같은 내용을 다른 출처로부터 받았다면 그 다른 출처를 인용해 사용할 수 있다.

not for attribution -- 취재원으로부터 얻은 내용은 기사의 배경 설명(backgrounding)으로 이용할 수 있지만 그 출처는 밝힐 수 없다. 여기서 말하는 attribution은 기사의 출처를 밝히는 것이다.

또 민감한 현안의 내용을 언급하는 경우 뉴스 출처는 on background 혹은 on deep background라는 조건을 붙여 기자에게 설명하는 경우가 있다.

on background -- not for attribution과 비슷하다. 내용의 전부 혹은 일부를 기사화할 수 있지만 그 출처는 밝힐 수 없다. 민감한 사안의 경우 기자는 그 한계를 명확히 하여 후에 일어날 수 있는 문제의 소지를 없애야 한다.

취재원이 on background의 조건을 붙여 이야기하고 익명을 요구했다고 하더라도 general attribution을 사용하는 데는 동의하는 경우가 있다. General attribution을 사용할 수 있는 경우 취재원이 근무하고 있는 기관을 구체적으로 명시할 수는 없지만 어떤 분야에서 일하고 있는지 일반화해서 나타낼 수 있어야 한다.

예를 들면, a presidential official (source), an intelligence official (source), an industry official (source)이라고 표현할 수 있다.

취재원은 구체적으로 특정할 수 있으면 있을수록 좋다. 기사 내용의 출처가 명확해진 만큼 기사의 신뢰도는 그 만큼 높아지기 때문이다.

예를 들면, 기사의 출처로서 a government official보다 a Foreign Ministry official이 좋다는 의미다. 한걸음 더 나아가 기사 출처로서 a Foreign Ministry source를 사용할 수 없다면 그 대신 a diplomatic source라는 형태는 어떤지 확인해 봐야 한다.

on deep background -- 이 조건으로 얻은 내용은 그 출처는 물론 어떤 형태로도 기사화해서는 안 된다. 출처의 general attribution도 금지된다. 사안이 알려질 경우 파장이 큰 민감한 내용을 언론에 사전에 알리고 협조를 구할 때 사용된다. 미국 정보 관리들이 종종 사용하는 방법으로 전쟁에 돌입하기 위한 사전 병력 이동 등이 이에 해당한다.

뉴스 제작 현장에서 보면 대부분의 기자는 그날의 spot news에 매달려 자기만의 특별한 기사를 찾아 취재하고 개발하는 데 제약을 받는다. 인력 부족 때문일 수도 있고, 개인의 노력 부족일 수도 있다. 자신만의 기사를 써보지 않고는 발전을 기대하기 어려운 게 현실이다.

글 솜씨가 뛰어난 사람은 있을 수 있다. 그러나 대부분 자기 나라 고유의 언어를 사용하는 경우일 것이고, 남의 나라 언어로 글을 쓰는 사람에게는 어려운 과제일 수밖에 없다. 영문 기자의 영원한 숙제다.

글 쓰는 능력을 키우는 방법은 다양하다. 한 가지 방법으로 적극적인 SNS 사용을 권하고 싶다. 페이스북(Facebook)이나 개인 블로그(blog)를 통해 친구들과 긴 글을 주고받으며 생각을 공유하는 것도 도움이 될 것이다.

Dear Abby나 Annie's Mailbox와 같은 인생 상담 칼럼(advice column)을 지속적으로 읽어 도움을 받았다는 사람도 있다.

다음은 미군 성조지(Stars and Stripes)에서 발췌한 2013년 3월에 발생한 이태원 BB gun 사건에 관한 기사인데 많은 시간과 노력의 결과물로 보인다. 장안을 떠들썩하게 한 이 사건에는 세 명의 미군이 등장한다.

한국 경찰의 추격전이 있었고 실탄이 발사되어 미군 한 명이 중상을 입고 수술을 받기도 했다.

여기 발췌한 기사는 사건이 벌어진 지 6개월이 지난 후 그 동안의 상황을 재조명하는 내용이다. 사실 관계도 충실하고 글 솜씨도 좋아 칭찬받을 만하다. 성조지에는 여기 소개하는 기사의 반 정도가 실렸는데 온라인을 통해 본 기사 전문은 훨씬 길었다. 참고로 기사 전체를 소개한다. 끝마무리로 사용된 인용구(quote)가 인상적이다.

SEOUL (Stars and Stripes) — It was a chilly Saturday night in early March when the first round of shots came, just loud enough to draw attention but too fleeting to cause panic among the late-night revelers in Itaewon, perhaps the city's most infamous party district.

Kim Gi-wan, 26, had just said goodbye to his friends and was walking down the street when he heard them in quick succession. People nearby looked around in surprise, but nobody screamed. No one dove for cover or even stopped walking.

The idea of an intentional shooting in a country where gun ownership is virtually nonexistent was so unthinkable that most people just shrugged off the noise, including Kim.

"I thought maybe there was a military exercise going on," said the salesman, who works at an Itaewon hip-hop clothing store that advertises "big sizes" for foreigners. Even though the sprawling U.S. Army Garrison Yongsan was just a short walk away, he had never heard shots from the base, so he assumed South Korean troops were training nearby.

이태원의 밤거리

A second round of fire followed further down the street, out of Kim's hearing. Police quickly got an emergency call from a panicked man who claimed foreigners were shooting at him.

What followed was a commander's nightmare — a string of worsening errors that made front-page news for days. It epitomized the microscope that all U.S. servicemembers, many still in their teens or early 20s and away from home for the first time, live under in South Korea.

As it turned out, there were no real bullets, just plastic pellets shot into a crowd from a car carrying three soldiers; one said it was all "for fun."A military official called it "horseplay that led to greater consequences."

But in a country where any misconduct by American troops is big news, things went downhill fast with a series of bad decisions.

When it was over, one soldier underwent chest surgery to remove a bullet fired by a South Korean police officer. And South Koreans were left to chew on the latest in a decades-long string of offenses by U.S. troops that many feel show disdain for their country and their powerlessness to prosecute such cases.

For many troops stationed at Yongsan, Itaewon is South Korea. A mix of restaurants and mom-and-pop stores that sprung up decades ago to cater to U.S. forces, today the area is both scuzzy and sophisticated, a mix of trendy restaurants and dive bars punctuated with $5-a-cup coffee shops and an alley of brothels known as Hooker Hill.

Until recent years, the area was a de facto no-go zone for Koreans who viewed it as exotic and dangerous because of the presence of U.S. soldiers and other foreigners.

Many Seoulites have never even set foot there, though that has been changing over the years, and the area now is considered safe other than an occasional bar fight. On any given weekend night, a mix of fashionably dressed Koreans, crop-haired servicemembers and young expat English teachers crowd the streets of what is still known as the foreigner's district.

But on this March night, the 11:53 p.m. emergency call sent a group of police running toward the Hamilton Hotel, a local landmark popular in summer for its rooftop pool parties and a frequent meeting spot to start a night of bar hopping.

What exactly happened over the next 17 minutes remains in dispute, even six months later.

Police realized the shots were coming from a dark Kia Optima that was trying to pull away from the notoriously jammed intersection in front of the hotel. A video, recorded from inside a taxi, shows more than a half-dozen men, some apparently police or security guards working at nearby bars, pushing against the car in a vain effort to keep it from fleeing.

A single police officer jumped into a taxi and ordered the driver to follow the Kia. Thus began a 7.5-mile chase across the capital at speeds up to 105 miles per hour.

Christian Lopez-Morales, a 25-year-old staff sergeant who had been stationed in Korea for three years and was the grandson of a Korean War veteran, was at the wheel of the car. Wendy Fuentes, a 22-year-old specialist, had arrived in Korea just a month earlier. A private first class sat in the back.

Fuentes would later tell court officials that as the car moved slowly through traffic, she had fired a semi-automatic BB gun out the passenger window, aiming at a South Korean man as he sat and smoked on a sidewalk.

Then, she said, Lopez-Morales took the gun. As the car approached the Hamilton Hotel intersection, he fired at pedestrians in a crosswalk, then sped away after two police officers approached and ordered him to stop, breaking the driver's side window and smashing the windshield with a baton.

Lopez-Morales'version of events, told in court last month, differed.

He claimed that after Fuentes fired, he asked her to hand the gun over, then emptied the chamber and pulled the trigger to finish clearing it while aiming at the ground.

He said he "absolutely" planned to stop. Then, as people rushed the car — including one person who jumped on the hood — he got nervous, did a U-turn and drove away toward the base, where he planned to stop but missed a turn and kept going.

The soldiers knew they were being followed, but not by whom. Fuentes assumed the man she had shot was in the taxi. Lopez-Morales would later tell authorities he had trouble seeing and driving because glass from his shattered window flew into his eye, though there was no sign that he ever sought treatment for it.

The chase ended on a dead-end street far from the base, with Lopez-Morales apparently cornered in an alley.

Police officer Im Seong-mook jumped out of the taxi and rushed toward the car, which suddenly reversed and rushed towards Im, prompting him to fire a warning shot. It was the first case of a South Korean policeman firing his weapon this year.

"He was trying to hit me on purpose," Im told the court.

The car quickly backed up several times, striking Im in the knee and at one point pinning him against a wall. He fired three live rounds, trying to stop the car, but it sped off into the night.

Soon after, the car stopped at a hotel and let out Fuentes. The staff sergeant and the private walked into Yongsan around 1 a.m., where the NCO's wife met them.

They took the private, who had been hit by one of Im's shots, to military police and reported Arabs had chased and shot at them. Never identified because he wasn't charged in the case, he underwent surgery at the base hospital to remove a bullet lodged between his shoulder and lungs.

Military and Korean police quickly began piecing together the night's chain of events and connected the two soldiers to Hamilton Hotel incident.

Police found a small white plastic pellet on the ground in front of the hotel, the same kind fired by toy guns on sale in novelty shops throughout Itaewon.

Thirty identical pellets were recovered inside the Optima, which was found abandoned near Yongsan.

Police began questioning the troops, interviewing the wounded soldier in his hospital room. They collected blood and hair samples and the bullet removed from the private's chest.

The case sparked a media frenzy. Dozens of reporters virtually camped at the Yongsan Police Station. The head detective locked himself inside his office between briefings. When a soldier's wife was brought in for questioning, she was reportedly knocked to the ground by the media mob, though police denied the incident occurred.

One newspaper complained of the "criminal tendencies" among USFK troops, and claimed the military had been forced to lower recruitment standards because of numbers needed for Iraq and Afghanistan.

As with virtually any offense involving U.S. troops, there were calls to reform the Status of Forces Agreement between the two countries that is widely perceived as giving servicemembers a free pass to commit crimes without prosecution. A string of brawls and minor scuffles with police in the following weeks left many Koreans wondering why USFK can't do more to keep them in check.

The question is what more the command can do. USFK imposed an overnight curfew in 2011 in response to two high-profile rapes. Restricting the 28,500 troops to their bases around the clock is impossible since many live off-base.

The 2nd Infantry Division commander Maj. Gen. Edward Cardon posted a Facebook message to troops not long after the BB gun shooting, following a decision to temporarily ban alcohol consumption by his troops and restrict them to post unless traveling to and from home.

"Recent events in the division have called our Division's discipline and readiness into question, and threaten to destroy the trust and respect we have earned here in Korea over the last 60 years,"Cardon wrote. "These restrictions are not about punishing soldiers. I've implemented these measures to ensure our Division's readiness, and key to this mission is maintaining the trust and respect of the Korean people."

Lopez-Morales and Fuentes were quickly and quietly court-martialed. Lopez-Morales, who has been in South Korean custody since March, was given a dishonorable discharge which will not be final until an Army appeals court reviews his case, busted in rank to E-1 and sentenced to eight months in military confinement. Fuentes was dropped in rank to E-2. Both were tried in South Korean court.

Both soldiers have apologized. But in addition to their military punishments, Fuentes was fined about $4,600 Friday, and Lopez-Morales was sentenced to three years in prison as the prosecutor had requested while calling his version of events "excuses."

"Because you are a soldier, you violated the trust of the Korean citizens and you should be punished severely," the prosecutor said during an August hearing.

Lopez-Morales told the court that he had served in Afghanistan, where friends died and he learned to be nervous around gunfire. He has since been treated for post-traumatic stress disorder. He also said he loved living in Korea with his 4-year-old son.

"It feels safe," he said

독자

Audience

가장 기본적이지만, 가장 쉽게 간과되는 문제는 영문 기사의 독자가 외국인이라는 사실이다. 너무나 당연한 사실이지만 너무나 쉽게 잊혀진다. 그 결과 외국인 독자를 위해 만들어진 기사가 마치 국내 독자를 위한 것처럼 보이기도 한다.

영문 기자는 자신의 독자가 한국 실정을 잘 알지 못하는 외국인이라는 사실을 전제로 기사를 작성해야 한다. 외국인은 오늘 탈당한 국회의원의 이름이 무엇인지, 그의 지역구가 어디인지에 대해서는 관심이 없다. 한글 신문을 읽는 내국인이라면 사정은 달라지겠지만 외국인에게는 이 모든 것은 자기와는 관계없는 남의 나라 이야기일 뿐이다.

조사에 의하면 국내 영자 신문의 경우 외국인 독자는 꼭 필요한 경우가 아니면 정독하지 않는다. 대강 훑어보는 정도이고 기사를 읽는 범위가 기사 제목(headline)과 몇 개의 첫 단락(paragraph)에 한정된다고 한다. 국내용 뉴스가 외국인 독자에게도 반드시 관심 있는 뉴스가 아니라는 것을 명심해야 한다.

그렇다면 외국인 독자의 관심을 불러일으키는 기사는 무엇이며, 어떻게 만들어야 하는가?

흔히 쓰는 접근법 중의 하나는 해당 뉴스와 연계된 상황 설명(context)을 통해 내용을 전개해 나가는 것이다. 상황 설명을 곁들이면 외국인 독자는 뉴스를 훨씬 더 쉽게 이해한다. 내국인은 이미 알고 있다 하더라도 외국인 독자에게는 이해를 돕는 수단으로 작용한다.

다른 방법은 외국인이 관심을 가질 만한 뉴스를 고르는 일이다. 많은 영문 기사가 매일 쏟아지고 있지만 그 중에는 한국인 독자를 대상으로 하지 않았나 착각하게 하는 기사도 많다. 외국인이 잘 알 수도 없고, 심지어 알 필요도 없어 보이는 기사를 영문으로 쓰기도 한다.

한 예를 들어보자. 다음은 현기환 전 새누리당 의원을 대통령 정무담당 수석 비서로 임명한 기사이다. 조윤선 전임 비서가 사임한 지 거의 2개월 만이다. 야당과 언론으로부터 그렇게 오래 비워두어도 괜찮은 자리라면 그 직책을 차라리 없애는 게 나을 것이라는 비판을 받아왔다.

외국인 독자에게 현기환이라는 이름은 중요하지 않다. 그 이름을 기억할 필요도 없다. 그렇다면 어떤 모양의 기사가 그들의 관심을 끌 수 있을까?

다음 두 영문 기사는 새로운 대통령 정무특보 임명에 관한 청와대 발표를 보도하고 있는데 context를 이용하면 어떻게 달라지는지 알아보자.

SEOUL, July 10 -- President Park Geun-hye appointed former ruling Saenuri Party lawmaker Hyun Ki-hwan as her new secretary for political affairs Friday, according to the presidential office.

The appointment came 54 days after former secretary Cho Yoon-sun quit in May to take reponsibility for the delayed progress in passing a bill to reform the public employee pension system at the National Assembly.

Presidential spokesman Min Kyung-wook said, "Hyun is a qualified person to assist the President in communicating with politicians as he has distinct sociability and a large network of relationships."

Hyun, 56, a native of the port city of Busan, served as a lawmaker from 2008 to 2012 after working at the Federation of Korea Trade Unions, one of the nation's two largest labor unions with more than 650,000 members.

He is the fourth presidential secretary for political affairs under the Park Geun-hye administration.

SEOUL, July 10 -- President Park Geun-hye named a former ruling lawmaker as her senior secretary for political affairs, her office said Friday.

Hyun Ki-hwan, once a lawmaker of Park's ruling Saenuri Party, replaced Cho Yoon-sun who quit in May over lack of progress in reforming the public employee pension system. She was responsible for the matter.

"Hyun is the right person to smoothly assist the president in political affairs with his political sense, sociability and a widespread human network," presidential spokesman Min Kyung-wook said.

Hyun worked for the Federation of Korean Trade Union -- one of South Korea's two largest umbrella labor unions with more than 650,000 members -- before serving as lawmaker from 2008 to 2012.

위 기사는 context를 이용해 다음과 같이 재구성하면 보다 편하게 읽을 수 있다.

SEOUL, July 10 -- In what critics called a belated move, President Park Geun-hye on Friday named a former ruling party lawmaker as her senior secretary for political affairs, her office said.

Hyun Ki-hwan, a labor expert who had served as a lawmaker of the ruling Saenuri Party from 2008 to 2012, replaced Cho Yun-sun who quit in May over lack of progress in the government's push to reform the public employee pension system.

"Hyun is the right person to smoothly assist the President with his political sense and wide personal networks," presidential spokesman Min Kyung-wook told reporters.

Hyun's appointment followed a surge in public and media criticism of Park's failure to fill many important government posts that have been left vacant for a long time, including the presidential secretary for political affairs.

XXX

국내 영문 매체의 독자층은 한글 매체에 비해 상대적으로 얇고 열독률도 떨어진다. 영자 신문의 경우 많은 부수가 해외로 보내지고 있지만 아직 대부분의 독자는 국내에 있고 그 상당 부분은 학생층으로 알려져 있다.

여기에서 꼭 주목해야 할 점이 있다. 영문 매체의 주 독자층이 외국인이라면 그들이 국내에 있든 해외에 있든 그들의 주요 관심사가 무엇인지, 어떻게 하면 그들의 관심을 끌 수 있는지 면밀히 연구해 볼 필요가 있다는 것이다.

미국의 어느 소도시에서 발행되는 신문이라면 기사 전달에 별 어려움이 없을 것이다. 그 도시에 살고 있는 사람들은 그곳에서 나고 자란 사람도 많을 것이고 그렇지 않다고 할지라도 그곳에서 일어나는 중요한 일은 속속들이 내용을 알고 있을 것이다. 다시 말하면, 특별한 배경 설명 없이도 관련 뉴스를 이해하는 데 별 어려움이 없다는 것이다.

그러나 우리나라의 영문 매체는 (갑)과 (을)의 위치가 완전히 뒤바뀐 상태에서 자신의 독자를 만나야 한다. 여기에 국내 영문 매체의 숙명적인 문제가 있는 것이다. 그들의 주 독자층은 한국의 제반 사정에 어둡거나 그 실상을 전혀 알지 못하는 외국인이기 때문이다. 따라서 모든 수단을 동원해서 그들을 이해시키고 납득시키는 기사를 써야 하는 어려움이 있다.

외국인 독자를 이해시키고 만족시킬 수 있는 기사를 만드는 데는 특별한 방법과 노력이 필요하다. 기사 소재부터 문제가 될 수 있다. 독자가 외국인 투자가나 사업가라면 자연히 경제 뉴스에 관심이 있을 것이고, 그렇지 않다면 일반 뉴스에도 눈길이 갈 것이다.

따라서 한국을 잘 모르는 외국인의 관점에서 기사를 설명하는 노력이 절대적으로 중요하다. 기사를 쓰기 전과 후에 잠시 멈춰 자신의 기사를 외국인 독자가 어떻게 받아들일지 숙고해 보아야 한다.

결과가 만족스럽지 않다면 과감히 접고 다시 시도해야 한다. 완성된 기사를 점검하는 과정에서 기자는 스스로 독자의 위치에서 자기가 쓴 기사를 소리 내어 읽어 보기도 하고 스스로 writing coach가 되어 냉정한 평가를 내려야 한다.

모든 점검 과정의 시작과 끝은 영문 기사의 독자는 외국인이라는 사실에 초점이 맞추어져야 한다. 이런 평범하고 너무나 간단한 사실이 일선 현장에서 쉽게 잊혀지거나 간과되고 있다. 영문 기사의 독자는 외국인이라는 사실을 어느 한순간도 잊어서는 안 된다.

외국인에게 관심 있는 기사 소재는 의외로 가까운 데 있다. 다음 기사는 인기를 더해가고 있는 한식 뷔페식당 붐을 소개하고 있다. 음식에 관한 뉴스는 언제나 외국인의 관심 대상이다.

SEOUL, Oct. 14 (Yonhap) -- To become a skillful eater at a buffet restaurant, it's best to select foods that you don't or can't have at home.

For that reason, rice and some common Korean side dishes, whether at a luxury hotel, seafood or salad buffet, are mostly considered secondary to international dishes.

It was only until recently that large enterprises discovered that the real market was there: An all-you-can-eat Korean buffet that serves local cuisines in a modern setting.

Franchise Korean buffets that serve more than a hundred dishes, using ingredients from local farms, have become the hottest dining trend at shopping malls and outlets in major cities.

Starting with three in 2013, local food giants have opened more than 100 mammoth Korean buffet restaurants across the nation, with several more scheduled to open later this year.
CJ Foodville, a food subsidiary of CJ Group, first launched a Korean buffet chain called "Season's Table" in July 2013, and now operates 28.
In April 2014, E-land Group, a clothing, hotel and food conglomerate, joined the competition by opening "Nature Kitchen," and has expanded to 48 branches across the nation.

Six months later, Shinsegae Food, a food unit by retail giant Shinsegae, jumped on the bandwagon to open "Hansik Olbaan." Hansik means Korean traditional food.

While local cuisines bring back nostalgia linked to mom's food, market watchers consider the resurgence of Korean food as part of a broader trend favoring healthy food, also fueled by the recent frenzy over cooking shows.

"Hansik had been cornered in light of the rising number of working women and changing preference towards fast, convenient, Westernized menus, but it has recently become a main theme in the local restaurant scene," said Jang Sung-aeh, an analyst at Hyundai Securities. "The big firms' reinterpretation of Hansik in a modern way well fits the rising appetites for nutritional food and well-being lifestyles."

Much like any buffet, Korean buffets are divided into sections:

vegetables, rice, hot and cold dishes, and dessert. Prices range from a little over $10 for lunch to more than $20 for dinner.

In the salad section, you'll find dressings made of fermented soybean taste and Korean spicy dipping sauce instead of Thousand Island dressing or balsamic vinegar. Bibimbap, a signature Korean dish that mixes rice, vegetables and red pepper paste in a bowl, is a regular in Korean buffets.

They also have a traditional carving station, offering desserts like red-bean sherbet and sweet rice cakes.

Reservations are absolutely necessary as most restaurants are fully booked several weeks in advance. Without a reservation, you have no choice but to wait in long lines with a ticket.

"I used to go to Western restaurants to dine out because I could eat Korean food everyday when I was living with my parents. Now, I cook less at home and choose to eat Korean food outside," said Lee Sang-eun, a 35-year-old office worker in the financial district of Yeouido. "Sometimes, it's just good to go to a buffet to try out various Korean menus at one place. Plus, it's even cheaper than a bowl of pasta at a decent Italian restaurant."

The success on home turf certainly shows the potential for the overseas market.

E-land Group is set to open two buffet restaurants in Shanghai in the coming month, targeting Chinese who crave Korean food shown in popular dramas and movies.

"We plan to globalize local cuisines because Korean traditional foods are hugely popular among Chinese thanks to the success of Korean dramas," the company said in an announcement. "Korean buffets will allow Chinese customers to have representative Korean foods at a reasonable price in a short period of time."

CJ FoodVille, which already runs the Korean traditional mixed rice restaurant Bibigo in London, is also considering bringing the restaurant into the global scene.

"We already operate Korean traditional food restaurants overseas and study various ways for global expansion," said Lee Hwa-seon, a public relations official at CJ Foodville. "So far, we haven't set any specific plans to export a buffet restaurant."

Despite positive feedback for industry leaders' taking the lead in commercializing the traditional food, not all welcome their fast rise as small restaurants close to them worry about losing customers to the giant Korean buffets.

"The opening of a new Korean buffet can reduce the revenues of 100 to 150 small restaurants in the nearby area," said Min Sang-heon, a vice president of Korea Foodservice Industry Association, calling for protective measures by the government.

In response to rising concerns, Rep. Park Jie-won of the main opposition New Politics Alliance for Democracy in July submitted a bill to restrict the launching of Korean food buffets by conglomerates in areas close to local commercial areas and traditional markets.

"Big companies are rapidly expanding Korean buffet restaurants, which could have considerable effects on nearby restaurants," Park said. "We need to pay attention to this matter to protect small shop owners."

Proponents, however, argue that the large enterprises are helping local farmers and fishermen by simplifying the distribution channels and raising their overall profits.

"The success of Korean buffets by large enterprises has become a new trend, which creates new jobs. It also contributes to local farmers by directly buying ingredients from local farms and agriculture cooperatives," said Moon Jung-hoon, a professor at Seoul National University.

Instead of introducing a strict regulation that limits the opening of new shops, Moon recommends independent shops that focus on what they can do best to attract customers.

"Mass-produced dishes have standardized tastes and big companies are slow to catch up with the latest trends. Independent restaurant owners can compete with large enterprises by offering quality food that can satisfy diverse demands from consumers."

기사의 외형

Typical format of a news story

기사의 외형은 신문사와 통신사의 경우 모두 비슷하다. 기자가 작성한 기사는 부장의 손을 거치며 수정되고, copyeditor 혹은 copyreader의 직책에 있는 영어 원어민에게 넘겨져 다듬어진다. 뉴스룸에서는 기사의 분량을 말할 때 page라고 하지 않고 take라고 한다.

데이트라인
슬러그
헤드라인
리드

NK-hacking

N. Korea denies hacking into Seoul subway operator

SEOUL, Oct. 8 (Yonhap)-- North Korea denied Thursday that it had hacked into the website of a Seoul subway operator last year, calling the South Korean accusation a "childish" political campaign against it.

The North is suspected of launching a cyber attack on two operating servers of Seoul Metro, for at least five months in 2014, a ruling Saenuri Party lawmaker said, quoting government intelligence reports.

On Thursday, North Korea, through its main propaganda Website, Uriminjokkiri, warned that South Korea will face a bigger backlash if it continues to make groundless accusations against it.

"Whenever cyber attacks occur, South Korea blindly criticizes us without presenting any proof," the North's Website said in a commentary. "It is South Korea's bad practice that whenever a (political) crisis crops up, it cooks up a conspiracy blamed on us. It is northing but a childish political campaign against us."

South Korea's intelligence agency said that the North's hacking tactics coincided with those of cyber attacks that took place in 2013 by the communist country on South Korean financial firms and TV broadcasters.

SLUG(working title, or catch line)

기사를 쓴다는 것은 집을 짓는 작업에 비유할 수 있다. 정성스럽게 설계도면에 따라 집을 짓고 손님을 초대할 때 처음 보여주어야 하는 곳이 바로 slug라고 할 수 있다. 이것은 집 주인의 이름이 새겨진 문패에 해당한다.

Slug는 신문이나 통신 기사의 출발점이다. 그만큼 중요하고 시선을 끄는 곳이다. 창의적인 slug 선택은 매우 중요하다. 하지만 많은 기자들이 그 중요성을 간과하는 경향이 있다. Slug는 기사의 상품성을 결정하는 매우 중요한 요인으로 작용한다는 것을 잊어서는 안 된다.

통신기사의 slug는 외부에 노출되지만 신문기사의 slug는 지면을 통해 알 수 없다. 신문의 경우 기자가 기사를 부장에게 제출할 때 slug를 표시하는데 이는 다른 기사와 구별하기 위해서다.

Slug는 통상 한두 단어로 구성하며 불가피한 경우라도 세 단어를 넘지 않는다. 그래서 한때 one-word title이라는 별명도 얻었다. 짧은 slug는 속도가 느린 teletype를 쓰던 시대의 관행으로 초고속 통신망을 자랑하는 오늘날에는 이에 대한 규제가 많이 완화됐다. 그러나 이유 없이 긴 slug는 바쁘게 돌아가는 뉴스룸에서 환영받지 못한다.

통신 기사에 관심 있는 신문의 경우 담당 기자 혹은 부장의 선택이 관건인데 많은 경우 slug가 그 결정에 영향을 미친다고 한다. Slug가 신통치 않으면 기사 자체를 읽지 않기 때문이다. 기자직을 프로(pro) 직업이라고 할 때 창의적인 slug 선택은 매우 중요하다.

Moody's-GS Caltex rating outlook

Moody's upgrades GS Caltex outlook to 'positive'

SEOUL, Aug. 17 (Yonhap) -- Global rating agency Moody's Investors Service said Monday it has upgraded GS Caltex Corp.'s credit outlook to positive from stable as South Korea's No. 2 refiner took advantage of lower oil prices to improve its profitability and reduce the debt level.

X X X

이 기사의 slug는 너무 길다. Moody's는 신용 평가 회사로 이미 널리 알려져 있는 만큼 "rating outlook"은 생략하고, Moody's-GS Caltex로 명시하는 것이 더 좋아 보인다.

KHNP chief-WANO president

Head of S. Korea's nuclear power operator tapped as new WANO president

SEOUL/GYEONGJU, Oct. 7 (Yonhap) -- South Korea's nuclear power operator said Wednesday that its CEO has been tapped as the new president of the World Association of Nuclear Operators (WANO).

State-run Korea Hydro & Nuclear Power Co. (KHNP) said Cho Seok's appointment was announced at WANO's biennial general meeting in Toronto on Tuesday.

X X X

약어(acronym)는 U.N., OPEC, IMF, NATO와 같이 널리 알려진 것이 아니라면 slug나 headline으로 사용하는 것을 피해야 한다.

HEADLINE

기사의 내용을 요약하여 통상 한줄(one-line) 형태로 나타낸다. slug와 함께 기사의 얼굴이라고 할 수 있다. 신문사에서는 통상, 부장이나 copyeditor가 headline을 만든다. 그러나 국내외 통신사에서는 기사를 작성한 기자가 headline을 만드는 것이 관례화되어 있다. 통신 기자는 headline을 만들 때 특히 조심해야 한다. 많은 경우 신문사에서는 통신 기사의 headline을 그대로 옮겨 사용하기 때문이다.

stocks-summary

Seoul shares up 0.7 pct on large-cap stocks

SEOUL, Oct. 8 (Yonhap) -- South Korean stocks closed 0.7 percent higher Thursday, driven by gains in large-cap shares, analysts said. The local currency rose slightly against the U.S. dollar.

XXX

Slow growth in China hits exports from Japan

TOKYO

Trade figures from Tokyo show 2nd straight month of cooling sales abroad

REUTERS

Japan's exports slowed for a second consecutive month in August, government data showed Thursday. It was a worrying sign that China's economic troubles could deal a damaging blow to the Japanese economy, the third largest in the world, after those of the United States and China.

The trade figures followed a string of depressing shipment numbers in important regional economies — including South Korea and Taiwan — that have heightened anxiety over a slowdown in global growth.

Slowing exports could increase the chance of additional monetary stimulus by the central bank, the Bank of Japan. Such policy efforts could lead to lower factory output and less economic activity and could sap the momentum needed to offset deflationary pressure caused by a collapse in oil prices.

SUMMARY BLUB(focus statement):

신문 기사에서 주로 사용하는 보조 headline으로 subheadline, 혹은 deck head라고도 한다. 기사를 넛 그라프(nut graf) 형태로 요약하여 main headline 바로 밑에 가져와 독자가 기사 본문을 읽기 전에 그 내용을 파악할 수 있도록 도와준다.

Main headline과 summary headline은 중복성이 있지만 서로 같은 단어나 표현은 피해야 한다.

DATELINE

기사의 발신지와 송고 날짜를 표시하는 곳으로 통신사의 경우 자신의 회사 로고(logo) 혹은 이니셜(initial)이 추가된다. 신문의 경우 자사의 기자를 특정 뉴스 취재를 위해 해외 혹은 국내 타 지역으로 파견하는 경우를 제외하고는 dateline을 따로 표시하지 않는다. 신문사의 위치가 바로 기사의 dateline이 되기 때문이다.

통상 뉴스가 작성되어 발송되는 장소가 dateline으로 구성된다. 그러나 dateline과 뉴스 발생 장소가 일치하지 않을 수 있다. 세월호 참사가 그런 예의 하나이다. 세월호는 2014년 4월 16일 진도 앞 바다에서 침몰했다. 이 참사가 처음 알려진 곳은 서울이었고, 따라서 dateline은 서울이었다. 사고의 내용이 점차 밝혀짐에 따라 그 후 이 기사의 dateline은 진도로 옮겨갔다.

세월호 참사에 대한 연합의 첫 보도는 다음과 같다.

SEOUL, April 16 (Yonhap) -- A passenger ship carrying more than 470 people, mostly high school students, sank off South Korea's southwestern coast on Wednesday, the Coast Guard said, warning that many people may still be trapped inside.

As of 12:10 p.m., at least two people had been confirmed dead and 13 others injured, the Coast Guard said in a news release, adding that 179 people had been rescued.

The death toll could rise as a large number of people remained unaccounted for amid fears that they could be trapped inside the sunken vessel, it said.

The 6,325-ton Sewol was carrying 477 people, including 325 students on a school trip, when it sent out a distress signal around 8:58 a.m. in waters 20 kilometers off Jindo, a major island off South Korea's southwest coast, the Coast Guard and a government official said.

이 기사는 당일 12th LD까지 이어졌고 dateline은 진도로 옮겨 갔다.

(12th LD) ship-sinking

(12th LD) Four confirmed dead 284 missing in ferry sinking: Coast Guard

(ATTN: UPDATES with latest count of victims; CHANGES headline)

JINDO, South Korea, April 16 (Yonhap) -- Civilian and military divers scoured choppy waters Wednesday in a desperate search for hundreds of people missing from a ferry that sank off South Korea's south west coast, officials said.

As of close to midnight, 174 people had been rescued but 284 others, mostly high school students on a school trip, remained unaccounted for, said the Navy and Coast Guard officials, warning that most of those missing are believed trapped inside the sunken vessel.

The officials warned that the death toll could rise sharply, disclosing that only four people were officially confirmed dead.

According to Coast Guard officials, the 6,325-ton Sewol, en route to the southern resport island of Jeju from Incheon, a major port west of Seoul, was carrying 462 people when it sent a distress signal at 8:58 a.m.. 120 kilometers off the island of Byeongpung and started sinking.

Those on board included 325 high school students from Ansan, an industrial city just outside Seoul, they said.

More than 100 Navy, Coast Guard and civilian vessels and aircraft were searching the area for the missing, Coast Guard officials said. One Coast Guard official said the disaster could be one of the deadliest offshore accidents in South Korea's modern history

After struggling for hours to get into the sunken vessel amid poor underwater visibility and strong currents, a team of Navy divers succeeded in entering the vessel and searched three of its compartments, but they found no bodies, Navy officials said.

A second team of divers was to go underwater soon, they said.

x x x

Dateline은 기사의 신뢰도를 높이는 역할을 한다. 즉 기자가 뉴스 현장에 얼마나 가까이 있는지, 혹은 있었는지를 보여주기 때문이다. 이에 따라 기사를 돋보이게 하기 위한 시도로 여러 가지 형태의 dateline이 나타나고 있다.

Inside Korean Demilitarized Zone, Aboard Air Force One, En Route to the Arctic과 같은 dateline도 더 이상 낯설지 않다. 참고로 Air Force One은 미국 공군이 운영하는 미국 대통령 전용기를 말한다. 다른 나라에는 없는 미국 고유의 제도이다. 따라서 다른 어떤 나라 대통령 전용기도 Air Force One으로 표기해서는 안 된다.

Dateline의 모양새는 기사 송고 수단의 발달과 시대의 변화에 따라 가히 혁명적이라고 할 정도로 바뀌었다. 인터넷으로 단단히 묶여 있는 오늘의 세계에서 지리적 제약은 그 의미가 크게 약화된 결과다. 아프리카, 중동과 남미의 오지에서 일어난 일도 순식간에 전 세계로 전달되고 지구 반대편의 뉴스가 서울발로 타전되는 일이 일상화되고 있어 격세지감을 느끼게 한다.

Dateline에는 숨겨진 유래가 있다. 옛날에는 기사 송고 수단이 있는 우체국을 기준으로 특정한 장소가 dateline을 형성했던 시절이 있었는데 그런 제약은 이미 사라진 지 오래다. 당시 우체국의 송고 수단은 전보(telegram)나 유선(wire) 전화였다. 통신사는 전화선을 전용선으로 임차하여 운영되었는데 그런 이유 때문에 지금도 통신사를 wire agency

라고 부르기도 한다.

지금은 통신 수단의 발달로 전 세계가 하나의 이웃이 되어 있고 언제 어디서나 기사를 송고할 수 있는 시대가 되었다. 사하라 사막 한가운데서도, 아프간 산골에서도 위성전화(satellite phone)는 작동한다. 시간과 장소에 대한 제약이 없어진 결과 각 언론 매체의 dateline 형태에도 많은 변화가 나타나고 있다.

AP 통신은 dateline에서 송고 날짜를 없애 버렸다. Bloomberg News는 자사의 로고만 남기고 장소와 날짜를 더 이상 사용하지 않고 있다. Reuters는 뉴스 발생 지점이 아닌 다른 곳에서 기사가 작성되는 경우 dateline에 장소 자체를 표시하지 않고 있다. 일본의 Kyodo News는 한 걸음 더 나아가 dateline 자체를 아예 없애 버렸다. 이 모든 변화는 기사를 작성하고 송고하는 데 더 이상 지리적, 시간적 제약은 존재하지 않는다는 사실을 보여주고 있다.

다음은 Kyodo, Bloomberg, Reuters, AP의 변화된 dateline 형태를 보여주고 있다.

<Kyodo News>

모든 기사에서 dateline이 사라졌다. 뉴스를 생산하는 장소와 시간의 중요성이 사라진 결과이다.

> Japan urges N. Korea to refrain from provocation
>
> Japan on Friday urged North Korea to refrain from

provocative acts amid rising tensions on the Korean Peninsula.

Chief Cabinet Secretary Yoshihide Suga said at a news conference that Japan is "strongly concerned" about tensions sparked by shelling across the border between North and South Korea on Thursday.

While coordinating with South Korea and the United States, Japan is taking all necessary measures including gathering and analyzing relevant information, Suga said.

Speaking to reporters separately, Defense Minister Gen Nakatani said he has yet to see "developments that could pose an immediate impact on the security of our country."

x x x

<Bloomberg News>

Dateline에 회사 logo만 남겼다.

경제 뉴스를 전문으로 하는 매체의 특성을 잘 보여주는 조치로 보인다. 세계 경제는 하나의 지붕 밑에 서로 연계되어 있고, Wall Street의 시황은 시간을 다투어 지구 반대편 시장에 영향을 미치고 있는 게 현실이다.

(Bloomberg) -- South Korea's benchmark stock index fell to a two-year low and the won weakened on concern a revival of tensions on the Korean peninsula will hasten outflows.

North Korean leader Kim Jong Un ordered his troops to be fully armed after the neighbors exchanged fire across the demilitarized zone that divides the countries. The government will stabilize financial markets if provocations from the North or risks such as instability in China's economy increase, Vice Finance Minister Joo Hyung Hwan said in Seoul Friday.

The Kospi index of shares dropped 2 percent to close at 1,876.07 in Seoul on Friday, Korea Exchange prices show. The won retreated 0.8 percent to 1,194.82 a dollar, according to data compiled by Bloomberg.

x x x

<Reuters>

뉴스 발생 지점이 아닌 다른 곳에서 기사를 작성하는 것이 보다 효율적인 경우가 늘어나고 있다. 예를 들면, 어떤 보고서가 U.N.에서 발표되었다면 그 보고서와 관련된 다른 곳에서 기사를 작성하는 것이 보다 효율적일 수 있다. 이런 경우 Reuters 통신은 dateline에서 장소를 생략하고 있다.

다음 Reuters 통신 기사도 dateline에서 해당 지역의 장소명 즉, Philadelphia가 생략되고 있는데 내용이 백악관 대통령 경호실의 자료이기 때문으로 보인다.

Sept 16 (Reuters) - Philadelphia will phase in extensive security cordons, traffic restrictions and school closures next week as it prepares for Pope Francis' first visit to the United States, city officilals said Wednesday.

A public outdoor Mass in the city on Sunday, Sept. 27, is expected to draw 1.5 million people and mark the cap of the pontiff's six-day visit, which will begin in Washington on Sept. 22 and continue on to New York on Sept. 24.

Police in all three cities are planning for the possibility of hundreds of thousands of people to line streets for brief papal parades, with Philadelphia expecting the biggest crowds around the World Meeting of Families, a triennial event that draws Roman Catholics from around the world.

"Today marks exactly 10 days before Pope Francis arrives in the city of Philadelphia," Nutter said at City Hall on Wednesday. "Now is the time to finalize your plans. More and more activity is going to take place over the next five, six, seven days leading into next week."

The U.S. Secret Service, which typically escorts visiting heads of state, will provide the pope with security throughout his visit, which will include meetings with President Barack Obama and addresses to Congress and the United Nations General Assembly.

X X X

<AP>

AP는 본사가 있는 뉴욕(New York)을 중심으로 전 세계를 24시간 단위로 묶어 연결하는 하나의 뉴스 사이클(news cycle)을 운영하고 있다. 실시간(real-time) 보도를 지향하는 매체로서 송고 날짜를 dateline에 명시하는 것이 무의미하다고 판단한 것으로 보인다.

WASHINGTON (AP) _ North Korea is expanding its capacity to mine and mill uranium ore which could supply its nuclear weapons program or fuel nuclear reactors, according to new U.S. research.

The findings shed some light on how Pyongyang gets the raw material to fuel its nuclear ambitions that are raising international alarm.

The analysis is by Jeffrey Lewis, an arms control expert at the Monterey Institute of International Studies. It is being published Wednesday by the website 38 North, which specializes in North Korea.

Lewis writes that recent commercial satellite imagery, the

latest from this May, shows that over the past year, North Korea has been modernizing a key facility next to its main uranium mine at the southern site of Pyongsan, not far from the frontier with rival South Korea.

That suggests North Korea is expecting to process significant amounts of uranium, although what it will do with the product remains unclear. A uranium mill is where uranium ore is turned into yellowcake, a key step before it is fabricated as reactor fuel or for enrichment in centrifuges.

Lewis says one possibility is that North Korea will enrich the uranium to expand its stockpile of nuclear weapons.

X X X

ATTENTION GRABBER(hook):

독자의 시선을 끌기 위한 방법 중의 하나로 강한 내용이나 표현을 기사 본문 중간에 돌출시키는 모양을 취한다. 이를 attention grabber라고 하는데 독자가 기사를 계속 읽도록 권유하는 노력의 일환이다.

다시 말하면 지금까지 읽은 내용 못지않은 중요한 내용이 계속 이어지니 포기하지 말고 계속 읽어 달라는 안내 역할을 하는 셈이다. 다음 기사에서 중간에 노출시킨 TRAFFIC JAMS, RESTAURANTS은 attention grabber에 해당한다.

PYONGYANG, Oct 8 (Reuters) - Smartphones, traffic jams and modern, energy-saving lights casting a dim glow on the streets -North Korea's capital shows signs of change even as it prepares for a pageant of military muscle and propaganda of the kind the country is known for.

One of the world's most inaccessible places, North Korea has invited foreign journalists to Pyongyang this week for celebrations marking the 70th anniversary of its ruling Workers' Party, and rising wealth is evident despite a creaking state economy.

Only recently a niche item, cellphones are now common in the capital, with nationwide subscriber numbers topping three million, an employee with Koryolink, the cellular carrier controlled by Egypt's Orascom Telecom, told Reuters on Thursday. The number has tripled since 2012.

Still, the country of 24 million remains subject to heavy U.N. sanctions for its missile and nuclear programmes and is as isolated as ever.

On Wednesday, a high-level U.S. military official said Washington believes North Korea has the capability to launch a nuclear weapon against the U.S. mainland and stands ready to defend against any such attacks.

However, a planned satellite launch, which had been expected by officials in Seoul to be a centrepiece of the celebrations in Pyongyang and is suspected by the United States and South Korea to be a test of a long-range missile, seems less likely to take place soon. Analysts and South Korean officials say there have been no visible signs of preparations.

Yang Moo-jin of the University of North Korean Studies in Seoul said North Korea may have held back on its launch plans under pressure from ally China, which is sending high-level Communist Party official Liu Yunshan to Pyongyang for the events.

TRAFFIC JAMS, RESTAURANTS

North Korea remains technically at war with the South and views the United States as a key enemy. China is its major ally.

Evening traffic was clogged this week in Pyongyang, until recently a city of wide empty streets. The jams were due both to rising numbers of cars and also because roads were closed to prepare for anniversary events expected to be capped by a military parade on Saturday.

North Korea's state-directed economy is stagnant, but thriving grey-market entrepreneurship is driving increased spending on consumer goods and services like restaurants and taxis, which have proliferated in Pyongyang.

x x x

기사의 본문

Body of story

뉴스 기사는 보이지 않는 일정한 틀이 있다. 그 틀이 잘 나타나는 곳이 기사의 본문이다. 이에 대한 자세한 설명은 계속 이어지는 챕터(chapter)에서 다루기로 하고 여기서는 그 외형을 간단히 알아본다.

기사는 크게 hard news와 soft news로 나눌 수 있다. 사건 사고 등 사실 보도가 중심이 되는 hard news는 비교적 엄격한 구조를 가지고 있다고 할 수 있다. 뉴스의 핵심이 되는 내용을 lead로 하고 연관된 내용을 그 중요도에 따라 차례로 기술해 나가는 역삼각형(inverted pyramid) 형태를 갖고 있다.

이 역삼각형 형태는 독자에게 꼭 필요한 내용을 우선적으로 알리는 데 효과적이다. 신문의 경우 지면 제약 등 불가피한 사정으로 기사를 축소 보도해야 할 경우 아래로부터 잘라내도 문제가 없도록 도움을 준다.

기사의 본문은 6가지 W요소 즉, who, what, when, where, why, how로 구성된다. 이 6가지 질문에 대한 답을 quote와 배경 설명(backgrounding)을 통해 풀어 나가는 과정이 뉴스 기사라고 할 수 있다.

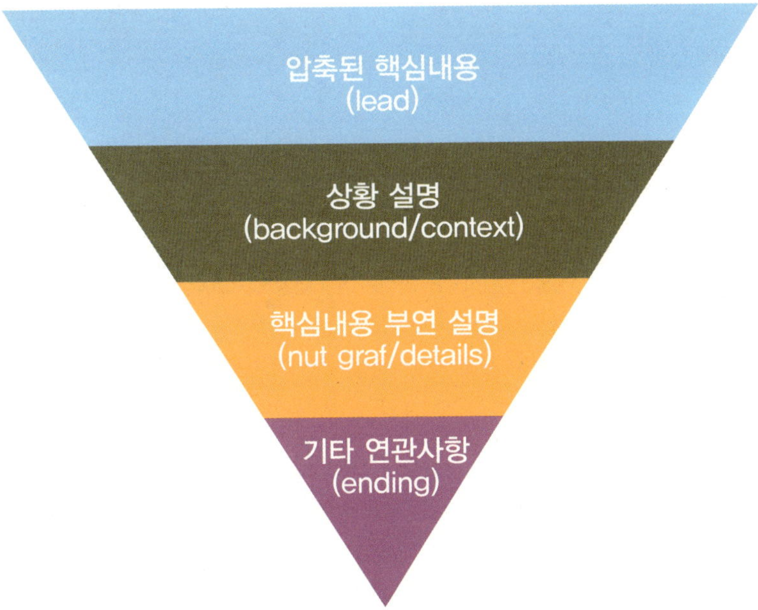

기사의 기본 요소

Six plus one basic news questions

일상생활 속의 언어(conversational language)는 전달력도 좋고 이해하기도 쉽다. 이 일상의 언어(daily language)가 뉴스 기사의 언어라고 할 수 있다. 어느 누구도 친구나 가까운 이웃과 대화하면서 난해한 어휘를 구사하거나 복문, 중문을 사용하여 상대방을 당황하게 만들지는 않을 것이다.

기사는 가능한 한 편하고 쉬운 표현으로 독자에게 다가가야 한다. 그러기 위해서는 뉴스의 내용을 충분히 이해하고 기사를 작성해야 한다. Lead는 물론 기사 전체의 구도를 머릿속에 그리면서 연계된 기사가 없는지 살펴본다. 그리고 어떤 상황 설명(context)이 필요한지를 결정한다.

전체의 구도를 생각하지 않고 lead에 매달려 시간을 흘려보내는 사람이 있다. 이는 효율적이지 못할 뿐만 아니라 시간 낭비일 수 있다. 아무리 짧은 기사라 할지라도 전체 구도를 생각해 봐야 한다. 몇 분이면 가능한 일이다.

기사를 쓰기 전 한 가지 더 고려해야 할 문제가 남아 있다. 서로 연계된 다른 기사가 있는지 살펴보는 일이다. 연계된 기사가 있다면 두 기사를 합해야 하는지, 합한다면 어떤 구도가 필요한지 점검해 봐야 한다. 이 모든 과정은 순발력 있게 이루어져야 한다.

기자직은 느긋이 기다리며 하는 직업이 아니다. 예정된 퇴근 시간이 지켜지지 않거나 아예 없어질 수도 있다. 더하여 마감 시간에 쫓기면 스트레스는 쌓여갈 수밖에 없다.

우여곡절 끝에 기사를 완성했다고 하자. 그것으로 모든 일이 끝난 것이 아니다. 그 순간부터 결과물에 대한 무한 책임이 기다리고 있다. 새로 태어난 기사는 치열한 약육강식의 시장에서 살아남아야 한다. 경쟁사도 사력을 다할 것이기 때문이다.

영문 기자에게 이 경쟁은 더 가혹할 수 있다. 독자가 까다로운 외국인이고, 그들을 만족시킬 만한 기사를 만들기는 그만큼 더 어렵기 때문이다. 그들에게 다가가려면 언어의 미묘한 의미까지 고려하며 기사를 써야 하는 어려움도 있다.

예를 들어, 영어로 home, house, residence, domicile은 모두 비슷한 의미를 가진다. 그러나 서로 혼용해서 쓰면 문제가 생긴다.

The elderly couple lived in a cozy residence with their jobless son. 이 문장은 공허하게 들린다.

그러나 'The elderly couple changed their residence quite often.' 이렇게 쓰면 별 문제가 없다.

상황에 맞는 어휘를 선택해야 한다는 조언인데 그 요체는 매일 상용하는 대화체의 언어라고 할 수 있다. 생활 속의 언어는 친숙하고 이해하기 쉬운 표현을 말한다. 위의 예문의 경우 house나 home이 이에 해당한다고 할 수 있다. house나 home은 사전적 의미로 분명히 차이가 있으나 많은 외국인은 혼용한다.

기사는 크게 hard news와 soft news로 구분할 수 있다고 앞에서 밝힌 바 있다. Hard news는 사실을 위주로 보도하는 긴급성이 있는 기사를 말하며 spot news, breaking news, straight news 모두를 총칭한다. 사건, 사고로 분류되는 범죄, 화재, 집회, 시위 등은 모두 이에 속함은 물론 중요한 정부의 발표, 회의 결과, 법정 다툼도 이 범주에 포함된다.

Spot news는 예상하지 못한 최신 뉴스를 말하며 지체함이 없이 보도되어야 한다. 긴급성이 있는 뉴스가 발생하여 현재 진행형이면 breaking news라고 하며 이 모두를 통칭한 형태를 straight news라고 한다.

Hard news는 본질적으로 어떤 일이 왜 일어났는지 독자에게 긴급성을 가지고 알려주는 기사이다. 이런 긴급성이 있는 기사는 통상 속보로 이어진다. Hard news는 summary lead 형태를 취하는 것이 보통이며, 긴급성이 있는 경우 한 문장으로 짧게 구성하여 내보내고 속보 체제를 갖춘다. 핵심 내용을 분명하게 전달할 수 있다면 짧으면 짧을수록 좋다.

뉴스 기사는 읽는 흐름이 중요하다. 독자는 기사를 눈으로 읽지만 호흡으로도 읽는다. 한 호흡으로 읽히지 않는 lead는 독자를 심리적으로 답답하게 하고 중도에 포기하게 한다.

다음 기사의 lead는 너무 길고 포함된 내용도 너무 많다. Overstuffed lead라고 할 수 있다. 단어 수(word count)가 무려 54개이고 둘째 단락(paragraph)은 59개에 이른다.

NEW YORK (AP) _ A former president of the United Nations General Assembly turned the world body into a "platform for profit" by accepting over $1 million in bribes from a billionaire Chinese real estate mogul and other businesspeople to pave the way for lucrative investments, a prosecutor charged Tuesday as he said still others may be arrested.

John Ashe, a former U.N. ambassador from Antigua and Barbuda who served in the largely ceremonial post as head of the 193-nation assembly from

September 2013 to September 2014, faces tax fraud charges in what authorities call a conspiracy with five others, including Francis Lorenzo, a deputy U.N. ambassador from the Dominican Republic who lives in the Bronx.

U.S. Attorney Preet Bharara repeatedly noted that it was early in the investigation and told reporters that as it proceeds: "We will be asking: Is bribery business as usual at the U.N.?"

x x x

위 기사의 도입부는 다음과 같이 재구성하면 읽기가 보다 편해진다.

☞ NEW YORK (AP) _ A former president of the U.N. General Assembly turned the world body into a "platform for profit" by accepting over $1 million in bribes from Chinese and other businesspeople to pave the way for lucrative investments, a U.S. prosecutor said Tuesday.

John Ashe, a former U.N. ambassador from Antigua and Barbuda who served in the largely ceremonial head of the 193-nation assembly for one year starting from September 2013, faces tax fraud charges in connection with the case, said U.S. Attorney Preet

Bharara.

Also involved in the scandal are five other people, including Francis Lorenzo, a deputy U.N. ambassador from the Dominican Republic who lives in the Bronx, Bharara said, indicating that still others may be arrested.

"I wouldn't be surprised if we see other people charged," he told reporters, saying reportedly that it was early in the investigation.

Underlining the seriousness of the case, Bharara said that as the investigation proceeds, "We will be asking: Is bribery business as usual at the U.N.?"

The prosecutor said Ashe "converted the United Nations into a platform for profit" when bribery opportunities were dangled before him by Chinese billionaire Ng Lap Seng, 67, and others.

x x x

Soft news는 연성화된 뉴스를 말한다. 대표적인 soft news는 feature story라고 할 수 있다. 특히 인간의 감성을 자극하는 human interest story는 이 범주에 속한다. Hard news라 할지라도 soft news와 같은 접근법을 사용하면 독자는 더 흥미로워 한다는 연구 결과가 있다. 이런 접근법을 featurish approach 혹은 featurish lead라고 한다.

다음 두 기사는 hard news 요소가 강하지만 feature 기사의 접근법을 사용하고 있다. 첫째 기사의 네 번째 단락에서 사용한 인용구 – "a little temperamental" with age – 가 흥미롭다.

LONDON (AP) _ Don't set your watch by Big Ben.

Officials say the famous clock at Britain's Parliament _ used by Londoners for decades to check the time _ has recently been slow by as much as six seconds.

The 156-year-old clock chimes every 15 minutes and emits deep bongs to mark the hour. Its inaccuracy was noticed by staff at BBC radio, which broadcasts the bongs live at 6 p.m.

Ian Westworth, one of Parliament's three clocksmiths, told the BBC the clock had become "a little temperamental" with age.

"Imagine running your car for 24 hours a day, 365 days a year for the last 156 years," he said.

Parliamentary officials said Tuesday that mechanics had corrected the clock to within "normal parameters" _ within 2 seconds of the right time. They will continue to adjust it by placing pennies on the pendulum _ or removing them _ to fine-tune its speed.

Parliament's neo-Gothic clock tower is one of London's most recognizable landmarks, and its bell is one of London's characteristic sounds. The famous bongs echoed through the city without fail through World War II bombing raids, though they have been silenced a few times for repairs, and by accident or the weather.

Although the clock tower is popularly known as Big Ben, the name actually refers to the 13 - ton Great Bell inside. The tower was renamed the Elizabeth Tower in 2012 to mark Queen Elizabeth II's 60 years on the throne.

Santa Claus를 소재로 한 기사는 언제나 사람들의 관심을 끈다.

HELSINKI, Aug 20, 2015 (AFP) - Santa Claus is broke and has filed for bankruptcy in Finland.

According to court documents on Thursday, Dianordia, a company which fulfils the dream of children and their families from all over the world to meet SantaClaus in person, needs a bit of Christmas cheer.

Tax authorities have filed a bankruptcy case in court as Dianordia owes over 200,000 euros ($230,000) in taxes.

But the head of the company Jarmo Kariniemi says

he is not ready to give up. He still has a week to keep Santa on the job.

"We will take care of it. We have already collected half of the sum," Kariniemi told AFP.

Every year around 300,000 tourists of 100 different nationalities visit Santa's Office -- which claims to be the official one -- in Rovaniemi on the Arctic Circle in Finnish Lapland.

Santa's Office is part of an amusement park called SantaClaus Village hosting several companies. The Village and the other companies are not affected by the court's proceedings.

The head of the Rovaniemi Regional Development Agency, Juha Seppala, said his organisation would make sure Santa is there in the future.

"There is no way the Village would be left without SantaClaus. The activities will continue in one way or another," he told AFP.

Kariniemi said his company's financial difficulties were due to "the turbulence in the world" resulting in a drop in the number of tourists visiting the region.

"First there were fewer tourists coming from Greece, then from Spain, Italy and Portugal, and eventually from Russia," he explained, referring to the economic downturn in those countries.

In January Finnish Border Guards reported a 33-percent drop from December 2013 to December 2014 in border crossings between Finland and its eastern neighbour Russia, which sends the most tourists to Finland.

그렇다면 기사마다 어떤 접근법을 사용해야 하는가? Hard-news approach인가, 아니면 soft-news approach인가? 판단 기준은 뉴스의 긴급성과 파급력이 될 수 있을 것이다. 한국은 좁은 나라이다. 좁은 만큼 뉴스의 전달 속도가 빠르고 파급력도 강하다. 이를 판단의 기준으로 삼았을 때 대부분의 기사는 hard news의 대상이 된다고 할 수 있다.

인명 손실이 큰 대형사건, 사고, 국민의 실생활에 직접 영향을 미치는 법률 개정, 정부의 중요 정책 변경, 남·북한 간의 긴장 등 독자에게 긴급하게 전달해야 하는 기사는 모두 hard news의 범주에 속한다.

앞에서도 언급했지만 hard news라 할지라도 시간이 경과함에 따라 soft news 접근법을 사용하는 것이 보다 효과적일 수 있다. 중동호흡기증후군(Middle East Respiratory Syndrome) 메르스 사태처럼 후속 보도가 장기간 계속되는 경우 똑같은 형태의 기사를 매일 내보낼 수는 없지 않은가.

기사의 기본적인 형태는 크게 보아 도입부(lead), 본문(body), 결론(closing) 등 세 부분으로 나눌 수 있다. Lead는 독자를 기사 속으로 유도하여 읽게 하는 역할을 한다. Lead의 유형과 작성법은 방대하여 다른 챕터(chapter)에서 다루기로 한다.

기사의 첫머리 즉, lead에는 앞에서 말한 6개의 W요소 즉, who, what, where, when, how, why가 선택적으로 자리잡는다. Lead에서 배제된 나머지 요소는 그 중요도에 따라 다음 단락에 자리한다. 이 6개의 요소와 더불어 so-what이라는 마지막 질문에 답을 줄 수 있는 기사라면 그 완성도는 높아진다.

다음 기사는 so-what 요소가 약해 문제가 된다.

이 기사는 아베 일본 총리가 야스쿠니(Yasukuni) 신사에 공물을 보낸 사실을 보도하고 있다. 첫 문장에 야스쿠니 신사를 "a controversial war shrine" 으로 표시하여 문제가 있는 시설임을 나타내고 있다. 하지만 구체적으로 어떤 문제가 있고 그의 행동이 어떤 부정적인 의미를 가지고 있는지, 이에 대한 설명이 lead에서 빠져있다. 다시 말해 so-what 요소가 빠져있다고 할 수 있다.

TOKYO, Oct. 17 (Yonhap) -- Japanese Prime Minister Shinzo Abe sent a symbolic offering to a controversial war shrine in Tokyo Saturday to mark its annual autumn festival, according to Japanese media,

The shrine is viewed by Seoul and Beijing as a symbol of Tokyo's militaristic past. It honors around 2.4 million Japanese war dead, including 14 Class-A World War II criminals. Visits to the shrine or ritual offerings by Japanese leaders in the past have drawn strong protests from Asian neighbors.

But Abe skipped a visit to the Yasukuni Shrine, apparently mindful of Tokyo's testy relations with Seoul and Beijing which see the faciity as a symbol of Japan's past militarism under which they suffered tremendously..

The conservative prime minister paid his respects at the shrine in December 2013. He has since refrained from visiting it, instead sending "masakaki" tree offerings during its spring and fall festivals.

Abe hopes to arrange an one-on-one meeting with South Korean President Park Geun-hye despite lingering disputes over shared history by the two countries..

The two sides are widely expected to resume a trilateral summit which also involves China, in Seoul at the end of October or the beginning of November.

It would provide Park and Abe with an opportunity to hold their first bilateral summit.

On a trip to Washington, D.C., Park also said she may hold the long-delayed meeting with Abe on the occasion of the three-way summit in Seoul.

이 기사의 lead는 다음과 같이 재구성 하면 "so-what" 요소가 살아난다.

☞ TOKYO, Oct. 17 (Yonhap) -- Japan's Prime Minister Shinzo Abe sent a ritual offering to a controversial war shrine in Tokyo Saturday to mark its annual autumn festival, Japanese media said, **a move that is certain to anger neighboring countries.**

The shrine is viewed by Seoul and Beijing as a symbol of Japan's militaristic past. Past visits to the shrine or ritual offerings by Japanese leaders have drawn strong protests from Asian neighbors, particularly from Seoul and Beijing.

There was no immediate response from Seoul and Beijing to Abe's latest move but it comes weeks before he is due to meet with his South Korean and Chinese counterparts, Park Geun-hye and Xi Jinping, in Seoul in trilateral talks.

XXX

다음 기사에서는 네 번째 단락에 가서야 이 기사의 의미를 알 수 있는 첫 언급이 나오고 있다. 그것도 아주 약하다.

SEOUL, May 18 (Yonhap) -- A Seoul court on Monday ruled that the government is liable for a civilian's death in a shelling attack by the U.S. during the 1950-53 Korean War.

Reversing an earlier ruling against the families of

the civilian victim, surnamed Bang, the Seoul High Court ordered the government to pay 48 million won (US$45,000) in compensation.

Bang was killed by shells fired from the USS Haven of the U.S. Navy in September 1950, according to court documents.

It marks the first time for a local court to award compensation to the family of a victim killed by attacks linked to American soldiers during the war.

"Bang's basic rights guaranteed by the Constitution were greatly violated," the court said.

In 2010, the Truth and Reconciliation Commission, a special committee established in 2005 to reinvestigate past security-related cases, released a report that the USS Haven ordered the shelling on the Army's order. The report did not clarify whether the order was made by the U.S. or South Korean Army.

위에 예시된 기사를 다음과 같이 바꾸면 so-what 요소가 간단히 살아난다.

☞ SEOUL -- In a precedent-setting ruling, a Seoul high court ordered the government Monday to pay 48 million won in compensation to the family of a South Korean civilian victim killed in a U.S. naval artillery shelling during the Korean War.

The decision by the Seoul Appellate Court overturned a lower court ruling that had denied any compensation to the family of the victim, surnamed Bang. The high-court ruling can trigger a deluge of similar lawsuits by the families of other victims.

Millions of people were killed or wounded in the 1950-53 Korean War, many of them civilians. Historians say that some of those civilian victims resulted from U.S. air and naval strikes. The United States fought on the South Korean side in the three-year war, leading the Allied Forces.

Monday's court ruling was the first of its kind in South Korea.

"Bang's basic rights guaranteed by the Constitution were greatly violated," the court said in its verdict.

X X X

일반적으로 독자는 hard news보다는 soft news에 더 흥미를 느낀다. 한국과 관계되는 일에 종사하고 있는 외국인이라면 어느 곳에 살고 있든지 한국에서 일어난 일에 대한 관심이 높은 것은 당연하다. 한국인은 어떤 국민인지 그 본질적인 질문에 답하는 기사는 늘 그들에게 흥미롭게 다가온다.

많은 외국인에게 한국은 경이로운 나라이다. 전쟁의 참화에서 벗어나 반세기 만에 세계 10위권의 경제 대국으로 성장한 나라, 그곳에서 살고 있는 한국인은 어떤 국민인지 그들은 알고 싶어 한다.

버락 오바마(Barack Obama) 미국 대통령이 입에 침이 마르도록 칭찬하는 한국인의 근면성, 교육열의 배경은 과연 무엇인가? 세계에서 가장 긴 시간을 일한다는 한국인은 어떤 사고를 하는 국민이며 직장을 떠나 집에서는 어떤 일에 매달리는가? 왜 한국인의 자살률이 그렇게 높은가? 이런 질문에 외국인은 흥미를 느낀다.

다음 기사는 한국의 젊은이 가운데 유행하고 있는 1인 인터넷(Internet) 방송국 실태를 소개하고 있다. 빠르게 변화하고 있는 한국사회의 한 단면을 보여주고 있다는 면에서 외국인 독자의 관심을 끌 만하다.

SEOUL, South Korea (AP) _ Every evening, 14-year-old Kim Sung-jin orders fried chicken, delivery pizza or Chinese food to eat in a small room in his family's home south of Seoul. He gorges on food as he chats before a live camera with hundreds, sometimes thousands, of teenagers watching.

That's the show, and it makes Kim money: 2 million won ($1,700) in his most successful episode.

Better known to his viewers by the nickname Patoo, he is one of the youngest broadcasters on Afreeca TV, an app for live-broadcasting video online launched in 2006.

Kim, who has a delicate physique and chopstick-like slight limbs, has been broadcasting himself eating almost every evening since he was 11. Sometimes he invites friends to eat with him. To add fun, he once wore a blonde wig and dressed as a woman.

While the Internet has been making stars for years _ from bloggers to gamers who play for millions of YouTube viewers _ outsiders may find it puzzling, if not outright bizarre, for young people to spend hours watching someone eating. But in South Korea, Afreeca TV has become a big player in the Internet subculture and a crucial part of social life for teens.

Shows like Kim's are known as "Meok Bang," a mash-up Korean word of broadcast and eating. They are the most popular and often most profitable among some 5,000 live shows that are aired live at any given moment on Afreeca TV.

Kim started the show essentially to find someone to eat with. His parents worked in another city so he was living with his grandparents, and they ate dinner so early he got hungry at night.

He says the show made his dining more regular, although most of his meals on Afreeca TV begin after 10 p.m. The show also brought him unexpected joy: He said that even though he's just an ordinary teenager, "people say hello to me on the street."

"I do what I want. That's the perk of a personal broadcast."

Many connect the popularity of Meok Bang to the increasing

number of South Koreans who live alone, and to the strong social aspects of food in this society.

"Even if it is online, when someone talks while eating, the same words feel much more intimate," said Ahn Joon-soo, an executive at Afreeca TV. He noted South Koreans' common habit of bidding farewell to friends by saying, "Let's eat together next time," even when they don't literally mean it.

There are plenty of other quirky offerings on Afreeca TV. Late at night there is "Sool Bang" _ broadcast drinking _ in which melancholic South Koreans drink liquor alone discussing their tough lives. Then there is "Study Bang," or broadcast studying: A screen shows the hand of an unidentified person writing notes on a thick book under the light of a desk lamp.

About 60 percent of the 8 million unique monthly visitors to Afreeca TV are teens or in their 20s. That means nearly 40 percent of the 12.5 million South Koreans aged 10 to 30 watch a show on Afreeca TV at least once a month.

"Young generations believe that TV is naturally something like Afreeca TV where they can interact with broadcasters," said Ahn, the company executive. He believes TV in the long run will be completely replaced by such apps.

Cho Young-min, a 12-year-old who has watched an online game show on Afreeca TV since he was a third-grader, aspires to have his own show on Afreeca TV, not on the TV in the living room.

Ahn Won-jun, a 17-year-old high school student, said he prefers to eat dinner in his room to watch Kim's Meok Bang, rather than dining with his parents.

Kim is not a particularly polite virtual dinner guest. He burps loudly before his audiences and sometimes walks off abruptly, announcing with some specificity that he needs to use the bathroom. He usually leaves his fans with a mission, during his absence, promising a prize to the person who last clicks the "like" button when he is back.

Hardcore Afreeca TV viewers are drawn to hosts like Kim because they can interact with them, unlike more distant TV stars. Fans say they feel their blood rush and heart flutter when a host reacts to their comments, singling them out in the stream of hundreds of live chat messages.

"I was so moved," said Lee Yeon-joo, a 15-year-old recalling the moment when a 26-year-old man read her message in the middle of his live show. "You cannot really approach celebrities."

Afreeca TV users can get broadcasters' attention by giving them "star balloons," which cost them about 10 cents apiece. The show hosts keep most of that money, though Afreeca TV takes a cut of up to 40 percent.

Most broadcasters, including Kim, are reluctant to reveal how much money they make. Afreeca TV said out of some 300,000 broadcasters who air their show at least once a month, top 500 make more than what one would normally make by working full time, but the company declined to be more specific. In 2013, a South Korea television network TV Chosun cited a lawmaker's office that the top Afreeca TV host earned 298 million won ($250,000) a year.

Live-streaming videos are going mainstream, both in South Korea and overseas.

In Asia, services such as YYTV in China have been in use by tens of millions of users for years, and also have developed ways to let broadcasters generate income.

Meerkat and Periscope from Twitter, two live-streaming apps in the U.S., were launched in March. Facebook is launching its own live-streaming service called Live, although it will be only available for famous people.

South Korean search giant Naver rushed to launch a real-time video service where K-pop stars can live-stream their behind-the-scenes lives. One of the most talked-about TV shows on a South Korean TV network this year was “My Little Television,” which adopted similar features to Afreeca TV, such as the format of one person broadcasting a show live while responding to comments from viewers.

Afreeca TV’s model may not translate across borders, however. The company’s efforts to make inroads in Japan, Taiwan and the U.S. have met with little response.

CREATIVE

뉴스의 전달

How to tell your story

기사의 성공 여부는 그 내용과 의미가 독자에게 얼마나 빠르고 정확하게 전달되느냐에 달려있다. 이를 위해서 잘 짜여진 구도가 필요하게 되었고 이에 대한 연구가 많이 이루어져 왔다. 그 결과 어느 정도의 가이드라인(guideline)이 영문 기사 작성 과정에 직접, 혹은 간접적으로 영향을 미치고 있다. 영문 기사를 작성할 때 고려해야 하는 구도는 한글 기사를 작성할 때보다 엄격하다.

많은 국내 언론 학자나 기자들이 미국 대학이나 언론 현장에 매년 연수를 다녀오고 있고 그 결과 양쪽 간의 거리가 좁혀지고는 있지만 여러 면에서 아직 간극이 있어 보인다.

영문 기사도 그 형식과 내용 면에서 변화의 흐름을 크게 받았다고 할 수 있다. 한 예로 1980년대 초까지 외국 언론, 특히 국제 통신사는 기사 작성 시 배경 설명(backgrounding)을 대부분 기사 하단부에 가져왔다.

이러한 구도의 기사는 자기 나라에 관한 뉴스를 이해하는 데는 별 문제가 없다. 그러나 사정을 잘 알지 못하는 다른 나라의 경우 배경 설명이 끝쪽으로 위치하면 이해하는 데 어려움이 생긴다.

배경 설명을 기사 상단 즉, lead 가까이에 할 경우 독자의 이해가 빠르다는 것을 알게 되었고, AP 통신이 이 변화의 선봉에 섰다. 시간 차를 두고 경쟁사들도 이런 변화의 흐름에 동참하게 되었다.

이와 같은 구도의 변화에는 오직 하나의 목적 즉, 어떻게 하면 독자의 이해를 도울 수 있는지 여부에 모아져 있다. 미국의 어느 작은 지역 신문이라면 이런 고려는 필요 없을 것이다. 그 지역 독자는 배경 설명 없이도 그 지역에서 일어나는 뉴스를 이해하는 데 별 문제가 없기 때문이다.

국내 매체도 마찬가지 문제를 가지고 있다. 한 예로 성완종 사건은 이미 국민 모두가 샅샅이 전후 사정을 알고 있어 기사를 쓸 때마다 그 배경을 되풀이 설명할 필요가 없다. 그러나 외국인에게는 사정이 다르다. 이 사건의 전후 사정을 어느 정도 아는 외국인도 있겠지만 그들을 대상으로 기사를 쓸 수는 없다. 기사는 언제나 처음 읽는 독자가 충분히 이해할 수 있을 정도로 쉽게 써야 한다.

다음과 같은 성완종 사건 후속 보도가 있었다.

"박근혜 대통령은 성완종 사건으로 물러난 이완구 총리의 후임으로 황교안 법무부 장관을 지명했다고 민경욱 청와대 대변인이 밝혔다."

이에 대한 한 영문 기사를 예로 들어 보자.

SEOUL -- **President Park Geun-hye** has nominated Justice Minister **Hwang Kyo-ahn** as her new prime minister to succeed **Lee Wan-koo** who stepped down for alleged involvement in the **Sung Wan-jong** scandal, presidential spokesman **Min Kyung-wook** said Tuesday.

이 lead에는 이름이 무려 5개나 등장한다. 그럼에도 불구하고 한국인 독자는 내용을 이해하는 데 별 어려움이 없을 것이다. 황교안 법무부 장관이 누구냐고 질문하는 한국인 독자는 없을 것이기 때문이다. 한국인 독자는 신임 총리 후보가 어떤 사람인지, 그의 전직이 무엇이었는지 이미 자세히 알고 있을 것이기 때문이다.

그러나 외국인 독자에게는 사정이 다르다. 한마디로 그들은 황교안 이름 그 자체보다는 새로운 국무총리를 임명해야 하는 배경에 더 관심이 있다고 할 수 있다. 이미 알려진 배경 설명일지라도 기사를 이해하는 데 도움이 된다면 기꺼이 다시 언급해야 한다.

한국인 독자에게는 다음 국무총리는 누구인지 그 이름이 중요한 관심사이겠지만 외국인에게는 그렇지 않다는 것을 영문 기자는 알아야 한다. 외국인 독자는 내국인이 이미 잘 알고 있는 배경 설명을 통해 뉴스를 접할 때 이해가 훨씬 쉽다는 것이다.

이 기사를 다음과 같이 단순화해 재구성하면 읽기가 편해진다.

☞ SEOUL -- President Park Geun-hye has named her justice minister to become the new prime minister in a partial Cabinet shakeup following a major corruption scandal that has rocked her government, her office said Monday.

Hwang Kyo-ahn, who has served as the justice minister in the Park government since its inception in early 2013, will replace Lee Wan-koo as prime minister, presidential spokesman Min Kyung-wook told reporters.

Lee stepped down under pressure from the nation's second highest post in May over allegations that he had received illicit political funds from Sung Wan-jong, a failed businessman who committed suicide in March.

Lee, who won a parliamentary seat in 2013 by-elections, was one of seven heavyweight government and ruling party officials whose names appeared on a bribery list left behind by Sung before he killed himself by hanging.

Park's choice of Hwang as the new prime minister is subject to approval by the National Assembly which is currently majority-controlled by the ruling Saenuri Party.

Under South Korea's Constitution, the premiership is the second highest behind the president in government hierarchy but its role is largely ceremonial.

x x x

다음 AP 기사의 lead에도 4개의 이름이 동시에 등장한다. 그러나 전혀 문제가 되지 않는다. 이 네 사람은 미국 등 영어권에 살고 있는 사람에게는 너무도 친숙한 이름이다. 인지도가 오바마(Obama) 대통령 못지않다. 그러나 이 네 사람은 한국인에게는 낯설고 그 이름을 들어 보지 못한 사람도 많을 것이다.

미국의 언론은 이 4명을 자신의 독자에게 알리기 위해 특별히 다른 노력을 할 필요가 없다. 단지 그 이름을 기사에 언급하면 된다. 그런 면에서 한국 등 비영어권의 영문 언론 매체는 어려운 처지에 있을 수밖에 없다.

NEW YORK (AP) _ **Stephen Colbert** began his

tenure as host of the CBS "Late Show" Tuesday with a tribute to predecessor **David Letterman, a brief conversation with rival Jimmy Fallon** and a surprise cameo from Comedy Central buddy **Jon Stewart.**

After months of buildup, the former host of "The Colbert Report," returned to late-night TV by gorging on Donald Trump jokes and noting his transition from playing the character of a cable TV blowhard to being himself.

"With this show I begin the search for the real Stephen Colbert," he said. "I just hope I don't find him on Ashley Madison."

Colbert was joined by actor George Clooney and Republican presidential candidate Jeb Bush. He completes the remake of late-night network television from the days of Letterman and Jay Leno to the two Jimmys (Fallon and Kimmel) and himself.

Colbert showed a picture of the now-retired Letterman, saying that he bowed to no one as a Letterman fan.

"We will try to honor his achievement by doing the best show we can and occasionally making the network very mad at us," Colbert said.

CBS Corp. boss Leslie Moonves was close at hand

in the front row of the renovated Ed Sullivan Theater, jokingly holding a switch that could turn off the "Late Show" in favor of reruns of "The Mentalist," which ran in the weeks before Colbert took over.

Colbert showed off video walls behind his desk, one of which was set to a view of New York's Central Park. And he pretended to change channels, alighting on Fallon at NBC.

"Have a good show, buddy," Fallon said. "See you in the locker room."

x x x

기사 작성 시 또 하나의 중요한 고려 사항은 너무 많은 내용을 한 문장에 넣으려고 해서는 안 된다는 것이다. 관련 뉴스의 중요도에 따라 한 문장, 한 단락에 하나의 내용을 넣어 독자의 이해를 돕고, 가벼운 느낌을 갖도록 해야 한다. 대단히 중요한 문제이지만 잘 지켜지지 않는다. 이에 대한 자세한 설명은 추후 다른 장(chapter)에서 할 계획이다. 기사는 가까운 친구나 친지에게 설명하듯 일상의 언어로 평이하게 써야 한다. 그에 더하여 현장감을 보여주는 세부 묘사가 있다면 기사는 한층 돋보일 것이다. 이런 세부 묘사를 뉴스룸 은어(newsroom jargon)로 color라고 한다.

영문 기사 작성의 첫 번째 비결은 단순화(simplification)라고 할 수 있다. 둘째 비결도 단순화, 셋째 비결도 단순화라고 해도 과언이 아니다. 그만큼 외국인 독자를 이해시키기 어렵다는 의미이다. 외국인 독자가 알 수 없고 또 알 필요가 없는 내용이라면 과감히 버리는 편이 나을 것이다.

모든 뉴스는 복잡한 요소를 내포하고 있다. 그 복잡성에는 정도의 차이가 있을 뿐이다. 많은 경우 단순화는 독자를 이해시키는 만능열쇠의 역할을 한다.

너무 길거나 복잡한 도입부로 시작하는 기사는 읽기 시작하는 단계부터 독자를 거북하게 만든다. 다음 예문은 이에 속한다.

MOSCOW, Aug. 7 (Reuters) - **Russian jets hit Islamic State targets and other rebel groups in Syria on Saturday, on a fourth day of air strikes by Moscow in support of President Bashar al-Assad which have dramatically escalated foreign intervention in Syria.**

Russia's air campaign in Syria, where a U.S.-led air coalition and fighters on the ground from regional states are already entangled in the four-year-old civil war, has drawn strong criticism from the United States and its allies.

xxx

위 기사는 다음과 같이 재구성하면 읽기가 한결 가벼워진다.

☞ MOSCOW, Aug. 7 - Russian jets hit Islamic State targets and other rebel groups in Syria for a fourth day on Saturday, dramatically escalating foreign intervention in a country ravaged by a four-year-old civil war.

Russia's air campaign in Syria has drawn strong criticism from the United States and its allies who see it primarily as aimed at weakening forces opposed to President Bashar al-Assad.

x x x

친구와의 대화에도 스타일(style)이 있다. 평소에 잘 사용하지 않는 어려운 어휘나 표현을 사용하면서 대화를 이어가는 사람은 없을 것이다. 기사도 마찬가지다. 어려운 어휘나 표현으로 가득찬 기사는 현학적으로 보여 읽는 사람을 어리둥절하게 만들 것이다.

외국인에게 한국은 많은 면에서 생소한 나라다. 아무런 사전 지식이 없는 외국인을 위한 기사는 형식뿐만 아니라 전개 과정도 달라야 한다. 비행기에서 갓 내린 한국을 처음 방문하는 외국인도 쉽게 이해할 수 있는 정도의 기사를 써야 한다.

기사 내용의 이해 수준은 미국 8학년 학생 정도면 충분하다고 한다. 우리나라의 중학교 2학년에 해당한다. 그러나 고급지(quality paper)를 지향하고 수준 높은 독자층을 확보하고 있는 일부 신문(NYT, WSJ , USA Today)의 경우 기사 이해 수준을 높이고 있다.

Helen Sissons은 좋은 기사의 요소를 다음과 같이 기술하고 있다.

- Be clear about what you want to say

- Say it with everyday words
- Use simple sentences
- Use short paragraphs
- Use verbs in the active voice
- Report the details, draw a picture with words
- Use a style that is natural to you
- Keep adjectives to a minimum
- Use strong quotes close to the beginning of the story
- Avoid clichés as far as possible

위에 기술한 요소는 기사 작성의 중요 요건을 함축적으로 잘 표현하고 있다. 그러나 이를 기사 작성에 온전히 활용하는 것은 별개의 문제이다. 이와 같은 요소들이 체화되어 조건 반사적으로 튀어나오는 수준까지 가려면 부단한 노력과 훈련이 필요하다. 이에 대한 지름길은 없다.

흔히 기사 쓰는 요령은 터득할 수 있지만 스타일(style)은 바꿀 수 없다고 한다. 그러나 어떤 사람이 기사 작성의 요령을 배웠다고 하자. 그것은 시작에 불과하고 실전 단계에는 또 다른 힘든 길이 남아 있다.

영문 기자는 무엇보다도 자신의 독자(audience)가 누구인지 한순간도 잊어서는 안 된다. 다시 강조하지만 영문 기사의 독자는 외국인이다. 그것도 한국 밖에 있는 외국인이다. 국내에서 영어를 배우려는 목적으로 영자 신문이나 영문 온라인 뉴스를 읽는 한국인 독자도 있을 것이다. 그런 한국인 독자를 위해 기사를 쓸 때 그 기사는 이미 한글 기사의 유형을 벗어나지 못할 것이다.

위에 언급한 성완종 사건 후속 보도에서 보듯 외국인 독자와 내국인 독자를 대상으로 하는 기사는 각각 그 구도와 전개 방법이 다를 수밖에 없다. 양쪽의 독자를 동시에 만족시키는 기사는 불가능하다고 봐야 한다.

또 하나의 예를 들어 그 차이를 알아보자.

다음 기사는 새로운 보건복지부 장관 임명을 보도하고 있다. Summary lead를 이용하고 있어 적절해 보이나 상황 설명이 약해 독자의 이해를 어렵게 한다. 다시 말해 so-what 요소가 결여되어 있다. MERS에 대한 언급이 갑자기 네 번째 단락에 나타나 이와 관계가 있지 않나 추측을 불러일으킬 뿐이다.

SEOUL (Yonhap) -- President Park Geun-hye has nominated a medical doctor as her new health minister, an official said Tuesday.

Chung Chin-youb, a professor at Seoul National University hospital in Bundang just south of Seoul, was named to lead the Ministry of Health and Welfare.

Chung is “the right person, who can strengthen public health care and stabilize people’s health” as he has a deep understanding and expertise in South Korea’s health system, presidential spokesman Min Kyung-wook told reporters.

Last week, South Korea declared a de facto end to the outbreak of Middle East Respiratory

Syndrome, which has killed 36 South Koreans. South Korea reported no additional MERS cases for the 30th consecutive day on Tuesday.

x x x

이 기사를 context를 강화하여 재구성하면 어떻게 달라지는지 알아보자.

SEOUL -- President Park Geun-hye has nominated a medical doctor as her new health minister, her office said Tuesday, in a partial Cabinet shakeup prompted by the deadly Middle East Respiratory Syndrome (MERS) that killed 36 South Koreans.

Chung Chin-youb, a professor at Seoul National University Hospital in Bundang just south of Seoul, was named to lead the Ministry of Health and Welfare, presidential spokesman Min Kyung-wook told reporters.

The Park government has come under intense public and media fire for its poor response to the outbreak of the MERS virus that hit the country in May. Only last week, South Korea declared a de facto end to the outbreak of the disease.

x x x

기사의 출처

Attribution

기사 내용 중 이미 잘 알려지거나 상식적인 것이 아니라면 그 출처(source)를 밝혀야 한다. 다시 말해 기자 자신이 직접 눈으로 확인한 사실이 아니라면 기사에서 언급된 모든 내용은 그 출처를 밝혀 객관성을 제고해야 한다. 이를 attribution이라고 한다

Attribution은 처음 시작하는 기자에게는 거추장스러운 문제일 수 있다. 그러나 이는 기사에 대한 독자의 신뢰를 얻기 위해 꼭 필요한 과정의 일부다. 어떤 경우 거의 매 문장 출처를 밝혀야 하고 이로 인해 읽는 사람을 불편하게 할 수도 있다. 그러나 어느 정도의 규칙을 따른다면 크게 걱정할 필요는 없다.

다음 기사에서와 같이 보도 내용이 사실이고 또 기자가 직접 현장에서 목격한 것이라면 attribution이 필요없다.

SEOUL -- Thousands of farmers and supporters marched down Seoul streets on Saturday in protest of a free trade agreement (FTA) South Korea is pushing to forge with China, arguing that the deal, if signed, would threaten their livelihoods.

만약 기사 내용의 전부 혹은 일부를 제3자, 다시 말해 정부 기관이나 어느 기업체로부터 얻었다면 반드시 attribution이 필요하다.

ANYANG, South Korea -- A 32-year-old migrant worker from Bangladesh has been formally put under arrest, **police** said Friday, a day after he was accused of killing a South Korean man in a violent street fight.

x x x

일반적으로 법적인 문제, 사건, 사고 기사는 lead에서부터 attribution이 필요하다. 특히 다툼이 있는 사건, 사고나 상대방을 비난하는 내용이 담긴 기사는 attribution이 필수적이다. 범죄 내용이 구체화되고 법적으로 정식 입건이 되면 출처를 밝히지 않아도 된다. 이 단계에는 경찰이나 검찰이 개입되어 있어 attribution 대상은 자연히 경찰이나 검찰이 되기 때문이다.

SEOUL -- **State prosecutors** said Monday that they were seeking murder charges against a former pro baseball player who went into hiding after killing his wife during a domestic quarrel a week ago.

x x x

범죄 혐의가 정식으로 입증되지 않은 경우 allegedly를 사용한다.

SEOUL, South Korea (AP) _ Nine Russian athletes, trainers and journalists were sent back home from South Korea on Friday after **allegedly** being drunk and rowdy on a plane, South Korean police said.

The Russian group had been barred from entering South Korea shortly after arriving at Incheon

International Airport aboard a Korean Air flight on Thursday to attend a military sports competition, according to airport police.

Police said the Russian delegation made loud noises and blocked off an aisle in protest after crew members refused to serve them more alcohol.

x x x

기사 출처를 밝히는 방법은 여러 가지가 있으나 "who says"가 보통이다. 따라서 기사에는 "he said," "she said"의 형태가 끊임없이 나타난다. 의견 또는 의견성 내용은 반론이 있을 수 있기 때문에 반드시 그 출처를 밝혀야 한다. 따라서 연설문 기사(speech story)에는 문장마다 "he said" 혹은 "she said"가 따라다닐 수밖에 없다.

Attribution은 누구에게나 귀찮은 문제이지만 기사의 중립성과 객관성을 담보하기 위해서는 피할 수 없다. 그러나 다른 한편으로 attribution이 기자 자신의 보호막이 되는 측면도 있다는 것을 알아야 한다. 따라서 "who says"를 attribution으로 사용하는 데 인색할 필요는 없다.

다음 기사는 일주일 후로 다가온 박근혜-오바마 회담에 대한 전문가의 의견을 담고 있다. 회담의 한 주제는 한반도 문제에 대한 한국, 미국, 중국 세 나라의 3자 협력이라는 민감한 문제를 다루고 있다. 개인의 의견이 아닌 전문가의 진단을 통해 기자 자신의 입장을 보호하고 있다.

WASHINGTON, Oct. 9 (Yonhap) -- The upcoming summit

between South Korean President Park Geun-hye and U.S. President Barack Obama is expected to include discussions on increasing trilateral cooperation between the two countries and China, **a U.S. expert** said Friday.

Park and Obama are scheduled to meet at the White House on Oct. 16 for talks expected to focus on how to deal with a saber-rattling North Korea, further solidify the alliance between the two countries and expand cooperation on global issues.

Their meeting will come a few weeks after Obama held a summit with Chinese President Xi Jinping.

"I think there will be a lot of discussion about what I see to be Park's efforts at trying to create more cooperation among the U.S., Korea and China on the future of the Korean peninsula," said **Victor Cha,** chief Korea analyst at the Center for Strategic and International Studies.

Cha noted that next week's summit comes after Park's visit

to Beijing and talks with Xi in early September, Xi's visit to Washington and summit talks with Obama later that month. A string of international summits, such as the G20 summit, scheduled for later this year, offer opportunities for the three leaders to get together, **he** said.

"There are a number of multilateral gatherings where there might be opportunities for the three leaders to get together to talk about the future of the Korean peninsula, which would be an unprecedented thing. We haven't seen anything like that before," **Cha** said during a discussion to preview the Park-Obama summit.

Cha also said that Park's attendance at China's massive military parade last month, which was seen as muscle-flexing by Beijing and shunned by Obama and other Western leaders, was also aimed at moving cooperation and building trust with Beijing.

Michael Green, who chairs Japanese studies at CSIS, said Seoul's hypothesis is diplomatically true that closer Korea-China relations are pulling Beijing away from Pyongyang, but it would be difficult to realize a South Korea-U.S.-China summit.

"The problem with this US-Korea-China trilateral is that the clear intent for Seoul is focusing on North Korea, but the Chinese side will never agree to any public description of this trilateral as being about North Korea," **Green** said.

x x x

어떤 기사는 attribution을 lead에 언급하지 않고 본문 속으로 끌어들이기도 하는데 이는 기사를 새롭게 보이기 위한 시도라고 할 수 있다. 과거에 일어난 일이지만 상황이 지금도 계속되는 경우 time element를 lead에 사용하지 않고 동사를 현재 진행형으로 표시할 수 있다. 오래되지 않은 사건, 늦게 인지하여 기사의 효용 기간이 극히 짧은 경우에 사용하는 방법이다.

TAIPEI, Aug. 25 (AFP) - A 12-year-old boy accidentally punched a hole through a $1.5 million centuries-old Italian oil painting when he tripped and fell into the piece during an exhibition in Taiwan.

The painting, entitled “Flowers” by Italian artist Paolo Porpora, dates back to the 1600s and is part of a collection of 55 artworks on show in the country’s capital.

Video footage released by the organizers shows the boy **on Sunday** trip over a platform in front of the artwork and then brace himself against the painting to break his fall. He then looks around helplessly before walking away.

“The child fell and pressed onto the painting, putting a fist-sized tear in it,” an employee at TST Art of Discovery, which organised The Face of Leonardo exhibition in Taipei, said.

The organizers have decided not to seek damages from the boy’s family, according to Central News Agency.

The painting was restored on site Monday and is now back on exhibition.

A self-portrait by Leonardo Da Vinci worth 200 million euros ($231 million) is also being exhibited at the show, according to the exhibition's website.

Other museum accidents include when a British man in 2006 smashed a set of 300-year-old Chinese vases after tripping over his shoelaces at a museum in Cambridge.

x x x

독자의 이해를 돕기 위해 general attribution을 lead에 사용하는 경우가 있다. 아래 예문에서 보듯 "a new study"가 general attribution으로 lead에 사용되고 있다.

기자는 자신의 중립성을 강화시키는 여러 가지 방법을 가지고 있는데 attribution은 그 중의 하나라고 할 수 있다. 대부분의 기사는 과거형이다. 미래에 일어나는 일을 정확히 알 수도 없지만 독자에게 불확실할 수밖에 없는 미래 상황을 기자 자신이 앞장서 단정적으로 책임지고 알리는 위험을 피하고자 한다.

한 예로 오늘이 금요일이라고 하자. 박근혜 대통령이 다음 주 대국민 기자 회견을 한다는 발표가 청와대로부터 오전에 있었다.

"President Park Geun-hye will hold a news conference next week." 라고 단정적으로 보도하는 기자는 없다. 대통령이 불가피한 사정으로 계획을 변경할 수도 있는데 그 위험을 기자가 떠안을 필요가 없기 때문이다. 기자는 attribution이라는 편리한 방법으로 이런 위험을 피해 나갈 수 있다.

"President Park Geun-hye will meet the press next week, the presidential office Cheong Wa Dae announced Friday." 라고 하면 된다. 청와대를 기사 출처로 삼아 대통령이 계획을 변경하더라도 기자는 오보를 하지 않고 그에 대한 책임도 면탈된다.

또 청와대 발표는 attribution 없이 다음과 같이 쓸 수도 있다.

"President Park Geun-hye has scheduled a news conference for next week."

Attribution에 널리 쓰이는 동사는 said가 보통이다. said는 짧고, 전달하는 의미가 분명하며 중립적이기까지 하다. 단조로움과 중복을 피한다는 의미로 여러 가지 다른 대체 동사를 쓰기도 하는데 조심해야 한다. 각각 미묘한 의미(shades of meaning)의 차이가 있어 상황에 맞게 사용해야 한다.

연구 결과에 의하면 독자는 "who says" 형태가 되풀이 되어도 별 거부감 없이 받아들인다고 한다.

〈흔히 쓰이는 said의 대체 동사〉

- went on
- recalled
- predicted
- opined
- exclaimed
- shouted
- drawled
- jeered
- cautioned
- continued
- insisted
- added
- asserted
- declared
- admitted
- sneered
- added
- maintained
- noted
- proclaimed
- claimed
- confessed
- pronounced
- quipped

- stated
- pointed out
- asserted
- snapped
- commented
- suggested
- observed
- vowed
- remarked
- according to
- avowed

이들 중 went on, continued, added는 said와 같은 가치중립적 의미를 가지고 있어 자주 쓰이고 있다. 여타 다른 attributive verb를 사용할 때는 주어진 상황에 맞는지 확인해야 한다.

기사에 종종 등장하는 remark는 신경 쓰지 않고 공식적이지 않은 상황에서 자연스럽게 간단히 말할 때 쓰인다. Comment와 observe의 사용법도 remark와 비슷하다.

"It's pretty cold, isn't It?" he remarked. (o)

"If North Korea goes ahead with its threatened long-range rocket launch, it will invite sterner international sanctions," the minister remarked. (x)

영문 기사는 한국을 보는 시각이 중립적인 외국인이 자신의 독자라는 사실을 항상 유념해야 한다. 그들에게 noted나 pointed out과 같은 동사는 editorial nuance를 가지고 있어 said처럼 가치중립적이지 않다. Note는 이미 널리 알려진 사실을 언급할 때 쓰이고, point out은 발언자가 어떤 말을 하더라도 사실이라는 것을 암시한다.

Point out은 다음 예문에서와 같이 간과될 수 있는 어떤 사실을 상기시킬 때 사용하기도 한다.

"Legally speaking, my client is not required to make a report to police on this case," the lawyer pointed out.

Admit은 유죄나 잘못을 인정하는 뜻을 가지고 있고, according to는 발언자의 말에 기자는 책임이 없다는 면책성을 띤다. Vow도 자주 기사에 등장하고 있는데 promise, pledge가 더 나은 경우가 많다.

다음 예문에서와 같이 smile 등 행동으로 의사를 표시하는 동사를 attributive로 사용해서는 안 된다.

"I love you with all my heart," he smiled. (x)
"I love you with all my heart," he said, smiling (o)

다음 예문에서 보듯 attribution 동사는 상황에 맞게 골라 써야 한다.

SEOUL, Aug. 14 (Yonhap) -- South Korean political parties and civic activist groups expressed dismay Friday over Japanese Prime Minister Shinzo Abe's war anniversary statement, **noting** that he failed to sincerely apologize for his country's wartime atrocities.

X X X

Note보다는 claim, 혹은 insist를 권하고 싶다. 이 기사의 독자가 외국인이라고 할 때 그들의 시각은 보다 중립적이라는 사실을 항상 염두에 두어야 한다.

☞ SEOUL -- South Korean political and civic leaders denounced Japanese Prime Minister Shinzo Abe's war anniversary statement Friday, **claiming** that he failed to sincerely apologize for Japan's historical wrongdoings.

x x x

다음 기사는 둘째 단락에서 according to를 attributive로 사용하고 있다. 이는 해당 내용의 출처를 제3자에게 돌려 기사 작성자가 책임질 수 없다는 면책성 의미를 띠고 있다.

SEOUL, Oct. 19 (Yonhap) -- Kia Motors Corp., South Korea's No. 2 automaker, saw its sales in Europe hit a record high for the third quarter, driven by strong demand for its SUV and customized compact sedan, data showed Monday.

According to the data compiled by the European Automobile Manufacturers' Association (ACEA), Kia Motors sold a total of 95,102 units in the European market in the July-September period, up 9.7 percent from a year earlier.

The figure marks the highest for the third quarter. In September alone, Kia sold 39,923 units in Europe, up 9.2 percent from a year earlier, the data showed.

Kia Motors sold 295,140 units in the first nine months of the year, up 8.3 percent from a year earlier, the data showed.

X X X

그렇다면 attribution 동사의 위치는 어디가 좋은가? Lead의 첫머리인가 아니면 끝인가? 해답은 간단하다. Lead는 언제나 가장 중요한 내용으로 시작해야 한다. 그 중요한 내용이 사람일 수도 있고, 사건일 수도 있고, 사물일 수도 있다. 특정 인물, 사건 내용이 중요한 요소라면 attribution은 자연히 lead의 끝자리로 밀려날 것이다.

SEOUL, Sept 11 (Reuters) - **South Korea's government said** on Friday it would push to revise key labour laws despite opposition from labour unions, hours after a government-set deadline for a compromise passed.

The finance, labour and industry ministers said in a joint statement that a government-initiated drive to make the labour market more flexible should be implemented quickly to ease high youth unemployment and revive the economy.

"What the labour unions and management need to do at this moment is make a bold decision to drop some of their vested interests for the higher cause of job creation for youths," the three ministers said in a joint statement.

The government had asked a permanent committee between the government, labour unions and business associations to reach an agreement by the end of Thursday on how to soften regulations on hiring and firing, work hours and wage system.

The government wants to revise at least five labour-related laws this year to implement reform measures, but labour unions and the opposition party have opposed most of the government proposals.

The ruling Saenuri Party holds 53 percent of the seats at the single-chamber parliament and has the majority power to pass the proposed revisions, although the opposition parties can still influence the procedure before a final vote.

SEOUL, Aug. 13 (Yonhap) -- Yoona, a member of Girls' Generation, and actor Lee Seung-gi have parted ways after about a year and a half of dating, **their management agencies said** Thursday.

SM Entertainment and Hook Entertainment confirmed their split, saying they've decided to "remain as good colleagues."

The two were first reported to have been an item in January of last year.

The circumstances leading to their breakup were not immediately clear.

Yoona is currently promoting her group's fifth album, "Lion Heart," while Lee is filming his upcoming tvN entertainment program, "The New Journey to the West."

X X X

Attribution 동사의 위치를 결정하는 또 하나의 기준은 기사 출처의 이름이다. 이름과 직책이 짧고 읽는 데 무리가 없다면 문장의 첫머리로 사용할 수 있다. 그러나 거추장스러울 만큼 길다면 문장의 끝으로 옮기는 것이 좋다.

"Given North Korea's practices and policy, there obviously is a possibility that it will test-fire a long-range rocket," said **Yang Xiyu, a senior research fellow at the China Institute of International Studies.**

"The U.S. and Japan each have our own respective channels for communicating with the DPRK (North Korea). The problem isn't that we lack a vehicle for communicating with the North Koreans," **Daniel Russel, assistant secretary of state for East Asian and Pacific affairs,** said when he spoke to reporters at the Foreign Press Center via video conference.

결론적으로 말하면 said는 가장 좋은 attribution verb라고 할 수 있다. 따라서 who says 형태를 자주 사용한다고 해서 어색해 하거나 주저할 필요가 없다. 아무리 많은 said가 되풀이 되도 전혀 흠이 되지 않는다.

Attribution verb와 관련해 시제(tense)가 문제되는 경우가 있다. 대부분의 기사는 과거형이다. 따라서 동사의 시제가 일치하지 않는 문제가 발생할 수 있다. 이는 뉴스 기사에서 자주 나타난다.

다음 예문 기사는 이런 상황을 잘 보여 주고 있다.

South Korean President Park Geun-hye said Monday she **believes** that Japan has not done enough to atone for its colonial and wartime past, including the issue of "comfort women."

박 대통령의 소신이 "believes" 즉, 현재형으로 표시되어 있다. believes의 시제(tense)가 said와 일치하지 않는다는 것이다. 그러나 문제가 되지 않는다. 왜냐하면 박 대통령의 소신이 하루아침에 바뀔 가능성이 없기 때문이다.

시제의 일치가 문제되지 않는 또 하나의 예를 보자. 다음 기사에서 보면 attribution 동사 "says"가 현재형이다. 엄격히 말하면 문법상 오류라고 할 수 있지만 뉴스 기사에서는 흔히 나타나는 현상이다.

이 기사에서 현재형으로 되어 있는 "says"는 시대의 변화를 잘 보여주고 있다고 할 수 있다. 옛날과 달리 지금은 많은 매체들이 온라인으로 뉴스를 실시간으로 전 세계에 전파하고 있고 그 뉴스는 순식간에 수요자에게 전달된다. 현재형 기사는 TV와 라디오에서 즉각적으로 사용할 수 있어 오히려 환영받고 있다.

이와 같은 기사 형태의 변화는 국제 통신사의 수익 모델(model)과도 밀접한 연관 관계가 있다. 수익 창출 면에서 TV와 라디오가 종이 매체(paper media)를 앞선 지 오래이다. 이런 추세를 반영하여 국제 통신사는 중요 뉴스의 첫 보도를 TV 및 라디오용으로 짧게 보도하고 있고 여기에 현재형 동사가 자주 등장한다. 전에는 볼 수 없었던 현상이다.

AP는 이런 현재형 기사를 APNewsNow라는 로고(logo)를 붙여 송출하고 있고, BBC·CNN 등 TV 매체에서는 LIVE, BREAKING NOW, 혹은 HAPPENING NOW라고 표시하고 있다.

다음은 WHO가 햄과 같은 육가공 제품의 인체 유해 가능성을 경고하고 나선 후 AP의 첫 기사다. Time element가 lead에 언급되고 있지 않고 "says" 가 현재형이다. "Says"가 현재형인 이유는 WHO의 발표문이 번복할 가능성이 없기 때문이다. Time element는 두 번째 단락에 언급되고 있다.

PARIS, (AP) _ The World Health Organization's cancer agency **says** that processed meats such as ham and sausage can lead to colon and other cancers, and red meat is probably cancer-causing as well.

Researchers from the WHO's International Agency for Research on Cancer in Lyon, France, released **on Tuesday** an evaluation of more than 800 studies from several continents about meat and cancer.

Based on that evaluation, they classified processed meat as "carcinogenic to humans" _ in the same category as cigarettes _ and red meat as "probably carcinogenic to humans."

Meat industry groups protest the classification, arguing that cancer is not caused by specific foods but by several factors.

Doctors and many government agencies have long warned that a diet loaded with red meat is linked to cancers, including of the colon and pancreas.

다음 기사에서는 lead가 attribution 없이 현재 진행형이다. 참고할 만하다. 현재 진행형 상황임을 알리는 APNewsNow를 기사 앞에 표시하고 있다.

Rights groups criticize Egypt over August 2013 crackdown

<Eds: **APNewsNow.**>

CAIRO (AP) _ International rights groups **are criticizing** the Egyptian government for failing to hold officials accountable two years after one of the deadliest dispersals of protesters in the country's history.

Hundreds were killed in a single day when Egyptian troops moved in to disperse sit-ins by Islamist supporters of the Muslim Brotherhood on Aug. 14, 2013.

Friday marks the second anniversary of that crackdown, which came a month after the military's ouster of Islamist President Mohammed Morsi, following mass protests against him.

To mark the anniversary, hackers attacked the website of Cairo's International Airport, posting a message promising to pursue the culprits behind the deadly dispersal.

The New York-based Human Rights Watch called for a U.N. inquiry into the dispersal. The Paris-based International Federation for Human Rights urged an independent investigation.

매 문장 매 구절 attribution을 하기가 거추장스럽고 어렵다면 blanket attribution을 이용하는 방법도 있다. 이런 형태의 문장 구조에는 police said the suspect told this story, 혹은 according to police, the restaurant owner told this story와 같은 표현을 써서 attribution을 줄

이거나 생략할 수 있다.

다음 기사는 낚싯배 전복 사고로 다수의 인명 손실이 난 사건을 다루고 있다. South Korea를 attribution으로 사용하고 있는데 너무 과한 것 같다. Attribution도 기사의 성격과 내용에 걸맞은 수준으로 사용해야 한다. "South Korea"를 기사 첫머리에 쓰려면 한국의 대외 정책, 정부의 방침과 같은 정도의 내용이어야 할 것이다.

JEJU, South Korea, Sept. 9 (Yonhap) -- **South Korea** said Wednesday recovery workers raised a capsized fishing boat off the country's southern coast, but no bodies were found.

The 9.77-ton Dolphin was found capsized on Sunday morning in waters north of the southern resort island of Jeju, killing 10 people. Three others were rescued by another fishing boat, but eight others were still unaccounted for.

South Korea mobilized 25 Coast Guard vessels, four naval vessels and nine aircraft to comb the area to find the eight missing.

The Korea Coast Guard asked Japan to cooperate in finding those missing. In 2011, two bodies were found in Japanese waters about 20 days after they went missing on a nearby island.

X X X

위 기사는 다음과 같이 재구성할 수 있을 것이다.

☞ JEJU, South Korea, Sept. 9 (Yonhap) -- Rescue workers raised a small wooden boat that sank in choppy waters off South Korea's southern coast four days ago but found no traces of eight people still missing, the Coast Guard said Wednesday.

The 9.77-ton Dolphin was found capsized Friday off this resort island. Of the 21 people on board, three have been rescued but 10 others confirmed dead. Officials had speculated that some of the eight mising might have been trapped inside the sunken boat.

The boat was leased by pleasure anglers who came from various parts of the country for an weekend fishing outing, according to Coast Guard officials.

XXX

배경 설명

Backgrounding

모든 뉴스는 발생의 원인과 배경이 있다. 이에 대한 적절한 설명이 없다면 독자는 기사 내용을 이해하기 어렵다. 따라서 배경 설명(backgrounding)은 기사 작성의 필수 요소라고 할 수 있다.

Breaking news는 후속 보도가 필수적으로 따르기 마련이다. 이 후속 보도는 뉴스의 파급력에 따라 며칠, 몇 주 혹은 몇 달로 이어지기도 한다. 이런 경우 기사를 작성하는 데 어려움이 따른다. 배경 설명 때문이다. 매번 쓰자니 귀찮고, 안 쓰자니 기사 내용을 이해하기가 쉽지 않다.

정답은 아무리 짧은 기사라도 적절한 배경 설명이 필요하다는 것이다. 배경 설명은 가능한 한 lead 가까이 위치해야 한다. 수십 번 되풀이 되는 배경 설명일지라도 예외는 없다. 기자는 기사에 관한 한 철저히 '을'이다. '갑'인 독자를 돕는 방법이 있다면 피해서는 안 된다.

독자는 모든 것을 다 알고 있다는 가설은 성립하지 않는다. 여기서 말하는 독자는 한국인이 아닌 외국인이다. 그들은 한국에 대해서는 문외한이다. 대한민국의 국회의장이 누구이고, 총리가 누구인지 그들이 중요한 뉴스의 중심에 서지 않은 한 외국인에게는 관심 밖이다.

한국 내의 상황에 대해 비교적 잘 알고 있는 외국인 독자도 있을 것이다. 그러나 그런 외국인 독자는 예외적이라고 봐야 한다. 영문 기사는 한국 실정을 잘 모르는 외국인 독자를 기준으로 작성되어야 한다는 사실은 이 책의 일관된 메시지(message)다.

앞에서도 언급했지만 영문 기사는 그 나라를 첫 방문하는 외국인이 이해할 수 있을 정도로 쉽게 작성되어야 한다. 그 과정에 여러 가지 기술적인 보조 장치가 필요하다. 그 보조 장치는 lead를 작성하는 방법부터 마무리 기법까지 다양하다. 그 보조 장치의 하나가 배경 설명(backgrounding)이다.

영문 기자는 언제나 자기의 독자는 외국인이고 그들은 왕이라는 개념을 가져야 한다. 번거롭다고 배경 설명을 게을리한 기사가 환영받을 수는 없다. 배경 설명을 통해 알려 주는 정보가 많으면 많을수록 기사에 대한 독자의 이해도는 높아진다.

그러면 배경 설명의 위치는 어디가 좋은가? 한글 기사는 대부분 배경 설명을 기사 후반부나 끝에 가져오는 것이 정형화되어 있다. 영문 기사도 한동안 한글 기사와 같거나 비슷한 구조를 유지했다. 그러나 연구 결과 영문 기사의 경우 배경 설명과 quote를 lead에 가까이 하면 할수록 외국인 독자의 이해도가 높아진다는 것을 알게 되었고 이에 따라 기사 구조를 바꿔 나가기 시작했다.

참고로 똑같은 사안에 대한 한글과 영문 기사의 구조 차이를 알아본다.

한글 기사

(한은 경제 통계국장의 발언을 배경 설명으로 끝에서 두 번째 단락에 사용하고 있다.)

경상수지 15개월 연속 흑자 행진(종합2보)

한은 "예상보다는 엔저 영향 나타나지 않아"

(서울=연합뉴스) = 경상수지가 15개월 연속 흑자를 기록했다.

한국은행이 29일 발표한 '4월 국제수지(잠정)'에 따르면 지난달 경상수지 흑자규모는 39억7천만달러로 전월 49억3천만달러보다 축소됐다. 상품수지 흑자 규모는 전월 41억6천만달러에서 4월 35억9천만달러로 축소됐다. 4월 수출은 475억6천만달러로 작년

동기보다 3.8% 늘어났으며, 수입은 439억7천만달러로 0.2% 감소했다.

정보통신기기, 화공품, 반도체 등의 수출은 증가했으나 선박, 석유제품 등은 감소했다. 중국, 동남아시아 등에 대한 수출이 늘어난 반면 일본, 중남미 등은 줄었다. 서비스 수지는 지적재산권 사용료, 사업서비스수지 등의 개선으로 흑자 규모가 전월 9억1천만달러에서 4월 14억5천만달러로 확대됐다. 본원소득수지는 12월 결산법인의 배당금 지급 증가로 적자 규모가 3월 2억2천만달러에서 4월 10억9천만달러로 확대됐다. 이전소득 수지는 2천만달러 흑자를 기록했다.

상품·서비스의 거래가 없이 자본이 유출입하는 금융계정은 유출초 규모가 전월 67억9천만달러에서 4월 25억7천만달러로 축소됐다. 직접투자는 외국인직접투자 증가 등으로 전월 18억7천만달러 유출초에서 3억달러 유입초로 전환됐다. 증권투자의 유출초 규모는 해외증권투자가 줄면서 전월 33억9천만달러에서 19억2천만달러로 축소됐다.

파생금융상품은 3억1천만달러 유출초를 기록했다. 기타투자의 유출초 규모는 금융기관 대출 확대 등으로 1억3천만달러에서 15억9천만달러로 확대됐다. 준비자산은 9억4천만달러 감소했다. 외국의 부동산 매매대금, 국외 이주비 등을 포함한 자본수지는 4천만달러 유출초를 기록했다.

김영배 한은 경제통계국장은 "4월 경상수지 규모가 3월에 비해 10억달러 감소한 것은 계절적 요인으로, 외국인 주식투자자금에 대한 배당이 늘었기 때문"이라고 분석했다.

김 국장은 "예상보다는 엔저 영향이 나타나지 않고 있다"며 "한국 기업의 비가격 경쟁력, 해외생산 비중 등에 따라 엔저가 얼마나 영향을 미칠지 결정될 것"이라고 전망했다.

그는 "불황형 흑자는 원화 약세로 인한 수입 물량의 대폭적인 감소가 일어나야 하는데, 아직 그러한 현상이 나타나지 않았다"며 불황형 흑자로 단정하기는 무리가 있다는 견해도 밝혔다.

김 국장은 5월 국제수지도 1~4월의 흑자 기조를 이어갈 것으로 예상했다.

영문 기사

(배경 설명이 상대적으로 기사 상단에 위치하고 있다.)

SEOUL, May 29 (Yonhap) -- South Korea's current account surplus narrowed in April from the previous month on smaller trade gains and an increase in foreign investors' dividend repatriation, the central bank said Wednesday.

The current account surplus reached US$3.97 billion in April, compared with a revised surplus of $4.93 billion the previous month, according to the Bank of Korea (BOK). The current account is the broadest measure of cross-border trade.

The April reading marked the 15th straight month of

a surplus run, and the cumulative surplus amounted to $13.94 billion in the first four months of this year.

The BOK said that the yen's slide has yet to have an impact on Korea's exports, which account for about 50 percent of Asia's fourth-largest economy.

"Individual companies might have been affected by the yen's decline, but the May data showed that its overall impact on Seoul's exports have yet to be visible," Kim Young-bae, the director general of the BOK's economic statistics division, said at a press conference.

Kim said that the smaller surplus in April mainly came as foreign investors further sent dividend income to their home countries.

In March and April, offshore investors usually send dividend payments by Korean companies that close their books in December.

Kim said that the underlying trend of the surplus will continue into May, though he declined to provide specific numbers on the estimated surplus.

The data came as the yen's slide is feared to crimp Seoul's exports as it puts Korean exporters at a disadvantage in pricing in overseas markets. The local currency has risen more than 20 percent against the yen since November on the back of Japan's powerful monetary easing.

BOK Gov. Kim Choong-soo has said that the yen's weakening trend is likely to persist for a long time, noting that its negative impacts on Korea's exports will become visible down the road.

In April, Korea's goods balance posted a surplus of $3.59 billion, down from a revised $4.16 billion surplus in March.

Last month, exports rose 3.8 percent on-year to $47.56 billion while imports inched down 0.2 percent to $43.97 billion.

The BOK official said that the trend of the current account surplus cannot be seen as following a surplus pattern driven by drops in trade.

Backgrounding은 앞에서 밝힌 여섯 가지 W요소 중 why에 해당한다고 할 수 있다. 따라서 이를 적절히 이용하면 기사의 완성도가 높아진다.

배경 설명은 기사의 context를 강화시키는 측면도 있다. Straight news라 할지라도 시간이 오래 경과되어 독자의 기억을 새롭게 하지 않으면 이해하기 어려운 경우가 있다. 이런 경우 충분한 배경 설명이 필수다.

다음 기사는 1997년에 이태원 버거킹 화장실에서 일어난 살인 사건을 다루고 있는데 첫 다섯 단락을 배경 설명으로 사용하고 있다. 18년이라는 오랜 시간이 경과한 사건을 독자가 이해하기 위해서는 배경 설명이 길어질 수밖에 없다.

SEOUL, Oct 8 (Reuters) - An American accused of murdering a South Korean college student in the bathroom of a Seoul Burger King 18 years ago pleaded not guilty on Thursday after his extradition from the United States last month.

The 1997 murder of Cho Joong-pil, 22, in the Itaewon nightlife district, which is popular with expatriates in the South Korean capital, fuelled discontent among Koreans against U.S. military bases in the country.

Korean officials say Arthur John Patterson, whose father was a civilian contractor to the U.S. military, fled to the United States after Cho was found dead on the floor of the restaurant bathroom. Cho had multiple stab wounds to his neck and body.

Patterson's friend, Edward Lee, also a U.S. citizen, was initially sentenced to life in prison for the murder but was later acquitted on appeal due to lack of evidence.

Both men admitted to witnessing the murder but accused each other of killing Cho.

Patterson, 35, denied the accusation in a hand-written letter read by his lawyer during a pre-trial hearing,

"I cannot admit the fact of the crime. It is Edward Lee who stabbed Mr. Cho," lawyer Oh Byoung-joo read to the judges on Patterson's behalf.

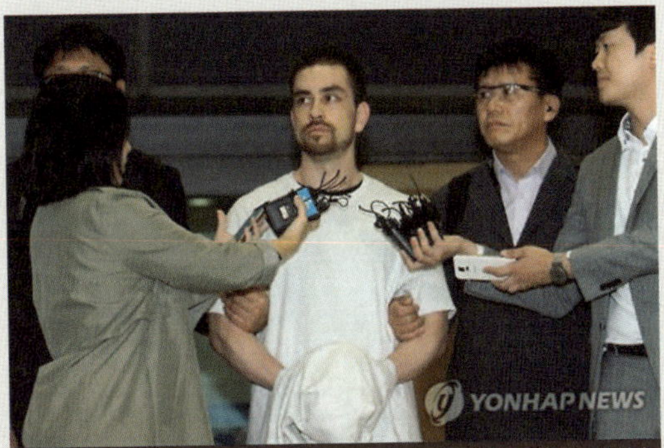

"이태원 살인사건"의 진범으로 지목된 미국인 아더 존 패터슨

Patterson, wearing a dark green prison uniform, stood next to his lawyer as the statement was read.

Cho's parents were also in the Seoul court. "He's not even a human being. He must be punished for his crime," Cho's mother, Lee Bok-soo, 73, said after the hearing.

"Jung-pil's deep sorrow should be resolved and so should our family's sorrow."

다음은 시장에 나와 있는 정수 업체 Coway에 관한 기사다. 둘째와 셋째 단락에서 밝힌 배경 설명은 기사에 알맞은 context를 부여하고 있다.

SEOUL, Sept. 10 (Yonhap) -- Dutch electronics giant Philips has expressed interest in taking over a stake in Coway Co., South Korea's top water purification maker which has been put on the selling block, industry sources said Thursday.

Last month, Seoul-based private equity fund MBK Partners Ltd. picked Goldman Sachs as the lead manager of the sale of its stake in Coway, estimated at 3 trillion won (US$ 2.52 billion).

MBK Partners acquired a 30.9 percent stake in Woongjin Coway Co. in 2013 from the then cash-strapped Woongjin Group for about 1.2 trillion won. The company was later renamed Coway.

"Recently, Philips asked for detailed information on the planned stake sale and they were sent as requested," an industry source close to the matter told the English division of Yonhap News Agency on condition of anonymity.

Philips is the latest in a slew of potential investors that have expressed interest in the Coway stake amid rumors that dozens of companies at home and abroad are reviewing their possible participation in the takeover bid.

So far, some local companies, including Hankook Tire and SK

Networks, have been cited as possible bidders but experts say that there would be few Korean companies that have enough cash to take over the stake.

x x x

다음 기사는 Presidents Cup과 군 입대를 앞두고 귀국한 배상문의 동정을 보여주고 있다. 그의 첫 quote가 일곱 번째 단락으로 내려가 있는데 이상하지 않다. 충분한 배경 설명이 필요하기 때문이다.

SEOUL, Sept 30 (Reuters) - South Korea's Bae Sang-moon arrived home on Wednesday ahead of next week's Presidents Cup and the golfer told reporters he was keen to play a big role in the event before he downs clubs and picks up a rifle to begin mandatory military service.

The 29-year-old lost a legal battle earlier this year to defer his conscription after he was charged with violating South Korea's military service regulations.

Bae, who has won twice on the PGA Tour, failed to secure an extension to his overseas travel permit after the Military Manpower Administration (MMA) said he had not spent enough time out of South Korea in 2014 to qualify as an overseas resident.

He was allowed to stay in the United States while his legal challenge against that decision was pending but a court in his home city of Daegu backed the MMA in July and Bae immediately agreed to return and fulfill his obligations.

With the country still technically at war with the North after the 1950-53 Korean War, all South Korean men between 18 and 35 must complete two years of military service.

Bae told reporters on Wednesday at Incheon Airport he was sorry for the controversy and was "glad to be back home".

"I will do my best before joining the military."

Bae failed to qualify automatically for the biennial United States v Internationals tournament but was one of Nick Price's two captain's picks.

The event will be staged in Asia for the first time from Oct. 8-11 at Incheon's Jack Nicklaus Golf Club Korea, where Bae has already won twice on the domestic tour.

X X X

요일의 위치

Where to place time element

Time element의 위치는 때로는 미묘한 문제를 야기한다. 그러나 이 문제에 관한 정답은 없다. 논리적으로 문제가 없다면 어디에 배치해도 괜찮다. Time element 위치에 대해 독자는 대체로 관대하다는 조사 결과가 있다. 기사의 형식보다는 내용에 더 신경을 쓴다는 의미로 들린다.

Time element는 목적어로 오인되지 않는 한 동사의 다음에 두는 것이 좋다. 그러나 읽는 데 불편한 상황이 발생할 경우 그 위치를 조정해야 하는데 동사의 앞 즉, 주어(subject)의 바로 뒤에 두는 경우이다.

Time element가 lead에 너무 두드러지게 나타나 기사에 오히려 방해되는 경우가 있다. 이에 따라 time element를 눈에 띄지 않게 기사 본문 속에 숨기려는 시도가 많아지고 있다. 기자의 입장에서는 환영할 만하다. 왜냐하면 이 기법을 사용하면 기사의 수명이 늘어나는 효과가 있기 때문이다.

아래 예문을 보자.

Prosecutors **on Thursday** sought a 15-year prison term for a leftist activist a x x x

Time element(Thursday)가 주어(prosecutors)와 동사(sought)의 사이에 놓여 있다. 적절해 보인다. Thursday의 위치를 바꾸어 다음과 같이 타동사(transitive verb)인 sought 바로 뒤쪽으로 옮기면 내용이 이상해진다. Thursday가 타동사 sought의 목적어가 되어 있기 때문이다.

Prosecutors sought **Thursday** a 15-year prison term for a leftist activist x x x

우리는 이 예문을 통해 time element를 타동사 바로 뒤에 두어서는 안 된다는 교훈을 얻는다.

문법 문제에 관한 한 time element도 자유롭지 못하다. 월요일, 화요일 등 요일은 on과 함께 사용해야 한다는 규칙을 모르는 사람은 없을 것이다. 그러나 on은 뉴스 기사에서는 흔히 생략되기도 하지만 필요한 경우도 있다. 아래 기사에서 보여주듯 주어와 동사 사이에 time element를 가져오는 경우 on과 같이 하는 것이 좋다. on 없이 쓰이는 경우도 있지만 드물고 어색하다.

Prosecutors on Thursday sought a 15-year prison term (o)
Prosecutors Thursday sought a 15-year prison term (x)

SEOUL, June 17 (Yonhap) -- Prosecutors on Thursday sought a 15-year prison term for a leftist activist who slashed the U.S. ambassador to South Korea with a knife at a breakfast function in Seoul earlier this year.

Kim Ki-jong, 55, is accused of attacking the U.S. envoy, Mark Lippert, with a fruit knife on March 5, leaving him with deep gashes on his face and arm that needed more than 80 stitches.

X X X

아래 예문에서는 time element(Wednesday)가 주절(main clause)이 아닌 종속절(subordinate clause)에 놓여 있다. 문제가 되지 않는다.

AMMAN, Jordan (AP) _ Prince Ali bin al-Hussein of Jordan is running for FIFA president, saying **Wednesday** he will fight "deep-seated corruption and political deal-making" and make soccer's scandal-scarred governing body more transparent.

The prince also took apparent aim at a favorite in the race, UEFA President Michel Platini, without mentioning him by name.

The 39-year-old royal made his announcement at a carefully staged event, speaking to about 300 invited guests, including young Jordanians and foreign diplomats, in a Roman amphitheater in the kingdom's capital of Amman. School-age soccer players in uniforms flanked the prince as he declared his candidacy in Arabic, then laid out his agenda in English.

x x x

다음 예문에는 time element(Friday)가 lead의 끝에 위치한다. 스포츠 기사에서 흔히 보는 형태인데 경기 결과가 time element보다 더 중요하기 때문이기도 하지만 모든 경기는 당일에 보도되는 것이 일반적이기 때문이다.

TORONTO, Oct. 9 (Yonhap) -- South Korean outfielder Choo Shin-soo drove in a run as his Texas Rangers topped the Toronto Blue Jays 6-4 to build a 2-0 lead in the American League Division Series (ALDS) in Toronto on **Friday.**

Choo went 1-for-6 with an RBI and a run scored at Rogers Centre, and the Rangers now sit a win away from reaching the AL Championship Series for the first time in four years.

The best-of-five series moves to the Rangers' home, Globe Life Park in Arlington, on Sunday for Game 3 and, if necessary, Game 4.

x x x

다음은 강정호의 MLB 활약상을 보여주는 기사이다. time element가 둘째 단락에 등장한다. soft news lead 기법을 사용하고 있는데 무리가 없다. 이날 강정호는 만루 홈런을 터뜨렸다.

SEOUL, Sept. 11 (Yonhap) -- With an impressive power surge in the second half of his rookie season, Kang Jung-ho of the Pittsburgh Pirates has gone from a question mark on the bench to an exclamation point in the heart of the lineup.

Through the Pirates' 6-4 loss at home against the Milwaukee Brewers **Thursday,** Kang has posted some of the best power numbers on the team since the All-Star break.

피츠버그 파이리츠의 강정호 선수

He carries a .313/.369/.570 second-half line through Thursday, after going 2-for-6 with two singles against the Brewers. He has the best slugging percentage on the team in that stretch, ahead of the perennial MVP candidate Andrew McCutchen. Kang is second behind McCutchen in the on-base plus slugging percentage (OPS), and also ranks second after the center fielder with 27 RBIs in the second half.

Kang has 15 homers on the year, and 11 of them have come in the second half, more than anyone on the Pirates. Kang also leads the team with 102 total bases since the break.

It has been an outstanding transformation for the 28-year-old whose chances for success at the big league level were considered dubious at best in the early part of the season.

x x x

다음 예문에는 time element가 둘째와 셋째 단락에 등장한다. Lead에 언급된 time element는 없다. 기사의 초점은 삼엄한 보안 조치에 맞춰져 있다. 기사 송고 일과 계획된 시사회 간의 간격이 이틀에 불과하다. 따라서 기사의 수명을 오래 끌고 가기 위해 time element를 lead가 아닌 본문에 숨기고 있다. 이런 기법이 요즘 확산되는 추세이다.

LOS ANGELES (AP) _ Unprecedented security was in place for the "Straight Outta Compton" film premiere.

Invited guests had to navigate various barricades and pass through metal detectors before picking up their tickets for **Monday** night's world premiere at the Microsoft Theatre at LA Live.

Universal Pictures, which will release the film nationwide

Friday, did not say what prompted the additional security measures. The move follows various attacks at cinemas this summer, including a June shooting in Louisiana, a hatchet attack this month in Tennessee and an incident Monday involving a leaf-blower at a theater in Newport Beach, California.

Uniformed Los Angeles police officers maintained a visible presence outside the "Compton" premiere and its after-party next door. The film shows the origins of rap group N.W.A. and their seminal 1988 album, "Straight Outta Compton."

x x x

다음 기사에서도 time element가 lead에서 사라지고 없다. 동사는 현재 완료형이고 time element는 셋째 단락에 처음 등장한다.

July 14 (Reuters) - Britain's four-time world super middleweight champion Carl Froch **has announced** he is retiring from boxing after losing the desire to keep fighting at the highest level.

The 38-year-old, who last fought in May 2014 when he knocked out George Groves at Wembley Stadium, hangs up his gloves after winning 33 of his 35 fights in a 13-year professional career.

"I'm officially retired from boxing," he said on his Twitter site on **Tuesday.**

The Nottingham-based fighter, whose only losses came at the hands of Dane Mikkel Kessler and American Andre Ward, told Sky Sports News it was a hard decision.

x x x

다음 기사의 lead에 나타난 동사의 시제는 현재 진행형이다. 앞선 기사와 마찬가지로 time element가 lead에 언급되어 있지 않고 한 단계 아래 두 번째 단락에 나타나 있다. Jeb Bush의 입장이 달라질 가능성이 없음을 보여준다.

WASHINGTON, Sept 8 (Reuters) - Republican presidential candidate Jeb Bush **is proposing** broad tax cuts for individuals and corporations as part of a plan to trigger stronger U.S. economic growth if he is elected in November 2016.

Bush laid out key elements of his tax overhaul framework in an opinion article posted **on Tuesday** for the Wall Street Journal, a day before he gives a speech outlining his plan in North Carolina.

With his tax plan, Bush showed how he was attempting to court Republican voters with serious policy ideas at a time when attention has been focused on brash New York billionaire Donald Trump.

The former Florida governor would cut the corporate tax

rate to 20 percent from 35 percent, reviving a long-sought Republican effort to reduce rates on corporations in order to devote more money to job creation.

x x x

AP는 미국 Florida 주 한 지역신문이 하루 먼저 보도한 내용을 따로 취재하여 자사 기사로 옮기고 있다. 이미 확인된 내용으로 사실의 오류일 가능성은 없다. 타 매체가 이미 보도한 내용이라 할지라도 흥미 있고 중요하다고 판단되면 따라 보도할 수 있다. 이런 경우 time element는 본문 속으로 숨기는 것이 보통이다. 이 기사에서는 time element를 아예 사용하지 않고 있다. 뉴스룸에서는 이렇게 남이 보도한 내용을 따라가는 것을 match 시킨다고 한다.

SARASOTA, Fla. (AP) _ Two orphaned sisters separated decades ago in Korea have been reunited after miraculously getting hired on the same floor of a southwest Florida hospital.

Holly Hoyle O'Brien was adopted by an American couple in 1978 when she was 9-years-old after. A few years earlier, her biological father had wandered into the path of a speeding train and she was forced to identify his body. After that, she went to live in an orphanage in South Korea. Her stepmother had taken her younger half-sister years earlier and left. It's unclear where the two went.

O'Brien grew up in a happy home in Alexandria Virginia with three sisters and six brothers. Still, something was missing. One night she woke up in tears, telling her parents, "my daddy died, I have a sister, we need to find her."

Her adoptive mother contacted the orphanage but they had no record of a biological sister.

"But in my heart, I knew," said O'Brien, now 46. "I knew she was out there somewhere."

Her sister Meagan Hughes barely remembers her mother or the Korean orphanage where she eventually ended up. She was also adopted by an American family and grew up in Kingston, New York about 300 miles from where her sister lived in Virginia.

Earlier this year, O'Brien was hired at Doctors Hospitala of Sarasota on the fourth floor with the medical surgical unit. Two months later, Hughes, who had been working as a physical therapy assistant, was hired.

"One of the patients told me there was another nurse, named Meagan, who was from Korea. She said you should talk to her, maybe you're from the same town," said O'Brien.

The Sarasota Herald-Tribune (http://tinyurl.com/okwhrvz) reports the two instantly connected and soon the similarities started adding up. DNA tests confirmed their suspicions this summer.

"I'm like, this can't be," O'Brien said. "I was trembling, I was so excited, I was ecstatic."

She even called the lab to double check the results were correct.

When Hughes finally heard the news she said, "I was in shock, I was numb. I have a sister."

O'Brien does not have children but is now an aunt to two nieces. She's already excited about the holidays.

"I have this very strong belief that God must be ... like, whatever I've done, I must've done something good in my life," O'Brien said through tears.

인용구

Quote

의미 있고 독특한 quote는 lead를 보강할 뿐 아니라 기사 전체를 돋보이게 한다. 무엇보다도 독자의 관심을 이끌어내 기사를 계속 읽게 한다. 따라서 quote를 잘 이용하면 기사에 활력이 생기고 그 반대의 경우 걸림돌이 된다.

Quote는 뉴스 속의 중심인물 및 연계된 상황에 대한 기자의 가치 평가가 과연 옳은지 독자가 판단할 수 있는 근거가 된다. 따라서 독특하고 강렬한 quote는 독자의 관심을 기사에 오래 머물게 한다.

아무리 짧은 기사라 할지라도 quote가 없으면 빈약해 보인다. 이는 quote가 기사 작성의 핵심 요소임을 보여준다. Quote 선택은 언제나 신중해야 한다. 유념해야 할 기준은 긴 quote보다는 짧은 quote가 기사를 돋보이게 한다는 사실이다.

내용을 보강하는 차원의 quote는 언제나 필요하다. 그러나 사실로 이미 확인되거나 널리 알려진 내용을 인용구로 사용하는 것은 적합하지 않다. Quote는 장소, 일시, 이름 등 단순한 사실을 알리는 곳이 아니다. 단순한 사실적 내용은 인용 부호(quotation mark)에 넣지 않고 따로 쓰거나 풀어서 설명(paraphrasing)한다.

Slug나 headline을 만들 때 quote에 사용된 똑같은 어휘나 표현을 중복해서 쓰는 것도 피해야 한다. 또 quote는 사소한 문법적 오류나 중복된 말을 제외하고는 수정할 수 없다.

다음 예문의 인용구 안에 있는 이름 (Lee Myung-ryul)이 어색해 보인다. 그것도 직책과 함께 언급되고 있다.

"As security- and safety-related incidents involving South

Korean nationals occur frequently in the Philippines, the government plans to dispatch **Lee Myung-ryul,** director-general of the Foreign Ministry's consular affairs bureau, to the country from Sept. 23-25," the ministry said.

단순한 사실을 quote로 적시하는 것은 피해야 한다.

"Minister Yun explained that South Korea has offered a total of US$27 million since 2011 to aid Syrian and Iraqi refugees," the ministry said in a statement.

Quote로 적합하지 않은 사실적인 내용은 독립된 문장이나 단락을 이용해 따로 알리는 것이 좋다. 다음 예문은 간단한 사실적 내용을 인용부호 속에 넣고 있다.

"As of 9:20 p.m., the number of confirmed deaths is 10," the ministry said.

Quote의 내용은 원칙적으로 바꿀 수 없다. 그러나 다음 예문에서 보듯 인용된 주체가 누구인지 오해를 불러일으킬 가능성이 있는 경우 누구인지 괄호 속에 밝힐 수 있다.

"Right after the phone rang, he (Kim) stood up and went to the door to meet the visitor."

Soft news에서 quote는 무대에 좀 늦게 등장한다. Hard news에서는 그 반대다. 어느 쪽이든 quote는 가장 효과적인 위치에서 가장 효과적인 방법으로 기사의 핵심을 돋보이게 해야 한다.

Summary lead의 기사에서 quote는 주로 두 번째 혹은 세 번째 단락에 자리한다. 상황에 따라 더 아래로 내려가기도 한다. 다음 기사에서는 lead에 이어 nut graf가 두 번째, 그리고 quote로 적절히 이어지고 있다.

SEOUL, Sept. 8 (Yonhap) -- Increasing civilian exchanges will be key to achieving the two Koreas' reunification, a German historian said, drawing on the experience of his own country during the Cold War.

Dr. Stefan Wolle, head of research at the DDR Museum in Berlin, recalled how growing connections between West and East Germany led to their eventual reunification in 1990 following more than four decades of division after World War II.

"It was important that in all the long time of division, we had connections between East and West Germany, peaceful connection not alone between the states but between the people," he said in an interview with Yonhap News Agency in Seoul. "The people relation was so important, and this was the main point in this politics change of rapprochement."

Wolle, who spent the first 40 years of his life in East

Germany, took part in the dissolution of the Stasi, or East Germany's secret police agency, following reunification. The DDR Museum, where he currently works, was founded in 2006 to provide visitors with a hands-on experience of life for ordinary East Germans under communist rule.

"The communist government said we are own socialist nation. We are not German nation. We are the GDR (German Democratic Republic) nation," he said. "It was a joke. The people come together over the wall; the wall wasn't high enough for this."

The two Koreas have a "long way" to go, especially as the differences between South and North are larger than they were for East and West Germany. The communist regime in East Germany was "softer" than the one in Pyongyang, and while East Germany depended on a Soviet Union in crisis, North Korea depends on an increasingly assertive China, the historian noted.

x x x

때에 따라서는 배경 설명이 우선하는 기사가 있다. 그런 경우 quote는 자연스럽게 아래로 내려가 자리 잡는다. 다음 예문에서는 quote가 여섯 번째 단락까지 내려와 있다.

MANILA, Philippines (AP) _ A former U.S. Marine facing double murder charges in the Philippines has died of a heart attack in a northern city jail, police said Wednesday.

Timothy Kaufman, 37, was found unconscious and was declared dead on arrival at a hospital on Aug. 15, said Senior Police Officer Evelyn Pineda of Angeles City.

Kaufman was one of three men, including another American and a Filipino, accused in the murder of David Balmer, a former Irish police officer, and Balmer's girlfriend, Elma de Guia, in September 2011.

The Filipino, Jesus Santos, has been arrested, while the other American, Joseph Tramontano, is at large.

Kaufman, from Knoxville, Tennessee, was arrested near his grandfather's upstate New York home in April 2013 and was extradited to the Philippines in November 2014. He has denied involvement in the killings.

"I did not kill David and his wife," he said in a handwritten statement in January 2014. "The last thing I would have ever wanted was to be a public enemy in the Philippines."

Pineda, who investigated Kaufman's death, said he had been under medication for hypertension and had filed a motion in court requesting hospital confinement, but the court hadn't decided on it before he died.

Balmer, 54, and de Guia, 26, were found shot to death on their bed in a house owned by Richard Agnew, a club owner who had been a friend of Balmer's since their days with Northern Ireland's Royal Ulster Constabulary in the late 1970s. Agnew discovered the bodies and investigators recovered 18 spent 9 mm shells at the scene.

x x x

다음 기사의 마지막 단락에 있는 quote는 복수의 사람(prosecutors)에게 attribute 되어 있다. 잘못된 구조다. 여러 사람이 동시에 똑같은 말을 할 수 없지 않은가? Quote는 한 사람에게 attribute 되어야 한다.

DAEGU, Sept. 15 (Yonhap) -- A former senior member of the national police force was arrested Tuesday on suspicions of receiving hundreds of millions of won in bribes from one of the country's most famous swindlers.

The former police superintendent, identified only by his surname Kwon, was taken into custody after the Daegu District Court issued a warrant for his arrest, noting there were enough reasons to believe that Kwon may have committed the crime and that destruction of evidence was a possibility.

The 51-year-old is suspected of receiving some 900

million won (US$760,000) in kickbacks from Cho Hee-pal, the mastermind behind the country's biggest-ever pyramid scheme, while working at the Daegu Metropolitan Police Agency in October 2008. Cho fled to China a month later.

Kwon was fired in August 2012 on charges of bribery.

"After an extensive tracking of bank accounts, we found enough proof to back up the allegations against Kwon," prosecutors at the Daegu District Prosecutor's Office said.

x x x

일반적으로 긴 quote는 호소력이 약하다. 그리고 기사의 첫머리를 quote로 시작하는 것도 좋은 시도가 아니다. quote가 짧고 예외적으로 강렬하다면 lead로 시도해 볼 수도 있지만 일반적으로 권하지 않는다.

SEOUL, Sept. 21 (Yonhap) -- **"This is an emergency evacuation notice. Seoul has been seized in a surprise attack by North Korea's puppet army. Seoul is no longer safe. Leave Seoul with your family as soon as you hear this broadcast!"**

In a dimly lit room in one corner of the sprawling exhibits inside the War Memorial of Korea, an evacuation broadcast is played on repeat to reenact when Seoul fell to North Korean forces on June 28, 1950.

A model of a thatched house and a family carrying their belongings stands on one side of the room for visual effect, creating an eerie atmosphere.

The 1950-53 Korean War is the main theme of the majestic war memorial built in 1994 on 82.6 square kilometers of land.

Recently chosen by TripAdvisor, one of the world's largest travel sites, as the top landmark in South Korea, it boasts more than 9,000 monuments and items related to war.

It especially pays tribute to the hundreds of thousands of soldiers who died while defending their country, or in some cases, that of others.

X X X

단순히 전쟁기념관을 설명하는 기사라면 다음과 같은 시도를 해볼 수 있을 것이다.

☞ Seoul -- If you want to know how the Korean War started and ended, visit the War Memorial of Korea a stone's throw from the center of Seoul that has become a major tourist attraction.

In a dimly lit room in one corner of the sprawling

granite war museum, an evacuation broadcast is played on repeat to re-enact when Seoul, the capital of South Korea, fell to the Soviet-backed North Korean invaders only three days after the Korean War broke out on June 25, 1950.

"This is an emergency evacuation notice. Seoul has been seized in a surprise attack by North Korea's puppet army. Seoul is no longer safe. Leave Seoul with your family as soon as you hear this broadcast!"

A model of a thatched house and a family carrying their belongings stands on one side of the room for visual effect, creating an eerie atmosphere.

x x x

다음은 짧고 강한 quote를 lead로 사용한 예문이다. 그러나 이와 같은 기사는 예외적이다. 상스러운 욕(foul language)이 기사에 포함되어 있는데 이 기사의 특이함을 보여 준다.

LAKELAND, Florida (AP) _ **"I'm so drunk,"** a Florida driver repeatedly tells followers on the social media app Periscope, staring at her cellphone's camera, mounted on the dashboard, before she was arrested and charged with driving under the influence.

The Lakeland Police Department released video from

the app **Tuesday,** after the arrest from the weekend made national headlines. In the video, a glossy-eyed-Whitney Beall said that she thinks she's blown a tire and that she's driving very slowly.

Assuming a tone halfway between bemusement and a realization that what she is doing is wrong, she said, **"I'm f ------ drunk** and this is horrible."

"All the way home people, I'm going to be drunk," she said. "I'm super drunk right now, in a place I really don't want to be in."

At one point, the 23-year-old woman said she turned right when she meant to go left.

Parked at a red light, she told her followers to send her any messages and expressed surprise when she saw 57 people were following her. She said one follower told her to keep her eyes on the road.

"I can't even believe I'm Periscoping right now," she said. "I'm not even paying attention to the driving. ... Please supervise me right now because I'm driving super drunk right now."

Other Periscope users urged her to stop driving. Some called the police.

"Let's see if I can make it all the way home, people, without a ticket," she said at one point.

She would not be so lucky. An officer logged onto Periscope and located Beall's car.

x x x

<Fragmentary Quotes>

특이한 partial quote가 있다면 lead에 등장시켜 독자의 시선을 끌 수 있다. Partial quote를 lead에 사용하는 경우 이를 포함하고 있는 full quote를 기사 본문에 밝혀야 한다.

다음 기사에서는 "collateral damage"가 단편적인 quote로 lead에 사용되고 있는데 full quote를 다섯 번째 단락에서 제시하고 있다.

KABUL, Oct 3 (Reuters) - A U.S. air strike hit a hospital run by Medecins Sans Frontieres in the Afghan city of Kunduz on Saturday, killing at least nine people in what the U.S. military called possible **"collateral damage"** in the battle to oust Taliban insurgents.

The bombing continued for 30 minutes after staff raised the alarm to U.S. and Afghan military officials, the aid group said.

At least 37 people were wounded and many are still missing after the bombing, which will renew concerns over the use of U.S. air power in the conflict in America's longest war. Former President Hamid Karzai fell out with his backers in Washington over the number of civilians killed by bombs.

U.S. forces launched an air strike at 2.15 a.m. (2145 GMT), the spokesman, Col. Brian Tribus, said in a statement.

"The strike may have resulted in collateral damage to a nearby medical facility," he added. "This incident is under investigation."

At the aid group's bombed-out hospital, one wall of a building had collapsed, scattering fragments of glass and wooden door frames, and three rooms were ablaze, said Saad Mukhtar, director of public health in Kunduz.

x x x

Quote 안에 또 다른 quote를 사용하는 경우 단순 인용 부호를 사용한다. (세 번째 단락 참조)

NEW YORK, Oct 13 (Reuters) - Rose Lerini builds boilers at construction sites in western Pennsylvania alongside men who take home more money than she does each week.

Although their salaries are the same, her male

colleagues are offered overtime and premium shifts while women are passed over by managers doling out the lucrative assignments, she says.

"They'll say, 'this guy's got a family to feed' or 'That guy's car broke down and he needs the money,'" she said. "There's always some kind of reason."

For Lerini and many women in the United States, the gender pay gap is their biggest workplace concern, according to a poll of more than 9,500 women in the G20 nations by Reuters and The Rockefeller Foundation.

X X X

다음 예문에서와 같이 한 문장에서 quote가 긴 설명 후에 자리 잡는 구조는 피하는 것이 좋다.

When asked what he would do if the National Assembly passes an impeachment motion against him, the minister said, **"I'll honor it."**

위 문장은 다음과 같은 구조로 바꾸는 것이 좋다.

"I will honor it," the minister said when asked what he would do if the National Assembly passes an impeachment motion against him.

콘텍스트

Context

Context는 뉴스의 연계된 상황을 말한다. 모든 뉴스는 반드시 고려해야하는 연관된 상황이 있기 마련이다. 독자는 이런 상황 설명을 통해 뉴스의 발생 원인과 향후 추이를 보다 쉽게 이해할 수 있다. 상황 설명이 없는 기사는 독자의 이해를 어렵게 한다.

어떤 유명 인사의 발언이 문제가 됐다면 그 진의를 알아보는 첫 번째 질문은 "In what context did he say so?" 정도가 될 수 있을 것이다. 여기서 말하는 context는 어떤 자리에서 그런 발언을 했는지 알아보는 것이다. 만약 문제의 발언을 친구와의 술자리에서 했다면 실언 정도로 넘어갈 수 있을 것이고 강연이나 기자들과의 만남에서 했다면 문제는 심각해질 것이다.

다음 기사는 미국과 쿠바 간의 국교 정상화에 따라 John Kerry 미 국무장관이 Havana에 있는 미국 대사관 개소식에 참석한 역사적 내용을 담고 있다.

이 기사의 lead에 나타난 "making a symbolically charged victory lap for the Obama administration's new policy of engagement with Cuba"는 context에 해당한다. 이 context가 있고 없음에 따라 기사가 어떻게 달라 보이는지 쉽게 알 수 있을 것이다.

Context는 가능하면 nut graf 형태로 기사의 앞부분에 위치한다. Lead의 일부로 사용될 수 있으면 독자의 이해는 빨라진다.

HAVANA (AP) _ Washington's top diplomat flew to Havana on Friday to raise the Stars and Stripes over the newly opened U.S. Embassy, **making a symbolically**

charged victory lap for the Obama administration's new policy of engagement with Cuba.

Some waking as early as 6 a.m., hundreds of Cubans gathered outside the embassy for what they universally called a historic day. Cuban TV carried the event live, broadcasting flattering biographical facts about Secretary of State John Kerry and interviews with Cubans who praised detente with the U.S. as a necessary and positive step for their country.

x x x

다음 예문에서도 context가 lead에 잘 나타나 있다. 미국이 취한 조치가 북한에 실질적인 타격이 되지 않는다는 사실을 "a symbolic ban"이라는 표현으로 나타내고 있다. 독자는 끝까지 읽어 보지 않고도 이 기사의 의미를 파악할 수 있다.

WASHINGTON, Oct. 18 (Yonhap) -- U.S. President Barack Obama has included North Korea again on a blacklist of countries accused of human trafficking, extending **a symbolic ban** on provisions of U.S. funding for the communist nation for another year.

In a "presidential determination" issued Friday, Obama blacklisted the North, Equatorial Guinea, Iran, South Sudan, Venezuela, Yemen and Zimbabwe as countries failing to meet the minimum standards under the Trafficking Victims Protection Act of 2000.

The designation bans the U.S. government from providing "certain funding for those countries' governments for Fiscal Year (FY) 2016, until such governments comply with the minimum standards or make significant efforts to bring themselves into compliance."

The restriction, however, is expected to be symbolic only as the U.S. provides no fund for the North.

In July, the U.S. State Department designated North Korea as one of the world's worst countries for human trafficking for the 13th straight year, calling it "a source country for men, women and children who are subjected to forced labor and sex trafficking."

x x x

아래 기사는 일본 거대 국영 기업체인 "일본 우정 주식회사"의 IPO 계획을 알리고 있다. Lead에 "in Japan's biggest sale of state-owned enterprises in nearly three decades"라고 명시하여 독자에게 기사의 중요성을 알리고 있다. 이것도 context라고 할 수 있다.

참고로 일본 우정 주식회사는 전국적인 망을 자랑하는 우체국을 포함해 은행을 운영하고 있고 보험 업무도 취급하고 있는 일본 최대 국영 기업이다. 민영화 작업이 추진되다가 2013년에 잠시 중단되어 오늘에 이르렀으며, 미국 Fortune지가 선정한 세계 500대 기업 중 13위를 차지하고 있다.

이 기사는 일반 독자뿐만이 아니라 투자가에게 특히 중요하다. 위에 명시한 상황 설명이 없다면 누가 보아도 기사는 빈약했을 것이다. 이런 상황 설명은 앞에서도 언급한 바와 같이 기사의 완성도를 높이는 일곱 번째 W요소 즉, "so-what"에 해당한다고 할 수 있다.

TOKYO, Aug 14 (Reuters) - Japan Post Holdings Co is expected to list shares in its holding company and bank and insurance units on Nov. 4, several people close to the deal said on Friday, **in Japan's biggest sale of state-owned enterprises in nearly three decades.**

The government aims to sell at least 1.3 trillion yen ($11 billion) worth of shares, the sources said, in the first tranche of a three-part sale aiming to raise around 4 trillion yen over the coming four to six years to fund reconstruction from Japan's 2011 earthquake and tsunami disaster.

x x x

다음 기사의 lead에 있는, "indicating"으로 시작하는 구문(clause) 역시 context 역할을 하고 있다고 할 수 있다.

SEOUL, Sept. 1 (Yonhap) -- Hyundai Motor Co. and its smaller affiliate, Kia Motors Corp., saw their combined sales shrink in August from a year earlier, data showed Tuesday, **indicating that unfavorable overseas market conditions, including risks from China, remain a drag on the South Korean auto giants.**

According to their data, the two Seoul-based companies sold a combined 565,774 units in August, down 1.7 percent from the previous year's 575,535 units. This followed a 7.9 percent drop in July.

Market leader Hyundai Motor said its sales increased 3.3 percent last month from a year earlier, but its smaller affiliate, second-ranked Kia Motors, logged a 9.9 percent slide in sales over the same period.

x x x

이슬람 국가인 사우디 아라비아(Saudi Arabia)에서 여자가 공직 선거에 출마한다는 것은 얼마 전까지만 해도 상상할 수 없는 일이었다. 그러나 이 단단한 유리 천장을 깨는 일이 벌어지고 있다. 이 기사는 이런 현상을 "a historic first"라는 표현을 빌려 기사에 context를 부여하고 있다.

JEDDAH, Saudi Arabia, Aug 30, 2015 (AFP) - Saudi Arabia allowed women to register to stand in local elections on Sunday, in **a historic first** for the ultra-conservative Muslim kingdom.

In a country where women face a host of restrictions

including a driving ban, the move was welcomed as an important step forward.

But it also faced criticism from hardline conservatives and from rights

groups who said it does not go far enough in providing women with equal rights.

It came after another first earlier this month, when women started to register as voters for the December local elections at centres run by all-female staff, separate from registration facilities for Saudi males.

x x x

다음 기사는 climate change로 문제가 심각해지고 있는 ElNino 현상을 보도하고 있다. ElNino 현상이 무엇인지 알고 있는 독자도 있겠지만 모르는 독자도 있을 것이다. 앞에서도 언급했지만 뉴스 기사는 잘 모르는 독자를 기준으로 작성되어야 한다. ElNino 현상에 대한 설명이 두 번째 단락에 위치하여 context를 형성하고 있다.

GENEVA, Sept. 20 (Reuters) - The current ElNino weather pattern may be on track to become one of the strongest in more than half a century, experts at the World Meteorological Organization said Tuesday.

The ElNino event involves a shift in winds in the Pacific Ocean along the equator every few years,

warming the water more than usual and triggering a change in global weather patterns.

The Geneva-based U.N. body says ocean and atmospheric conditions over the tropical Pacific and most expert models and opinion point to a strengthening of the ElNino in the second half of 2015. This ElNino, the first since 1997-98, follows the rapid melting of arctic sea ice and snow cover in the northern hemisphere over the last few years.

XXX

Lead의 구성

Structure of lead

기사의 도입부를 lead라고 한다. Lead는 한 문장(sentence)이 될 수도 있고, 하나의 단락(paragraph)이 될 수도 있다. 때에 따라서는 강한 의미를 가진 짧은 두세 개의 문장을 함께 사용하는 것도 가능하다. Lead는 lede와 혼용해서 사용하기도 한다.

Lead는 미국 언론에서 쓰는 용어이다. 영국에서는 intro라고 부르고, 방송 용어로는 cue라고 한다. Lead는 독자를 기사 속으로 끌어들여 읽게 하는 일종의 낚싯밥 역할을 한다고 할 수 있다. 백화점으로 말하면 진열장(show window)에 해당한다.

Lead는 기사의 요지(gist)를 짧고 명확하게 설명해야 한다. 그 임무가 막중한 만큼 lead는 기사 전체의 성공 여부를 결정한다. 따라서 독자의 관심을 끌기 위해서는 그만큼 lead가 신선하고 매력적이어야 한다.

연구 결과에 의하면 독자의 시선이 headline을 거쳐 lead에 머무는 시간은 10초 내외라고 한다. 이 짧은 시간 내에 독자는 기사를 계속 읽을지 중단할지를 결정한다. 독자의 관심이 lead에서 끝나고 더 이상 읽지 않는다면 그 lead는 낙제점이거나 평범함 그 이상은 아닌 것이다.

대부분의 독자는 변덕스럽고 자기중심적이다. 그리고 기사를 처음부터 끝까지 정독하는 독자도 드물다. 특히 바쁜 출근 시간에 쫓기는 직장인에게는 더욱 그렇다. 기사를 대강 훑어보는 정도이고 실제로 그런 정도로 세상사를 파악하는 데 별 어려움이 없다는 것을 잘 알고 있다. 그런 변덕스러운 독자를 기사 속으로 끌어들이는 lead의 역할은 막중하다.

다시 말해 lead는 기사의 얼굴이며 오케스트라(orchestra)의 지휘자라고 할 수 있다. 그런 만큼 매력적으로 치장하고 심지어 섹시(sexy)하게까지 보이게 하려는 노력이 오늘도 뉴스룸에서 경쟁적으로 이루어지고 있다.

Lead가 완성됐다면 기사의 첫 단추를 꿰었다고 할 수 있다. 다음은 연관된 내용을 quote나 배경 설명(backgrounding)을 통해 전개해 나가는 과정이 남아 있다. 앞에서도 언급했지만 뉴스 기사는 일정한 모양새를 갖추고 있다. 그러나 고착화된 형태는 아니다. 관점에 따라 접근법이 달라질 수도 있고 기존의 틀에서 자유로워질 수 있다.

Lead를 작성하는 방법은 다양해서 터득하기가 쉽지 않다. 그러나 검증된 기본적인 모양새는 이미 많이 알려져 있다. 얼마간의 요령은 통한다는 이야기이다. 그러나 프로가 일하는 뉴스룸에서 흔히 말하는 섹시하고 강력한 lead를 만들기 위해서는 많은 훈련과 노력이 필요하다.

경험 많고 검증된 기자도 lead 만들기의 어려움을 호소한다.

> "Writing is the art of the second thought. What first springs to mind is seldom good enough; the skill lies not in a ready gush of words, but in sifting them. Sometimes that process is swift, sometimes it takes longer, but second thought there must be even --or especially -- under the time pressures of daily journalism."
>
> -- Rene J. Cappon --

지금은 고인이 되었지만 한때 명성을 날렸던 Cappon도 현역 시절 기사 쓰는 작업이 얼마나 어려운 일이었는지 이 글을 통해 잘 보여주고 있다. Cappon은 lead 만드는 작업을 "The agony of square one"이라고 비유했다. 그는 긴 lead를 극도로 싫어했다. 긴 lead의 경우 필요 없는 어휘, 표현이 들어가 있기 마련이라는 것이다.

그의 기사 쓰는 좌우명은 "Think economy"였다. 즉, lead는 최소한의 단어와 표현으로 최대의 효과를 내야 한다는 것이다.

Lead는 기사 전체의 관점에 따라 그 접근법이 달라지겠지만 캐롤 리치(Carole Rich)는 다음과 같은 checklist를 제시하고 있다.

▶ **Reader interest**
이 기사에 대한 독자의 주 관심사는 무엇일까?

▶ **Memorable item**
독자의 기억 속에 오래 남아있을 만한 요소가 이 기사에 있는가?

▶ **Focus on a person**
대표적인 인물을 예로 들어 기사를 전개하는 방법이 가능한가?

▶ **Descriptive approach**
상황 설명과 묘사를 통해 기사의 초점을 전면에 부각시킬 수 있는가?

▶ **Build on a quote**
기사의 중심축으로 내세울 만한 강하고 매력적인 quote가 있는가?

▶ **Contrast**
서로 대비되는 news angle이 있는가?

▶ **Problem/ solution**
문제를 제기하고 그에 대한 해답을 제시하는 기사 형태가 가능한가?

▶ **Narrative storytelling**
친구에게 설명하는 기법을 이용해 기사 전개가 가능한가?

<Hard-news leads>

사건, 사고, 재난 등 중요하고 긴급한 뉴스가 발생하여 현재 진행형인 경우 이를 breaking news라고 하는데 hard-news lead는 이를 보도할 때 유용하게 사용된다. 이 형태의 기사 첫 문장은 기사 전체를 요약하게 되는데 이를 summary lead라고 한다. Hard news는 summary lead 형태가 보통이다.

다음의 짧은 두 기사는 전형적인 summary lead의 예문이다.

LAS VEGAS, Nevada (Stars and Stripes) -- The Nevada Highway Patrol is cracking down on a law meant to protect bicycle riders from drivers.

Highway Patrol officials said Friday that plainclothes troopers will start patrolling the streets to enforce the state's **"Three-Feet" law.**

Under the law, drivers must maintain a minimum distance of 3 feet from a bicycle rider.

Drivers in the right lane with a cyclist directly to their right should change to the left lane if it is open.

Highway Patrol trooper Loy Hixon said the rule applies to any part of the vehicle, including side mirrors.

According to Highway Patrol officials, eight bicycle riders have died in bike-vehicle collisions this year, a dramatic increase from two in 2014.

x x x

LEXINGTON, Virginia (Stars and Stripes) -- The owners of a Hamburger shop in Lexington have been charged with burning it down for insurance money, police said Saturday.

The charges stemmed from the Feb. 12 fire in which no one was hurt, they said.

According to the police, the shop owner, John Dageford, and his wife filed 50 million won in insurance claims shortly after the fire. The money was not paid.

The couple were indicted on arson, insurance fraud and conspiracy chrages, they said.

x x x

앞에서도 밝혔지만 hard news는 summary lead가 보통이고, 그 길이는 짧으면 짧을수록 좋다. 많은 경우 35단어 언저리를 넘지 않을 것을 권하고 있다. 그러나 복잡한 요소가 얽힌 분석기사나 semi-feature의 경우 예외로 할 수 있다. 다음 예문에서 사용된 단어의 수는 60개에 달한다.

TOKYO (AP) _ An American university student's arrest in North Korea has rekindled questions about whether a small but steady trickle of U.S. tourists who go to the country are unwittingly offering themselves up as valuable pawns

in a political game with Pyongyang that can have serious repercussions for officials back in Washington who have to bail them out when things go wrong.

U.S. tourism to North Korea is legal and virtually all Americans who make the journey return home without incident. But the detention of Otto Warmbier (WORM-bir), a 21-year-old University of Virginia economics major who had chosen to spend his New Year's vacation in North Korea, comes at a particularly difficult, or opportune, time, depending on how you choose to interpret it.

Just days after he was arrested, North Korea conducted what it said was its first H-bomb test. As Warmbier sits in detention, the United Nations Security Council is mulling a new round of what are expected to be heavy sanctions in response to that test.

According to Warmbier's tour agent, Young Pioneer Tours, he was almost on his plane home when officials pulled him aside, took him into a special room at the Pyongyang airport and placed him under arrest for allegedly committing an as-yet-undisclosed hostile act against the state.

He is still under lock-and-key, possibly in the relative comfort of the Yanggakdo, a tourist hotel where his group had stayed that has previously been used to keep detainees until they are deported or more formal legal measures are taken.

North Korea says he is under investigation and acted with the "tacit connivance of the U.S. government and under its manipulation." That is an ominous detail for North Korea to offer.

Initial announcements by North Korea rarely say much about the actual crime, and linking it to the U.S. government in their first statement to the world through state-run media is highly uncommon. Though not a tourist, one more American, missionary Kim Dong Chul, believed to be a naturalized citizen of Korean descent, is reportedly in North Korean custody along with a Canadian-Korean missionary who is serving a life sentence.

"We can't comment on Mr. Warmbier's case at this time as we don't feel it would be in his interests, but every arrest that has occurred has, to our knowledge, been with context,'' Troy Collings, one of the directors of Young Pioneer Tours, said in an email Wednesday.

x x x

<Soft-news leads>

Soft-news lead는 기본적으로 descriptive, anecdotal, narrative 기사 작성 기법을 기본으로 한다. 기타 여러 가지 방법이 가능하지만 크게 보아 이 세 가지의 활용이라고 할 수 있다.

(1) Descriptive leads

소를 신성시 하는 인도에서 우유가 가지는 특별한 의미를 설명하고 있다. 인도는 세계 최대 우유 생산국이다.

NEW DELHI (AP) _ It is the world's largest producer of milk and also the largest consumer. And for good reason. Because in India, milk is not just the morning glass you drink before you sprint out of the house. Its uses go far beyond the dietary and nutritional.

By the end of 2014, India was producing 140 million metric tons of milk per year _ roughly 50 percent more than the United States, the second-biggest producer.

Milk's special significance in India goes back to Hindu mythology and the legend of the Samudra manthan, the churning of the ocean that brought forth the drink of immortality, the amrit, and also the goddess Kamdhenu, which manifested itself as a wish-granting divine cow. Hindus, who make up 81 percent of India's 1.3 billion people, consider cows to be sacred embodiments of Kamdhenu.

Krishna worshippers have special affection for cows because of the Hindu god's role as a cowherd. Stories about his love of butter are legendary, so much so that he is lovingly called "Makhan chor," or butter thief.

Hindus use milk and its products for religious purposes because it is believed to have purifying qualities: ghee, or clarified butter, is used in lamps for rituals; milk is used to bathe Hindu idols on special occasions; sweets made from milk or ghee are used as offerings to gods. It accompanies so much of Hindu life, in rituals from an infant's first food to the last rituals after death.

Milk also transcends religion: Ghee spread on flatbread can be a special treat for the poor; buttermilk is a popular summer drink to soothe the stomach. If you are in India, you cannot escape calorie-filled sweets made with milk. Another thing common across this large and diverse country is the morning cup of milky tea; tiny tea stalls start their businesses early, with migrant laborers normally the first customers.

The dairy industry became the force it is today because of major changes decades ago. Amul, a co-operative dairy, was born in 1946 out of a revolt by milk producers against unfair trade practices, and now has 3.37 million members. Amul was a model for Operation Flood, a nationwide campaign to increase milk production that began in 1970.

Many dairy operations are quite small. In a rural corner of India's northeastern Indian state of Assam, 24-year-old Srimoti Mandal milks her three cows in the early morning, getting an average of about 6 liters per day and selling it for about $3.50. With her husband unable to work because of asthma, she depends on the milk to support her family of four, which includes two young children.

In a neighboring village, a bent Pronoti Devi, 67, supplies milk from her three cows daily to a tea shop.

At 4:30 a.m., the New Delhi train station is bustling with milkmen from surrounding towns who arrive carrying cans of milk that they deliver to neighborhoods across the capital. Most were up hours before the sun's first rays. Some will make a second trip before the day ends. And then they will return to feed the cattle that in turn help feed their families.

(2) Anecdotal leads

Anecdote를 이용해 lead를 구성하고 주제를 설명해 나가는 기법이다. 이 형태의 기사는 초점을 약간 늦춰 노출시키는 특징을 가지고 있다.

다음 기사는 2004년 노무현 정부가 추진한 군의 문민지배라는 새로운 정책을 anecdotal approach 기법을 이용하여 설명하고 있다.

SEOUL, Aug. 10 (Yonhap) -- When South Korea's new defense chief took office in late July, something very special was in his briefcase: A book written by a British scholar stressing the importance of civilian control of the military.

Yoon Kwang-ung said publicly that the book, authored by David Chuter, a former British Defense Ministry official, will provide the guidelines for his thoroughgoing reform of the Defense Ministry, which is currently dominated by army generals and military types.

"The president told me to read the book," said Yoon, who had served as chief military adviser to President Roh Moo-hyun before being appointed to the top defense post in a partial Cabinet shakeup on July 27.

Yoon, a former navy vice admiral, said the book "Defense Transformation" aptly explains why and how South Korea's Defense Ministry should be overhauled.

"In a democratic country, civilianization of the Defense Ministry is inevitable," Yoon told a meeting Monday of senior military officers. "Your forward-looking view is needed on this."

Aides said the minister plans to push the reform gradually with a clear timetable. Details of the reform program will be announced later, they said.

Yoon plans to translate Chuter's book into Korean and make 1,000 copies for distribution to senior army, navy and air force officers. South Korea's military has over 400 general-grade officers and 690,000 servicemembers, making it the world's sixth largest.

For all its proven merits in the United States, Japan and other advanced countries, Yoon's proposal is something unheard of in a country which upholds national defense as its No. 1 priority in the face of constant threat from North Korea.

Reforming South Korea's inefficient military is a major policy goal of President Roh, a former human rights lawyer who was once jailed for supporting pro-democracy activists under past military governments.

Roh's two civilian predecessors -- Kim Young-sam and Kim Dae-jung -- reportedly considered naming a civilian defense minister but withheld the idea because of security concerns about North Korea.

"In the United States, military people are considered civilians 10 years after they retire from active service, but in South Korea, five years or so, I think, are enough," said Yoon who retired from active service in 1999.

So far, many senior South Korean defense posts have been filled with "civilians," but most of them were former military officers who had retired from active service one or two years earlier.

Yoon's reform plan was taken by many as a prelude to Roh's

aim to name a genuine "civilian" defense chief during his term of office, which ends in early 2008.

"Strengthening civilian control of the Defense Ministry, an administrative branch, is a correct policy direction," Lee Won-bae, a researcher at the state-run Korea Institute for Defense Analyses, said.

Lee said the civilian leadership will help the Defense Ministry work out more efficient and balanced policies towards the three major branches of the military -- Army, Navy and Air Force. Democratic decision-making and closer policy coordination and consultations with non-military sectors are among other merits, he noted.

South Korean media played up Yoon's plan, saying there is no single active-duty military officer serving in a senior post in the U.S. Department of Defense and Japan's Defense Agency.

According to the Pentagon's Web site, the United States has a law requiring its top defense posts to be filled with civilians or former military service members who retired more than 10 years ago.

Incumbent Defense Secretary Donald Rumsfeld, for example, was discharged as a pilot from the Navy in 1957.

"Civilian control of the military is so ingrained in America that we hardly give it a second thought," the Web site said.

Japan and England also enforce similar civilian leadership over their militaries. Their defense chiefs are usually chosen from among ruling party lawmakers.

South Korea's 1,000-strong Defense Ministry has roughly an equal number of civilians and military service members on its payroll, but most senior posts are taken up by Army officers and officer-turned civilians.

South Korea has had only two "pure" civilian defense chiefs in its history. Both served briefly under a short-lived civilian government installed by a popular uprising that toppled the corrupt regime of founding President Syngman Rhee in 1960. The civilian government was overthrown in a 1961 coup by Maj. Gen. Park Chung-hee.

Anti-communist conservatives argue that Roh's military civilianization plan is premature.

"The enemy is just under our nose," Yoon Chang-ro, a spokesman for Korean Veterans Association, said. "The president might have forgotten that he is the commander-in-chief and only faults the military which safeguards our people."

The spokesman also argued that civilians don't have enough military expertise to serve in senior defense posts.

"The military is a huge organization and its formation, weapons systems and war capability index are hard to understand," he said. "If civilians take the ministry's top posts, national defense will be embroiled in big trouble."

2004. 8. 10

(3) Narrative leads

뉴스 속의 인물이나 사건을 narrative 기법을 이용해 설명해 나가는 기사 형태는 때로 매우 효과적이다. 이런 기사는 읽는 사람으로 하여금 연계된 사실에 대한 궁금증을 불러일으켜 계속 읽게 만드는 효과가 있다.

다음 기사는 파리 테러 희생자를 위한 추모 열기 속에서 취학 전인 한 프랑스 어린이가 촛불 집회에서 아버지와 나눈 의미 있는 대화를 narrative 기법을 이용해 소개하고 있다. 이 대화 내용은 인터넷을 통해 영상으로 전 세계에 알려졌고, AP는 이를 기사화 했다.

LONDON (AP) _ A father's heartwarming explanation to his son about the Paris attacks is electrifying social media, with millions of views on Facebook alone.

The video shows an interview conducted Sunday by a reporter for France's Le Petit Journal at Place de La Republique in Paris, where people are laying flowers and lighting candles to honor the 129 victims killed in the attacks.

In the video, preschooler Brandon Le tells reporter Martin Weill the attacks on Friday night were conducted by "bad guys" who were "not very nice." He then expresses fear that his family will be forced to move, although his father, Angel Le, reassures him.

"Oh don't worry. We don't need to move out. France is our home," the father tells his son.

Brandon offers a quick reply. “But there’s bad guys daddy.”

“Yes, but there’s bad guys everywhere,” the father replies.

“They have guns. They can shoot us because they're really, really mean daddy.”

With his arm around his son, the father refers to the crowd at the square, and says, “It’s OK. They might have guns, but we have flowers.”

Brandon was not easily persuaded. “But flowers don’t do anything. They're for, they're for...”

“Of course they do. Look. Everyone is putting flowers,” the father says.

“Yes?”

“It’s to fight against guns,” the father explains.

“It’s to protect?” Brandon asks.

“Exactly.”

“And the candles too?”

“It’s to remember the people who are gone yesterday.”

Social media seized upon the master class in parenting, and with translations of the child’s words appearing in English, Chinese, Vietnamese and Norwegian.

다음 기사는 고 천경자 화백의 가족사를 narrative 기법을 이용해 설명하고 있다.

SEOUL, Oct. 27 (Yonhap) -- It's a story straight out of fiction. A woman dies and her daughter keeps the rest of her siblings in the dark. For whatever reason.

In this case, the mother is Chun Kyung-ja, a renowned South Korean painter who left an indelible mark in Korean art with her vivid portrayals of flowers and women between the 1960s and 80s.

She died at the age of 92 on Aug. 8, a Seoul museum belatedly announced last week. Chronic illness was cited as the cause.

Chun had been under the care of her daughter, Lee Hye-seon, in New York after suffering a cerebral hemorrhage in 2003. Lee reportedly cremated Chun and held a very low-profile funeral at a local Catholic church, according to South Korean media.

The sister hadn't told her two siblings, who learned of their mother's death when a bank called the eldest brother, Lee Nam-hun, for permission to close his mother's accounts.

Now, Nam-hun and his half-sister Kim Jeong-hui want to know where their mother's remains are being kept.

"Until now, I've never intervened in my sister's caretaking of our mother," Kim told a press conference at the Seoul Museum of Art on Tuesday. "She's been very authoritarian about the matter. I'm not a psychologist so I don't understand this seemingly unacceptable personality and behavior."

Last week, the municiaplly-run Seoul Museum of Art, which once carried 93 of Chun's paintings, confirmed that Hye-seon visited the museum a couple weeks after Chun's death with the urn of her ashes. Nam-hun and Kim denounced the Seoul metropolitan government for failing to inform them of the news and demanded that it approach the matter with "due courtesy."

"My mother had donated 93 of her works to the city without hesitation, which is unusually generous for a successful artist like she," Kim said. "We ask the Seoul government to take proactive steps to commemorate her death with due courtesy. We also want to know why it has been so uninterested in our mother's accomplishments."

The two also denied claims that the siblings were involved in an inheritance dispute.

"We don't own a single piece of our mother's work. We've never considered her paintings as financial assets," Kim said. "Our mom was so dedicated to her work. It's preposterous to assume that we are fighting over who should inherit which."

A belated ceremony commemorating Chun will be held at the Seoul Museum of Art on Friday morning, Kim said.

Chun had been rumored to have died as many as 10 years ago. Last year, the National Academy of Arts temporarily stopped providing her with membership benefits on the grounds that it couldn't determine whether she was still alive.

Chun left for New York in 1998 after donating 93 paintings to the Seoul Museum of Art. Lee Hye-seon, however, demanded to get them back, claiming the museum had damaged some of the paintings.

Chun abruptly retired from painting in 1991, when she faced plagiarism charges.

(4) Focus-on-a person leads

주목할 만한 인물을 조명하는 기법으로 뉴스룸에서 자주 쓰인다. 다음 기사는 탈북 피아니스트 김철웅의 인생을 조명하고 있다.

SEOUL, March 23 (Yonhap) -- Each year, more than 1,000 North Koreans defect to South Korea for economic and political reasons, but Kim Chul-woong had a different reason to do so: he wanted to play jazz, a music forbidden in his Stalinist homeland.

Kim, a former pianist who played in a state-run symphony orchestra in Pyongyang, risked his life to come to South Korea in 2002 for the sole purpose of playing jazz, which is ostracized in the North as a "U.S. imperialistic reactionary music."

"I liked jazz too much," Kim, 33, said in a recent interview at a coffee shop in northern Seoul. "I needed the freedom of music. I wanted to play jazz in front of an audience and imagined how great it would be."

A graduate of the North's prestigious Pyongyang University of Music and Dance, Kim was allowed to further his studies at the Tchaikovsky Music Academy in Moscow in 1995 at government expense. A year later, he came in contact with jazz for the first time.

"One day, one music class was cancelled, so I went to a cafe near my school to drink a cup of coffee, and music from the speakers there -- a type that I had never heard before -- thrilled me," Kim said.

"I asked the cafe's owner what kind of music that was, and he replied it was 'A Comme Amour' by pop, classical and jazz pianist Richard Clayderman. It was too good, and that began to change my life."

Kim said he started collecting CDs and piano scores, by Clayderman, a French musician, but had to listen to or play them in secret, because he feared that North Korean Embassy officials might deport him to Pyongyang.

Jazz, rock and roll, heavy metal and other Western music genres are banned in North Korea because of their "capitalistic, suggestive and degenerative" elements, Kim said.

The communist regime even prohibits classical music produced after 1900 in the belief that their musical thoughts were impure and too critical of socialistic systems, he said.

"Particularly, jazz was considered a vicious, reactionary music of the U.S., which revised indigenous Indian music in its own way," Kim explained.

After a four-year study in Russia, Kim returned home in 1999 and landed a job at the State Symphony Orchestra in Pyongyang as a pianist.

But his yearning for jazz and other modern Western music didn't subside. One day, he was caught playing jazz by an inspection official when he was alone in the orchestra's vacant practice room.

"I had to submit a 10-page self-reflection report. Since then, I rarely played jazz, and I could not stand it," Kim recalled.

Three years later, in October 2002, Kim fled to China by crossing a river border.

It wasn't an easy decision for Kim to leave behind his family, who might suffer because of his defection, and abandon all the privileges he had enjoyed in the North as one of its elite members.

Kim's father was a ranking member of the North's ruling Workers' Party's powerful decision-making body, the Politburo, and his mother worked as a Korean literature professor at a Pyongyang university.

"My father was once ranked between No. 22 and No. 25 in the party's hierarchy," said Kim, recalling that he once had driven a

Mercedes-Benz and often used swimming and sauna facilities in Pyongyang that were exclusively for foreigners.

"My family didn't worry about eating or spending money. The matter was my standard of happiness," said Kim, whose good physique and dandyish looks contrasted with other ordinary North Korean defectors characterized by their skinny, small builds and rustic styles.

Dressed in a pink necktie and a stylish gray cardigan, the 180-centimeter-tall man would be taken for someone from Seoul's affluent Gangnam area if he did not speak with a strong North Korean accent.

Kim's journey to freedom ran into trouble as soon as he crossed the Tumen River and arrived in Yanbian in northeastern China.

"I first thought about going to Vienna, a place that I thought I could freely enjoy and play music. But I realized I wasn't prepared at all, even with money to buy an airplane ticket," he said.

Kim said he had to eke out a miserable living in China, working 17 to 18 hours a day at a timber mill, eating only two slices of bread and one bowl of rice gruel and sleeping in a barn.

"It wasn't the life of a human being. Fellow workers disdained me after they knew I came from North Korea. I was always starving, it was bitterly cold during winter and I suffered frostbite on my toes and cheeks," he said. "My weight, which used to be 63 kilograms, dropped to 48 kilograms."

Kim said he was arrested twice by Chinese security forces, but dramatically escaped each time.

"When I was first arrested, I jumped from a train heading to the North -- like a movie scene. The second time, I was sent to a North Korean border area, but a North Korean official there released me because he was my father's junior in school," he said with a smile.

China is bound by treaty with Pyongyang to send back North Korean defectors. About 300,000 North Koreans are believed to be living in hiding in China, waiting for a chance to defect to South Korea and other countries.

"If I was sent back to the North, no doubt I would be shot to death in public or put into a labor camp, because the government spent too much money on my education," Kim said.

Aided by a South Korean Christian missionary, Kim was able to fly to Seoul in December 2003, using a forged passport.

For the first several months in South Korea, he kept a low profile out of concern over the family members he had left behind in North Korea. He worked at a private music institute and as a pianist in a small bar in Seoul.

After learning that his father had died of cerebral thrombosis a year after he left North Korea and his mother had defected to South Korea in 2004 with the help of a "broker," Kim went public and began touring churches to hold piano concerts and give lectures on North Korea.

"There is something I can do for Korean reunification. I believe unification of the two Koreas should be based on reconciliation, and I want to use music as the basis for creating such a reconciliatory mood," he said.

Kim refused to disclose his parents's names, saying that his younger brother and close relatives are still in North Korea. At the end of the interview, Kim admitted his name was a pseudonym.

Since the latter half of 2004, Kim has served as an adjunct music professor at Hansei University, south of Seoul.

Unmarried, Kim was showered with Valentine's Day chocolates and cards in February by his female students, some of which read, "I love you, Professor Kim."

Kim, however, didn't take them seriously and stressed the merit of discipline in education.

"During the class, I sometimes felt like I was teaching music in the Spartan way I learned in North Korea," Kim said. "Whenever I made mistakes in my elementary school days, my teacher struck the backs of my hands with a steel ruler until my skin became swollen and turned black and blue. She once pushed me against one corner of a piano, and blood came out of a cut on my head. But I couldn't even cry, because she was too scary," he recalled.

"During my university year, when I didn't do my assignments on time, my professors kicked me out of the classroom," he said. “The rigorous classroom regulations, I think, forced me to practice harder in some ways.”

2006. 3. 22

<News feature>

Breaking news의 경우 후속 보도가 상당히 긴 시간을 두고 계속되기도 한다. 며칠, 몇 주, 몇 달이 되기도 한다. 파장이 크거나 복잡한 요소가 내재된 뉴스를 이해하기 위해서는 전문가의 견해가 반영된 별도의 해설 기사가 필요하다. 이런 기사를 spot feature라고 한다.

인천 국제공항은 한국의 대표 관문이다. 이곳에 카지노(casino)를 설치하여 외국 관광객을 유치하려는 정부의 계획을 뉴스 피처 형태로 소개하고 있다.

YEONGJONG ISLAND, South Korea, Sept. 4 (Yonhap) -- Surrounded by small islets in the West Sea facing China, Yeongjong Island has established itself as South Korea's main gateway since the opening of Incheon International Airport in 2001, which handles more than 45 million travelers annually.

Also known for spectacular sunset views and small fishing towns visited by locals on weekends, the island connected via two bridges to the port city of Incheon is looking to become a major tourism destination by wooing investors to build mega resorts with casinos.

The island spanning some 70 square kilometers is located less than an hour by express subway from Seoul, and for northern Chinese cities, it is closer than Macau, a gambling paradise.

While the government plans to give two more casino licenses by year-end, Yeongjong is well-positioned to win the bid to attract gamblers, especially deep-pocketed Chinese, against other provincial governments also eyeing the lucrative project worth over US$1 billion.

Last week, the Ministry of Culture, Sports and Tourism unveiled a list of nine regions for the resort project, with six of them located near the Incheon airport. The ministry said it will receive proposals until Nov. 27 and pick two winners within this year.

It is widely believed that Yeongjong is sure to have at least one resort, while it is yet to be known whether it can have another in addition to the two casino complexes to be built in the coming years.

A consortium by South Korea's Paradise and Japan's Sega Sammy Holdings broke ground near the airport in November with a goal of opening a casino resort in 2017. LOCZ Korea, a consortium by China's Lippo Group and Caesars Entertainment of the United States, the first foreign operator to receive approval for casino operations, is set to begin construction later this year, also near the area.

Seoul has been strict in issuing casino licenses on concerns over gambling addiction, but the government has recently eased up in a bid to boost domestic consumption and draw foreign investment in hopes of attracting gamblers away from the rapidly expanding Chinese gambling market.

There are 17 casinos in Korea with 16 open to foreigners, with eight of them located on the southern resort island of Jeju, a popular destination for Chinese tourists, and three in five-star hotels in Seoul. Kangwon Land, located in a remote former mining town in the eastern region, is the only place where Koreans can legally gamble.

"The integrated resort is a great way to attract travelers, which could improve the competitiveness of the South Korean tourism industry," said Kim Jae-won, a senior culture ministry official. "The investment in the resort project is also expected to boost the national economy."

The government refers to a resort facility equipped with casino, convention venue and shopping centers as an integrated resort, a term coined to avoid using the word casino.

South Korea has become one of Asia's fastest growing casino markets for global gaming companies, helped by a growing influx of Chinese travelers.

The number of Chinese travelers soared 41 percent on-year to 6.1 million last year on the rising popularity of Korean pop culture, accounting for more than a third of all overseas visitors, according to the state-run Korea Tourism Organization (KTO).

South Korea generated US$2.7 billion in gaming revenue in 2013, which was slightly higher than the Philippines' $2.6 billion but well behind Singapore's $6.4 billion, according to research house CIMB.

Dozens of global casino operators have shown interest in building casino resorts on the island, seeking partnerships with local companies.

Out of 34 companies that submitted concept plans by July, half of them envisioned a plan to build one near the airport.

Chow Tai Fook Enterprises, the world's biggest jewelry chain based in Hong Kong, has announced plans to invest $2.6 billion in a casino project in Incheon. China's Macrolink Group signed an agreement with Incheon Development & Tourism Corporation on support measures on land and infrastructure to develop a casino resort, while the size of the investment has yet to be revealed.

In June, Grand Korea Leisure (GKL), a subsidiary of the KTO, signed a memorandum of understanding with the Incheon International Airport Corp. for land development in the region, and Mohegan Sun Casino of the U.S. has shown interest in joining hands with it.

Bloomberry Resorts of the Philippines has purchased plots of land on an island adjacent to Yeongjong in a bid to build a new casino resort.

In the runup to the bid, Incheon Metropolitan City, which oversees the island, has designated the northern part of the island a free economic zone to provide tax breaks and other incentives to investors, putting seaside land up for sale and widening roads to pave the way for luring glitzy resorts and shopping centers.

Incheon has stressed the benefits of having a concentrated leisure complex to draw tourists. Most of South Korea's current casinos are far smaller than those in Macau and Las Vegas, the world's two biggest casino markets.

"The project needs concentrated investment to build large resorts to enhance their global competitiveness," the city government said. "We will make utmost efforts to provide the best infrastructure for the integrated resorts."

While creating a concentrated entertainment complex is considered an efficient way to attract more visitors, some question whether foreigners could meet all the necessary demands for sustainable profits when Koreans are denied access.

This year, the nation's big two players -- GKL and Paradise -- suffered a drop in high rollers in the second quarter following the outbreak of the Middle East Respiratory Syndrome (MERS) in May and Beijing's crackdown on graft.

Others are cautious over having too many casinos given the current market situation because it takes several years to open a new one, while other Asian nations, including Japan, are toying with the idea of easing gaming regulations for more casinos.

South Korea's attraction to casino operators will be limited as long as they cannot admit locals, George Tanasijevich, CEO of Marina Bay Sands in Singapore, told Yonhap News Agency last year, calling for a Singapore-style casino that is accessible by locals with certain restrictions.

However, public sentiment remains negative about having casinos open to locals over the potential gaming addiction, thwarting past parliamentary moves to relax gambling regulations.

"The possibility of having open casinos has often been mentioned, but people will not accept offsetting profit shortfalls or business failures in a way that would hurt public interests," said Kim Chul-min, the ministry's tourism policy official. "Open casinos need social consensus, and the parliament should revise the regulations."

For residents, most of them working at the airport and adjacent hotels, another big project on the horizon means more businesses and jobs for them. Construction is currently under way to expand the current airport and to extend the maglev line to fetch tourists to ferry terminals.

"Yeongjong has undergone a sea change since the international airport was built more than a decade ago, and now expectations are high that global resorts are coming into this area," said Park Sung-ho, a taxi driver from Incheon. "I used to come here for picnics with my friends but hardly imagined this island could turn into something like this."

미국, 일본, 호주 등 세계 주요 나라의 도시에는 Chinatown이 있다. 그러나 한국에는 없다. 왜 그럴까?

INCHEON, South Korea, Aug. 29 (Yonhap) -- With the name "Chinatown" written in both Korean and English on it, a colorful arch spans a narrow street in western Incheon, indicating that the area is a Chinese community -- but it's not a Chinatown in the true sense.

The Chinatown in this bustling port city west of Seoul, with a population of 2.6 million people, is South Korea's largest, but probably also one of the world's smallest. It is a tiny neighborhood with only 40 or so Chinese-style restaurants and other stores run mostly by Koreans. Only a third of the restaurant and shop owners here are Chinese.

"As a matter of fact, it's not a Chinatown. How can a town without Chinese people be called a Chinatown?" said Yuan So-chin, 48, an ethnic Chinese merchant who runs a Chinese general store in the area.

If the area can be called a Chinatown, it should be much bigger, with a distinctive Chinese culture like those in New York, San Francisco, Yokohama, Paris and London, said Yuan, who works as vice chief of an association of merchants in the district, once inhabited predominantly by Chinese nationals.

Chinatown is a universal component of Chinese culture and business found in most major cities around the globe and has worked as a channel to draw Chinese investment, but there is nothing like this in South Korea.

Critics blame the absence of real Chinatowns in Seoul and other South Korean cities on the discriminative policies of past South Korean governments, coupled with the xenophobic attitude of Koreans toward Chinese people living on their soil.

Historical records show that the ethnic Chinese settlement of Korea dates back to the early 1880s, when China dispatched 3,000 troops to help put down a military revolt here. About 40 Chinese merchants came with them, followed by more later.

The Chinatown in Incheon was once a major Chinese community in South Korea because of the port city's geographical proximity to China across the Yellow Sea. Many came over to work in the restaurant business.

The number of Chinese residents in Korea reached 65,000 in 1937. The Japanese colonial rulers of the time were reportedly uneasy about the expanding Chinese community and began to crack down on them. They imposed heavier taxes on Chinese merchants and orchestrated anti-Chinese riots among Koreans.

The ordeal of ethnic Chinese in Korea continued even after the country was liberated from Japan's colonialism in 1945. Most past South Korean leaders, especially Park Chung-hee, harbored a negative view of them, reportedly out of concern that they could take away national wealth.

Park, who came to power in a military coup in 1961 and ruled South Korea until his assassination in 1979, restricted foreign ownership of land and other property and implemented a currency reform that excluded Chinese savings. He barred Chinese restaurants from selling food made with rice, a major staple in South Korea, and often froze the prices of their dishes made of flour for a long time.

The Park government also virtually denied Chinese nationals the right to live in South Korea permanently, requiring them to renew their residential permits every three years.

"Some say Park is the father of South Korea's modernization, but for us, he was evil," said Wang Wen-jung, vice president of the Chinese Residents' Association in Seoul, adding that he had to drop out of a high school in Seoul after his father's Chinese restaurant went bankrupt in 1967.

Amid the hostile Korean government policies, fledgling Chinatowns in South Korea, including the one in Incheon, slowly withered or were drastically downsized.

"I remember there used to be many Chinese living in this area who were running restaurants and other stores. The area was much bigger than now," said Yuan at Incheon's Chinatown, disclosing that his father ran a Chinese restaurant there.

The Chinese community in South Korea has shrunk drastically. About 10,000 Chinese emigrated to the United States, Taiwan and other Southeast Asian countries between 1972 and 1992, Yuan said. Now, about 26,700 ethnic Chinese live in South Korea.

"I myself came back to South Korea only four years ago after living for nearly 20 years in Taiwan, Japan and mainland China," Yuan said. "At 20, I left the South Koreans who turned their backs on me. But as I got older, I felt like coming back here, where I was born and my old friends live."

It was only recently that South Koreans began to show genuine friendship and generosity toward their Chinese neighbors, largely thanks to their country's diplomatic normalization with Beijing in 1992.

Most ethnic Chinese here retain Taiwanese citizenship, but the number of those who have shifted loyalty to China is increasing. It's still difficult to become a South Korean citizen, as they have to prove their financial ability, be endorsed by high-level South Korean officials and complete complicated paperwork.

There has been a rising call recently to help support the Chinese community in the country.

"We should be very ashamed of ourselves, particularly because we've been clamoring for globalization," said Yang Pil-seung, a Chinese studies professor at Seoul's Kunkuk University.

Discrimination against ethnic Chinese in South Korea, albeit eased in recent years, is still rife in their everyday lives. For example, they cannot sign onto South Korean Internet sites and are even denied e-mail accounts, as their alien registration card numbers don't work at most of these Web sites.

In May's mayoral and gubernatorial elections, foreign residents of more than three years in South Korea were given suffrage for the first time. But foreign residents, including ethnic Chinese, no matter how long they have lived here, are barred from voting in parliamentary and presidential elections.

"I know things have improved, compared with the past, but South Koreans still don't regard us as real members of their society," said Yin Chia-ching, 36, who works as a waiter at a Chinese restaurant in Incheon.

Disclosing that he recently broke up with his Korean girlfriend, partly due to his ethnic background, Yin complained that most of the Chinese residents in South Korea can't get "decent" office jobs and end up running or working at restaurants at best.

"South Koreans should know we have been living with them for more than 100 years and do all major national duties as they do, such as tax payment," he said.

Yang of Kunkuk University said that allowing ethnic Chinese to freely engage in business will benefit South Korea.

"We should allow them to make use of their status as 'hwakyo,' as 'kwansi' is important to do businesses," he said. Hwakyo refers to overseas Chinese residents and kwansi roughly translates as "connections" or "links" in business.

The professor quoted a recent report by the Federation of Korean Industries, a major business lobby group, as claiming that a Chinatown in big cites such as Seoul can attract foreign investments and generate consumption worth 23.9 trillion won (US$24.9 billion), produce 12.1 trillion won in value added and create 920,000 new jobs.

The creation of Chinatowns in South Korea is also urgent given the increasing number of "new hwakyo" from mainland China, who numbered 356,790 earlier this year, including 219,000 ethnic Koreans, he said.

Wang of the Chinese Residents' Association called for a "more open-minded, warm-hearted" attitude by the Korean people toward their Chinese neighbors.

"If you ask us why we don't leave here or become naturalized South Korean citizens and stop complaining, we have nothing to say. But I would say this is the country where we were born, have lived and will live until we die," he said. "You can easily understand our difficulties if you think about ethnic Koreans in Japan."

About 700,000 Koreans live in Japan, a legacy of Japan's 1910-45 colonial rule of the Korean Peninsula. They complain that they are being discriminated against by the Japanese government and its people.

2006. 8. 29

지금 유럽은 시리아(Syria) 등 중동 국가로부터 밀려오는 피난민 사태로 대혼란을 겪고 있다. 한국에도 수백 명의 Syria인이 난민 신청을 하고 허가를 받기 위해 대기하고 있다. 그 상황을 설명하는 피처 기사다.

SEOUL, Oct. 13 (Yonhap) -- When Zafer Ismail uploaded a video clip to YouTube in 2013, he never thought that he could not meet up with his wife and children and return to Syria again, the country that he served for more than 20 years in the military.

The one-minute video is critical of Syrian President Bashar Assad over the country's civil war that has killed more than 200,000 people and sent more than 4 million refugees into Turkey, Jordan and other neighboring countries. Some of them, including Ismail, even traveled halfway around the world to South Korea.

Ismail, a former first warrant officer, said he was tortured and held in prison for 14 months on what he claims were trumped-up charges of helping demonstrators while he was in the military.

He later switched sides and fled to Kilis on the Turkey-Syria border along with his family as his home in Aleppo, the largest city in Syria, was bombed by forces loyal to Assad.

"Our children are being murdered and our homes are destroyed due to relentless violence of the government troops," Ismail said in the video he uploaded in Kilis in Turkey, something he thinks he crossed the Rubicon.

He said the video is an expression of his resentment against the Syrian government and was meant to let the world know that the Syrian government is the "murderer" and to encourage his former colleagues who are still in the government to quit their posts and fight against the government.

"I could be either tortured or killed if I return home," the 50-year-old said in a recent interview with Yonhap News Agency after attending a campaign in central Seoul to raise public awareness of the plight of Syrian refugees. He claimed he is on the government's blacklist for his opposition to the Assad regime.

Ismail is one of three Syrians who received refugee status from South Korea. But hundreds of other Syrians in South Korea were not as lucky.

A total of 799 Syrians have applied for refugee status since 1994 when South Korea began to accept applications from asylum seekers. All except one person came to South Korea following the outbreak of the civil war in 2011.

As of the end of August, 621 out of 799 Syrians received the humanitarian stay permit, a status that allows its holder to legally work in South Korea, though no social insurance coverage is provided, according to the Justice Ministry.

Most of them have been toiling in low-wage jobs shunned by South Koreans as they wait to win refugee status.

South Korea has so far granted refugee status to 522 people, including the three Syrians, out of more than 12,200 asylum seekers since 1994.

One of the Syrians, who attended the awareness campaign, held up two photos of the body of Aylan Kurdi, a 3-year-old Syrian boy who was found dead on a beach in Turkey in September.

The photo has shocked the world and prompted many Western countries to embrace Syrian refugees.

"The tragedy is beyond description and my heart aches," said a 29-year-old Syrian who also applied for a refugee status. He said he would go back to his country tomorrow if the war ends.

Dozens of Syrian participants chanted the slogan "Help Syria."

"This is the biggest refugee population from a single conflict in a generation. It is a population that needs the support of the world but is instead living in dire conditions and sinking deeper into poverty," said U.N. High Commissioner for Refugees Antonio Guterres said in a recent comment posted on the website of the U.N. refugee agency.

Only a few South Koreans, however, showed interest in the issue of Syrian refugees during the recent campaign near Seoul City Hall.

An unidentified South Korean posted comments critical of embracing refugees on the popular portal website Naver, saying it could have a negative impact on the economy at a time when jobless rate for South Koreans between the ages of 15 and 29 came to 8 percent in August.

The Justice Ministry said it can begin screenings of refugees only after the application is filed in South Korea, in an apparent sign that Seoul does not want to join some Western countries in accepting the flow of Syrian refugees.

Mhmuod M. Li, who is stranded in South Korea after coming to Seoul for a business auto part business deal in 2013, said he never thought that the war could last so long.

"I am staying in South Korea because I have a job here, though I think I am a war refugee," Li said. "I cannot go home as the war spread to my hometown of Aleppo."

Li said he misses his wife and three children aged 7, 2 and six months in Turkey and wants to invite them to South Korea.

"I am with you in my mind and I want to live with you in the same home," Ismail said, referring to his wife and five children that he left behind in Turkey.

The Syrians' wish to go back to their country is unlikely to come true anytime soon as there seems to be no sign of an imminent end to the conflict.

"I want to see my mom and dad," Jubran Junid, 26, said. "Please, help end the war in Syria."

2015. 10. 13

<News analysis>

정치, 경제, 사회, 문화 등 각 분야에서 파장이 큰 뉴스는 그 의미를 독자에게 분석해 주는 별도의 해설 기사가 필요하다. 다음 기사는 박근혜 대통령의 중국 방문을 계기로 더 뚜렷해진 중국과 북한의 소원해진 관계를 설명하고 있다. 그러나 이를 설명하기 위해 이 기사에서 사용한 전문가의 quote는 하나이며 생동감이 없다. 이런 종류의 기사에는 최소한 세 명 이상의 전문가의 견해가 필요하다.

SHANGHAI, Sept. 4 (Yonhap) -- South Korean President Park Geun-hye's high-profile presence in China's World War II anniversary ceremonies underscore a dramatic shift of geopolitics in the region.

One year after the 1950-53 Korean War ended in a ceasefire, Kim Il-sung, the then North Korean leader, stood side by side with Mao Zedong, the founding father of China, as they watched a military parade from the balcony of the Gate of Heavenly Peace in Beijing's Tiananmen Square.

It was an iconic photo that illustrated the personal rapport between the leaders of the two communist allies once billed as close as "lips and teeth."

Fast forward to 2015.

From the same balcony overlooking the square, Park watched a massive military parade with her Chinese counterpart, Xi

Jinping, a scene unthinkable until recently.

Her presence is the latest sign of deepening relations between South Korea and China decades after China fought on North Korea's side against South Korea and the U.S.-led U.N. forces in the Korean War.

China has been economically drawn to South Korea after they established diplomatic relations in 1992. China is now South Korea's largest trading partner with two-way trade reaching US$235 billion in 2014. Millions of people travel between the two countries annually.

In a sharp contrast, North Korean leader Kim Jong-un, the grandson of Kim Il-sung, sent one of his top military aides to the celebrations. The North Korean, Gen. Choe Ryong-hae, is known to have returned home without a one-on-one meeting with Xi after the ceremonies.

Kim Jong-un has never visited China since taking power in late 2011, following the sudden death of his father, Kim Jong-il, a development that reveals the strained relations between the two traditional allies.

"China has changed its view of the Korean Peninsula," said Kim Seung-chae, a China expert at the Seoul Peace Prize Cultural Foundation, in apparent favor of South Korea.

Park went ahead with the China trip to attend the military parade, despite some criticism that South Korea may be tilting toward China, which is engaged in a strategic competition with the United States in the Asia-Pacific region.

Western leaders skipped the military parade, widely seen as a show of force of an assertive China. The United States sent its ambassador to China to the ceremony, rather than sending a senior official from Washington.

State Department deputy spokesman Mark Toner flatly said, "No," when asked Thursday if Washington has concerns that Seoul is tilting too much toward Beijing.

U.S. Secretary of State John Kerry has also "expressed sufficient understanding" on the implication of Park's attendance on regional security, according to South Korea's Foreign Ministry.

South Korean Foreign Minister Yun Byung-se and Kerry have "emphasized the importance of China's constructive role" in denuclearizing North Korea, the ministry said in a news release.

South Korea hopes that China will exercise its leverage over North Korea in resolving the standoff over Pyongyang's nuclear weapons program.

North Korea has long been dependent on Chinese diplomatic support and economic aid, though bilateral ties have remained strained over the North's defiant pursuit of a nuclear program.

"China should play an important role in inducing North Korea to make right changes," Park said in a meeting with hundreds of people from the Korean community in Shanghai.

She also said China's cooperation is very critical in achieving unification of both Koreas.

<Spot news의 featurish approach>

사실 관계가 분명한 일반 기사를 연성화하는 기법을 사용하여 작성하면 모양이 좋아질 수 있다. 완전한 feature 기사와 구별된다.

다음 Reuters기사는 feature 작성 기법을 활용하여 북한의 열악한 교통수단을 알아보고 있다.

SEOUL, Sept 11 (Reuters) - It's not Amazon or FedEx, but in North Korea's fledgling market economy a fleet of repurposed old passenger buses is the next best thing for moving trade goods, from rice to textiles and livestock, between far-flung corners of the country.

Known as "servi-cha" - the name comes from "service" and "car" - the money-making buses have been transporting goods in recent years in what satellite imagery shows is an increasingly robust, if still primitive, network.

"In the past you had to deliver stuff in person. Now, buses are the way it is," said Kim Heung-kwang, a defector who heads the North Korea Intellectuals Solidarity organisation in Seoul and maintains links with sources inside his secretive homeland.

"Rice can be sent ... cattle move around with these buses. Raw materials can now be delivered around the country."

The servi-cha are another example of a growing tolerance for private enterprise within North Korea, where informal markets and small trading firms have burgeoned in recent years alongside a creaking centrally-planned Soviet-style economy.

Trains were long North Korea's principle mode of transport, but poor electricity supply and ageing rolling stock have left them slow and unreliable.

That leaves a rusty fleet of old buses plying the country's lightly-trafficked and dusty roads as the most effective means for moving goods between cities and small towns, according to North Korean defectors and experts.

Internal travel remains restricted in authoritarian North Korea and vehicles cannot officially be privately owned, but defectors say goods loaded on buses are off the regime's radar, especially outside Pyongyang, the showpiece capital.

Entrepreneurs can partner with state organisations to register buses on their behalf and share the profits, according to a 2014 paper from the Korea Institute for Industrial Economics and Trade in Sejong, South Korea.

The report, partly based on interviews with defectors, said

servi-cha are often operated by local government bodies, giving them a semi-official status that suits the growing ranks of small traders that use them.

Some sites used as once-informal drop-off points for buses have had permanent structures built within the last few years, according to Curtis Melvin, a researcher who studies publicly available satellite imagery of the country at the Johns Hopkins School for Advanced International Studies in Washington.

Private markets began taking hold in North Korea following a devastating famine in the 1990s, when the state distribution system broke down.

The size of spaces used as markets has significantly expanded since 2004, Melvin said, as have the bus depots supporting the delivery network.

"This didn't start under Kim Jong Un, but there's been a lot of growth under him," said Melvin, referring to North Korea's young leader, who took power following the death in 2011 of his father, Kim Jong Il.

Using servi-cha, a rice vendor who needs to replenish supplies when none are locally available can phone a wholesaler in another city and place an order. The wholesaler delivers rice to the local depot, where a bus ships it to the buyer's town.

To pay for the rice, the buyer visits a small money transfer business, which takes the payment and calls a partner business in the seller's town - one in 10 North Koreans has a cellphone -who confirms the deal and hands cash to the seller.

By reliably accepting cash in advance, servi-cha have helped foster the concept of trust in business in North Korea, said another defector who stays in touch with family in the North and asked to be anonymous for the safety of her relatives still living there.

"Logistics with buses are like vessels which keep pumping blood around the country and stop people from starving to death," said Kim, the first defector. "This is something that the planned economy can't do."

이란과 서방 주요 국가 간의 핵 타결안이 미국 대선 경쟁 가도에 뜨거운 감자로 떠올랐다. 이 복잡한 문제를 hard news로 다룬다면 기사는 무미건조해질 가능성이 많고, 독자의 관심과 흥미는 반감될 수 있다. 다음 기사에서는 이 문제를 feature 기사 접근 방법으로 다뤄 이런 우려를 해결하고 있다.

WASHINGTON (AP) _ It was supposed to be a long and uncomfortable August for Democrats undecided about President Barack Obama's nuclear deal with Iran, but so far the political heat brought on by opponents of the much-contested accord is more of a simmer than a boil.

Millions of dollars in television and online advertisements by an offshoot of the powerful American Israel Political Action

Committee are aimed at more than a dozen states represented by undecided Democrats. The accord would curb Iran's nuclear program in exchange for relief from economic sanctions, and the House and Senate are set to vote next month on a resolution of disapproval.

"Iran has violated 20 international agreements and the leading state sponsor of terrorism," says the ad by Citizens for a Nuclear Free Iran, the AIPAC-sponsored group. "Congress should reject a bad deal."

As political ads go, experts agree, the commercial is pretty tame. It doesn't ask viewers to take any action like calling their senator or congressman. And it doesn't name names.

A Republican Party strategist, Charlie Black, says a harder-hitting approach would turn off the very Democratic voters the group would like to lobby their lawmakers.

Many Democratic lawmakers are already upset that they've been cast as anti-Israel and were summoned for a stern lecture by Israel's President Benjamin Netanyahu in a joint meeting of Congress in March.

A group called Vets Against the Deal has produced a much tougher ad featuring an Iraq War veteran who was badly wounded by a blast from an Iranian-made bomb.

"Every politician who is involved in this will be held accountable. They will have blood on their hands," says retired

Staff Sgt. Robert Bartlett, whose facial scars are evident.

It's not clear how large a media buy the group is making. The ad won lots of attention from conservative websites, and Bartlett appeared on Fox News.

Another group, United Against Nuclear Iran, is also running ads. It's headed by former Independent Sen. Joe Lieberman.

As the campaigns play out, it's appearing increasingly likely that Democrats in the House and Senate will be able to muster the votes to sustain a certain veto by Obama. Sen. Chuck Schumer of New York, the chamber's powerful Democratic leader-in-waiting, is the only senator of his party to publicly come out against the deal.

Meanwhile, 19 Senate Democrats have said they'll vote to preserve the agreement, more than halfway toward the 34 they'll need to sustain a veto. More than 40 House Democrats have come out for it, with 10 against.

<Delayed identification in summary lead>

널리 알려진 인물이 아니라면 summary lead 형태를 취하는 게 좋다는 것은 이미 밝힌 바 있다. Summary lead의 경우 직업, 거주지, 학교명 등을 이용하고 이름은 두 번째 단락에서 밝히는 형태도 자주 보인다.

나이 — a 21-year-old college student x x x

직업 — two police officers x x x

거주지 — an Incheon resident x x x

학교 — a Seoul National University student x x x

Incheon (Yonhap) -- **A 19-year-old burglar** who broke into a high-rise office building in this port city got stuck on an elevator and was forced to call 119 for help, police said Monday.

The man, identified only by his surname Kim, broke into the 10-story building on Sunday and walked down the hallways before he got on an elevator. Police said the man was found wearing a Fedex jacket that did not belong to him. He was charged with illegal entry into the building and burglary.

x x x

대부분의 뉴스는 사실 전달을 중심으로 이루어지는데 이를 straight news라고 한다. 즉, 기사를 연성화하지 않고 사실을 중심으로 보도한다. 이 형태의 기사 작성에는 일정한 틀이 있다. 돌발적인 사건·사고·증권·환율 등 경제 기사, 그리고 스포츠(sports), 부고(obituary)와 같은 기사에는 각기 독특한 형식이 있다. 그 외형을 익혀야 한다.

South Korea-stocks

South Korean stocks edge down, affected by growing investor jitters

SEOUL, Nov. 13 (Yonhap) -- South Korean stocks dropped 1 percent on Friday as investors trimmed their holdings ahead of an anticipated U.S. rate hike, analysts said. The local currency lost ground against the U.S. dollar.

The benchmark Korea Composite Stock Price Index (KOSPI) fell 20.07 points to 1,973.29. Trading volume was light at 329.6 million shares worth 4.16 trillion won (US$3.57 billion), with decliners surpassing gainers 572 to 263.

"The market is expected to stay quite volatile until the December FOMC meeting is over and the volatility could intensify going forward," said Koh Seung-hee, an analyst at KDB Daewoo Securities Co. "Today's downswing seems to be part of it."

The market, in particular, reacted to remarks by some Fed officials at a Thursday conference that suggested that the current economic conditions are strong enough for a rate hike, bolstering the prospects that a rate hike could come in as early as December, Koh said.

The Dow Jones industrial average fell 1.44 percent on Thursday, the sharpest drop in more than a month, apparently setting a grim tone for the Korean market.

Foreign investors and institutions drove the market decline as they sold a net 211 billion won and 43 billion won worth of shares on Friday.

Automakers and pharmaceutical companies lost marked

ground.

Hyundai Motor fell 2.49 percent to 156,500 won and its smaller affiliate Kia Motors retreated 2.58 percent to 56,700 won. Major drug maker Hanmi Pharmaceutical shed 3.04 percent to 765,000 won.

Retailers also ended down, with discount outlet chain E-Mart and GS Retail dropping 2.13 percent and 7.72 percent, respectively. Tech bellwether Samsung Electronics fell 1.29 percent and leading Internet portal operator Naver lost 2.26 percent.

Bucking the overall downward trend, cosmetics making giant AmorePacific remained bullish, jumping 3.21 percent to close at 385,500 won.

The local currency ended at 1,163.8 won against the greenback, down 5.6 won from Thursday's close.

Bond prices, which move inversely to yields, closed up. The yield on three-year Treasurys fell 0.9 basis point to 1.778 percent and the return on the benchmark five-year government bonds ended flat at 1.999 percent.

---

key rate-December

Bank of Korea holds key rate amid uncertainty

SEOUL, Dec. 10 (Yonhap) -- South Korea's central bank kept its benchmark interest rate steady Thursday for the sixth month in a row, extending its wait-and-see mode ahead of a looming U.S. rate hike.

In a widely expected decision, the Bank of Korea (BOK) froze its base rate at 1.5 percent after sending it to a record-low level through four rate cuts in less than a year since August 2014.

The decision comes amid growing concerns over a possible U.S. rate hike, the first of its kind in nearly a decade, which could prompt a mass outflow of foreign capital from the country and other newly emerging market countries.

BOK Gov. Lee Ju-yeol has noted that the U.S. Federal Reserve may begin raising its key rate before the end of the year, though he insists that its local impact will be limited due to the strong fundamentals of the South Korean economy.

The U.S. Fed's Federal Open Market Committee is set to hold

its rate-setting meeting on Tuesday and Wednesday (U.S. time).

The South Korean central bank stressed the need to assess the impact of a U.S. rate hike, noting such a move may weaken growth and the economic recovery in emerging markets.

"The board forecasts that the global economy will maintain its recovery going forward, albeit at a moderate pace, centering around advanced economies, such as the U.S., but judges that the possibilities exist of it being affected by heightened international financial market volatility due for example to a shift in the U.S. Federal Reserve's monetary policy, and by the weakening of economic growth in emerging market countries," it said in a released statement.

The BOK noted the record-low rates may have helped spur domestic spending, but that a continued decline in the country's exports may hinder active use of monetary policies down the road.

"Looking at the Korean economy, although domestic demand activities have sustained their pace of recovery, driven by consumption, the trend of declining exports has persisted while the improvement in economic agents' sentiments has been inadequate," the released statement said.

South Korea's exports have dipped every single month since the start of the year, plunging 15.8 percent on-year in October, the fastest rate of drop in over six years. Exports in November slipped 4.7 percent on-year.

"Looking ahead, while working to sustain the recovery of economic growth, the board will conduct monetary policy so as to maintain price stability over a medium-term horizon and pay attention to financial stability," it said.

Thursday's decision is in line with an earlier poll by Yonhap Infomax, the financial news arm of Yonhap News Agency, in which all 14 economists surveyed projected another rate freeze in December.

Obituary-former sex slave

Ex-World War II sex slave dies at 89

SEOUL, Jan. 26 (Yonhap) -- A South Korean woman who was forced into sexual servitude by Japan for its World War II soldiers died Monday, an advocacy group said Monday. She was 89.

Hwang Seon-sun died at a hospital in South Jeolla Province at around 8 a.m., the Korean Council for Women Drafted for Military Sexual Slavery by Japan said. The group attributed her death to old age without elaborating further.

Hwang's death lowered the number of known survivors of the former sex slaves to 54, the council said.

Hwang was born in 1926 in Jangseong, a rural town some

300 kilometers south of Seoul. Her parents died early, which forced her to be responsible for the care of her younger brother.

At 17, she found herself in Japan's front-line military brothel after a neighbor lured her with promises of a job at a factory in Busan, the second-largest city in South Korea.

She was stationed at a brothel in Nauru, a Pacific island then occupied by Japan, and was beaten and tortured regularly for three years until the Japanese surrendered in 1945.

Historians estimate there were about 200,000 sex slaves from all over Asia. Most of them are believed to have been Korean, though the South Korean government only has 238 in its database.

After Korea's independence, Hwang returned to her hometown to live with her son and daughter-in-law. Life after the war, however, was not easy for the woman, as she constantly suffered from diseases such as cerebral infarction and diabetes, the council said.

Her funeral will be held in private on Wednesday, according to her family's wish, the council added.

Monday also marked the one-year anniversary of the death of another Korean sex slave, Hwang Geum-ja, who died at 90.

북한의 연평도 포격, 세월호 참사와 같은 파장이 큰 대형사건, 사고 보도는 시간 경쟁이 치열하다. 분(minute), 초(second) 단위까지 따진다.

속보 경쟁에서 밀리면 참담하고 엄한 질책을 받는다. 이런 상황을 국제통신사의 뉴스룸 은어로 rocket이라고 한다.

언론사, 특히 통신사는 속보 경쟁에 대비해 나름대로 긴급 보도 체제를 갖추고 있다. ALERT나 URGENT를 대문자로 눈에 띄게 표시하여 기사의 중요성을 알린다. 기사의 긴급성을 알리는 로고(logo)로 AP 통신사는 APNewsNow를 사용하고 있고 AFP, Reuters는 Flash, Alert, Urgent로 등급을 매기고 있다.

방송사, 특히 24시간 TV 뉴스 채널(channel)에서는 긴급 뉴스의 경우 즉각 현장 중계 체제로 전환한다. 이런 경우 LIVE라고 표시한다. BBC나 CNN에서는 BREAKING NEWS나 HAPPENING NOW와 같은 빨간색 자막을 내보내고 있다.

긴박한 breaking news의 경우 첫 보도는 통상 몇 개의 단어로 구성되는 one-line headline 형태를 띤다. 이는 곧바로 내용이 보강된 후속 보도로 이어진다. 후속 보도가 진행됨에 따라 기사는 1st LD, 2nd LD, 3rd LD 등 속보 체제로 바뀌어 간다.

다음은 연합뉴스에서 다룬 한 긴급 기사의 예문이다.

(URGENT) DMZ-mine blast
(URGENT) N. Korea behind recent mine explosion inside DMZ: Defense Ministry

이 짧은 breaking news는 다음과 같은 후속 보도로 연결되었고 2nd LD, 3rd LD로 이어졌다.

DMZ-mine blast

S. Korea warns North will face 'pitiless' costs for any further provocations

SEOUL, Aug. 10 (Yonhap) -- With North Korea blamed for last week's deadly mine explosion inside the demilitarized zone (DMZ), South Korea vowed Monday to mete out "equally pitiless" retaliations for any military provocations by the communist country.

The mine blasts took place on the morning of Aug. 4 inside the southern side of the 4-kilometer-wide buffer zone that separates the two Koreas when eight South Korean soldiers were about to finish their routine patrol mission. Two soldiers lost their legs.

After a weeklong investigation, South Korean officials have concluded that the mines were planted by North Korea as part of provocations to derail the scheduled joint South Korea-U.S. Ulchi Freedom Guardian military exercises next week.

"As previously warned on many occasions, our military will make North Korea pay the equally pitiless penalty for their provocations," South Korea's office of Joint Chiefs of Staff said in a statement.

"This provocation is a clear violation of the armistice agreement and the non-aggression agreement between the South and the North," JCS said, calling the incident a "nasty behavior" that is unthinkable for a normal military.

In the statement, JCS demanded that North Korea apologize for the incident and punish those responsible.

The two Koreas are still technically at war, having signed no peace treaty when they ended a three-year war in the early 1950s.

〈특정한 사람의 이름으로 시작하는 lead〉

국제적으로 지명도가 높거나 외국인이 쉽게 알아볼 수 있는 인물이 아니라면 내외국인을 막론하고 어느 특정한 사람의 이름을 lead의 첫머리로 사용하는 것은 피해야 한다.

예를 들어보자. Gangnam Style로 유명한 Psy(한국명 박재상)의 국제적 지명도는 다른 어떤 한국인보다도 높다고 할 수 있다. 아마도 박근혜 대통령은 몰라도 Gangnam Style rapper 하면 모두 다 알 것이다. 따라서 Psy 정도의 지명도가 있는 한국인이라면 lead의 첫머리를 차지해도 아무런 문제가 없다. 그렇지 않다면 피해야 한다.

SEOUL, July 28 (Yonhap) -- South Korean rapper Psy is putting the final touches on a song to be released in the near future, his agency said Tuesday.

The "GangnamStyle" singer was hard at work finishing the new track, although no release date has been fixed, YG

Entertainment said.

The 38-year-old admittedly set the bar high with his 2012 single "GangnamStyle," which racked up more than 2 billion views on YouTube as of Tuesday.

In 2013, he announced two follow-ups -- "Gentleman," which had a music video that ironically portrays him as anything but, and "Hangover," a team-up with Snoop Dogg -- before taking a hiatus. Both reaped mediocre results compared to "GangnamStyle."

Psy also scrapped his new song "Daddy," which had been scheduled to come out last August, at the last minute, apparently having second thoughts.

But the rapper has rediscovered himself since and is ready to be himself again, YG Entertainment said, adding he is expected to promote the upcoming song in South Korea first in line with this new philosophy.

다음 기사의 lead에는 Elvis Presley와 Sammy Davis Jr. 두 미국인 이름이 함께 등장하고 있다. 두 사람은 미국은 물론 다른 많은 나라 사람에게도 잘 알려진 인물이다. 따라서 lead에 그들의 이름이 함께 등장해도 문제가 되지 않는다. 그러나 잘 알려지지 않은 사람이라면 피해야 한다.

MEMPHIS, Tenn. (AP) _ A diamond and gold pendant Elvis Presley gave Sammy Davis Jr. was among 160 authenticated artifacts sold Thursday evening during an auction at the King of Rock `n' Roll's longtime Memphis, Tennessee, home.

The auction at Graceland was part of Elvis Week, the annual commemoration of his death.

The pendant sold for $32,000.

Other highlights included one of Presley's personal handguns that sold for $96,000, and a racquetball shirt worn by Presley, which went for $32,500.

Bids were accepted online for several weeks prior to the live auction, when all the bids were brought to the floor, said Laura Pickett. She's managing director of Graceland Auctions, which handles auctions for Graceland. Pickett said all the artifacts are from third-party collectors; nothing is owned by Graceland itself.

The auction initially had 174 artifacts, but Pickett told The Associated Press after the auction that 14 were pulled to be "re-examined."

She didn't elaborate but said the items may appear in a future auction. This was the third auction, with the past two held on Presley's birthday and during last year's Elvis Week. Presley died at age 42 on Aug. 16, 1977.

Those items pulled included a "Starburst" jumpsuit Presley wore during concerts in Las Vegas in 1973, and a guitar signed by Presley, Johnny Cash, Carl Perkins and Jerry Lee Lewis.

"It's pretty common for every auction to have a few items pulled," Pickett said.

In a statement to the media earlier Thursday, Graceland Auctions said: "The integrity of the auction and the authenticity of artifacts are of paramount importance to us."

다만 잘 알려져 있지 않은 평범한 인물일지라도 기사 내용을 설명하는 하나의 축으로서 사용하는 경우 lead에 그 이름을 명시할 수 있다. 다음은 그 예문이다.

SEOUL, Sept. 10 (Yonhap) -- Ryu Soo-hyun, a 26-year-old living in Gunpo, just south of Seoul, recently bought a pair of padded bicycle shorts -- which are designed to help cushion some of the impact from bumpy rides -- to wear during her weekly cycling trips.

"I started riding my bicycle for fun as well as to get some light exercise, so at first I was mostly looking for clothes that I would look good in," Ryu said.

"Now that it's become a serious hobby, I find myself looking for more practical apparel rather than just considering the stylishness of my outfits."

Like Ryu, more people in South Korea have begun to look for sports items or clothes with a focus on function and practicality instead of merely trying to re-create an athletic ambience for the sake of style.

The so-called 'outdoor look,' in which people buy and wear athletic apparel simply for its style, has been in vogue in South Korea for some time now, and has played a significant role in helping the sports-related retail industry here grow to its current size.

The outdoor apparel and goods market in South Korea was estimated at some 6.9 trillion won (US$5.7 billion) as of last year, up nearly 35-fold from the 200 billion won registered in the year 2000, according to industry data.

Likewise, television commercials in which hotshot actors are trekking in the mountains in neon-colored windbreakers are commonplace, and seeing men and women keeping warm in style with down jackets made for sportswear in chilly weather is pretty much a standard part of urban life here.

Recently, however, as more South Koreans are taking up sports as a hobby, the outdoor style boom seems to be transitioning into another type of trend.

For Ryu, this shift is quite evident within her circle of exercise buddies.

“One of my friends did the same thing as well -- rather than spend her money to simply look sporty, she bought a wearable device to strap on her wrist during bike rides to help track her speed and pace, and evaluate her overall performance,” she said.

This emerging trend can be seen in people's online shopping patterns as well.

According to 11st Street, one of South Korea's major online retailers, sales of hiking boots on its website during the first eight months of the year spiked 160 percent from a year earlier.

More customers sought out aquatic sports gear as well, with the sale of rashguards and wetsuits shooting up 190 percent and 56 percent, respectively, over the cited period. Sales of equipment for skin scuba diving climbed 34 percent.

Overall, outdoor sports-related items saw a 20 percent jump in sales during the eight-month period this year.

"With the rising popularity of aquatic sports this summer, people gravitated toward more functional swimwear with protective features for avoiding injuries from outdoor activities," an 11st Street official said.

The newly rising wave was especially visible among female consumers during this year's summer season.

In the June-August period, sales of women's hiking boots surged nearly threefold from the previous year, while those of rashguards jumped 3.3 times, according to the 11st Street sales data. Sales of rock climbing shoes for women also stepped up 35 percent over the cited period.

"As more young women are taking part in active outdoor

sports, related items for female consumers in their 20s and 30s have become popular," the official added.

Statistics also demonstrate that a growing number of South Koreans are taking up an interest in sports in recent years.

The number of members in the country's sports clubs -- groups or communities that practice their choice of athletic hobbies together -- reached 4.55 million as of the end of 2014, up 10.2 percent from the 4.13 million tallied in the previous year, according to the data compiled by the Ministry of Culture, Sports and Tourism.

These kinds of hobbyists have been continuously growing in numbers, having increased more than 56 percent since 2007.

With this growing trend, industry watchers are painting a rosy picture of the overall sports goods market down the road.

"The outdoor fashion trend seems to be expanding onto a wider level where people are buying the items not just for the look, but for the practical use for the sport they want to enjoy," said Lee Hee-jae, an analyst at Kiwoom Securities Co.

"The market for sports apparel and gear other than those within the realm of fashion is still relatively small here, but there is potential that this market is going to expand steadily down the road without ending up as another fad."

<Delayed lead>

독자의 호기심을 자극하기 위해 기사의 초점을 약간 늦춰 노출시키는 방법이다. Soft news나 feature story에 자주 사용된다. 그러나 초점을 너무 늦게 노출시키면 읽는 사람을 짜증나게 할 수 있다. 세 번째 단락 이내, 늦어도 다섯 번째 단락 이내에 기사의 초점이 나타나는 것이 좋다.

다음 기사는 UNESCO 세계 문화유산으로 지정되어 있는 이씨 왕조(1392-1910)의 사당 '종묘'를 가볼 만한 관광 명소로 소개하고 있다. 첫 두 단락은 독자의 호기심을 높이는 데 사용되고 있다.

SEOUL, Nov. 15 (Yonhap) -- One of the first things Korea's deeply Confucian last kingdom, the Joseon Dynasty, did after it founded Seoul as its capital in 1392 was, build a shrine for royal ancestors.

Located in the very center of Seoul, Jongmyo -- its name literally means "shrine of ancestral rites" -- was where the kings of the Joseon Dynasty carried out regular ancestral memorial ceremonies.

Today, the shrine is a major draw to tourists for its Confucian symbolism as well as its architectural value. Due to its historic and cultural importance, it was designated a UNESCO World Heritage Site in 1995.

"If you look at the buildings, they are of a simple design.

Just two colors, green and red. This is because this is a place for the spirits," said Choi Joong-mae, who guided a group of English-speaking visitors around Jongmyo on a recent bright Sunday. "The buildings have simple, straight roofs, too."

In deeply Confucian Joseon, ancestral rites were the most important of ceremonies, and the rites honoring the king's royal ancestors, presided over by the king, were the most important of all. The venue for these ceremonies, Jongmyo, was one of the first structures built when the Joseon Dynasty was established.

The original structure, built in 1396, was burned down during the Japanese invasion of 1592-1598 and rebuilt in 1601. The reconstruction survives to this day.

For all its importance, though, it seems that some visitors are unclear as to its function.

Choi takes pains to explain.

"The palaces are where the king and the royal family used to live," he said. "The tombs are where the kings were buried. Jongmyo, however, is where the ancestors' spirit tablets are kept. It's a very important place, where living people meet their ancestors."

Jongmyo sits on several acres of wooded hills in Seoul's downtown Jongno District, making it a popular urban park, especially in autumn, when the trees begin to turn color. It's a few blocks from one of the major royal palaces in Seoul, Changdeok.

Broadly speaking, Jongmyo can be divided into two areas: one where the ancestral spirit tablets were enshrined and the other where participants prepared for the ancestral rites.

The spirit tablets for all of Joseon's kings -- minus those for two deposed monarchs -- are enshrined in the complex, including those for nine kings crowned posthumously.

The symbolism starts almost immediately from the south gate, from which begins a three-row stone pathway connecting the complex. The king would walk along the right side and the crown prince along the left, while the elevated middle row was reserved for the spirits of the king's ancestors.

Under a canopy of greenery, the path leads first past a number of halls where incense and ramie cloth -- burned during the ancestral rites -- were kept, sacrificial foods were inspected and prepared, and the king and crown prince would bathe and don the ceremonial clothing.

The path then reaches the heart of the complex, the Jeongjeon and Yeongnyeongjeon halls, where the ancestral spirit tablets are enshrined. The larger of the two, the Jeongjeon, is 101 meters long and is believed to have been one of the longest wooden buildings in Asia when first erected.

The Jeongjeon is composed of 19 so-called spirit chambers, or "Sinsil," where the spirit tablets, or "Sinju," of 19 kings and 30 queens are enshrined.

The massive structure originally had just seven spirit chambers for the ancestors of Joseon's founder, King Taejo, but was expanded throughout the dynasty as the need arose.

The spirit tablets were moved from the palace to the shrine after a traditional three-year mourning period. The royal spirit tablets enshrined here are the originals. While the shrine itself was burned in the war with Japan, the tablets were removed prior to the conflagration and hidden safely at the home of a commoner.

While the hall itself is large in scale, it remains true to the Confucian aesthetic.

"The building may look huge, but it is very simple and relies on repetition," Choi said.

In front of the hall is a grand stone courtyard where the ancestral rites were held. The terraced courtyard is also filled with Confucian significance.

"The king would preside over the ceremony at the highest point, while his officials would stand at the lower part," Choi said. "The king would look down at his officials while the officials would look up at the king."

In the middle of the courtyard runs a simple black line called the "Sinno" ("path of the spirit") where the spirits of the deceased kings are said to roam.

Just to the west of the Jeongjeon is the Yeongnyeongjeon. Similar to the Jeongjeon but smaller in scale, the Yeongnyeongjeon was built to house the spirit tablets of King Taejo's ancestors when room ran out in the Jeongjeon.

It also houses the spirit tablets of six Joseon kings. Also enshrined in the compound are the spirit tablets of notable royal retainers, such as Min Yeong-hwan, a minister under the dynasty's penultimate monarch, King Gojong. Min killed himself in 1905 to protest Japanese imperial encroachment on his homeland.

A visit to the shrine can further understanding of Korea's Confucian heritage.

One of the visitors, Barbara Kim of Chicago, said that while Korea's historic sites may not be as awe-inspiring as those of Europe, Jongmyo "has a sense of age-old wisdom."

"I think this has to do with the organic scenery," Kim said. "Learning about the symbolism really brings out Confucian philosophy. It was a great experience."

The royal ancestral rite, or Jongmyo Daeje, was discontinued when Japan colonized Korea in 1910, but it has since been revived. Originally held five times a year, it is now held just once, on the first Sunday of May.

Presided over by descendants of the Jeonju Lee family, the royal family of Joseon, the ceremony is accompanied by intricate traditional Korean music and dance in the courtyard of the Jeongjeon.

The ritual and accompanying music and dance were registered with UNESCO as a Masterpiece of the Oral and Intangible Heritage of Humanity in 2001.

Except on Saturdays, when visitors are allowed to wander about the shrine unguided, you must join a guided tour to visit Jongmyo.

You can choose among English, Korean, Chinese and Japanese-language tours. English tours are given at 10 a.m., 11 a.m., 2 p.m. and 3 p.m. Admission is 1,000 won. Jongmyo is a short walk from Exit 11 of Jongno 3-ga Subway Station, Line 1.

2010. 10. 15

다음 기사는 초점을 lead 안에 늦춰서 노출시키고 있다.

SEOUL, Sept 4 (Reuters) - Weeks after South Korea began blasting K-pop and anti-Pyongyang broadcasts from loudspeakers along its border with the reclusive North, a decades-old propaganda war may have erupted on a new front: **South Korean karaoke parlors.**

Socialist sing-songs are unlikely to resonate in the liberal, capitalist South, but Seoul's National Security Law has since 1948 penalised people for distributing North Korean propaganda and lawmaker Hong Moon-pyo, of the ruling Saenuri Party, said the songs were like poison.

North and South Korea are still technically at war after the 1950-53 Korean War ended in a truce, not a peace treaty.

"Long live, long live, general Kim Jong Il!" goes one of songs available on select karaoke machines in the heart of Seoul, Hong told Reuters.

"Dear leader" Kim is the late father of North Korean leader Kim Jong Un, part of a dynasty that is considered divine in bellicose North Korea, which has threatened to destroy Seoul in a sea of flames.

"These karaoke machines have the power to break down our mentality and ideas. They are like a poison mushroom that can infect 50 million South Koreans," Hong said.

His office said it was not sure how widespread the use of the karaoke propaganda was - it had only found two so far, both in areas of the capital frequented by ethnic Koreans from northeast China and North Korean defectors. People on the streets do not seem too concerned so far.

But the fact that the songs, which include propaganda classics such as "Glory to the Dear Leader" and "Living well in the People's Paradise", could be sung in the South was almost as "shocking" as the North's nuclear weapons programme, Hong's office said in a statement.

Hong said he had hired ethnic-Korean Chinese immigrants to secretly visit karaoke bars in areas where he believed the machines were in use.

"Like water soaking through a sponge, singing songs that praise North Korea can slowly penetrate our minds and make us weak," he said.

2015. 9. 4

<Human interest story>

잘 꾸며진 human interest story는 한편의 드라마이며 다른 어떤 기사보다도 주목을 받는다. 감동적인 인간사, 사람과 사람 사이에서 일어나는 특별한 사연은 모두의 관심사이고 언론의 취재 대상이 된다. 이런 기사에는 인간의 희로애락은 물론 교훈적인 요소가 포함되어 있다.

역경을 이겨낸 인간 승리, 용기 있는 행동, 특별한 선행, 애완동물과의 교감, 남을 위한 배려, 희생 등 눈 여겨 보아야 할 뉴스 소재는 많다.

지미 카터(Jimmy Carter) 전 미국 대통령이 자신이 암에 걸린 사실을

2015년 8월 20일 기자 회견을 통해 처음으로 밝혔다. 다음 기사는 독자의 감성을 자극할 수 있는 이 뉴스를 담담하게 보도하고 있다. 뉴스룸에서는 현장 묘사를 자세히 하기를 권한다.

ATLANTA (AP) _ With a broad smile and an upbeat attitude, former President Jimmy Carter told the world Thursday that he has cancer in his brain, and feels "perfectly at ease with whatever comes."

Carter said doctors had removed melanoma from his liver, but found four small tumors in his brain. Later on Thursday, he had the first of four targeted injections of a newly approved drug to help his immune system seek out and destroy the cancer cells wherever else they may appear.

Carter, the nation's 39th president, served in submarines in the Navy and spent years as a peanut farmer before running for office, becoming a state senator and Georgia governor. His "plainspoken" nature helped Democrats retake the White House in 1976 in the wake of President Richard Nixon's resignation.

Wearing blue jeans and a blazer, Carter spoke with good humor and unsparing honesty, revealing that he had kept suspicions of cancer from his wife, Rosalynn, for weeks until the diagnosis was confirmed in June.

"Now I feel it's in the hands of God, whom I worship, and

I'll be prepared for anything that comes," he said.

Carter's team of doctors at Emory Health Care includes Dr. Walter Curran Jr., who runs Emory's Winship Cancer Institute. Treatments for melanoma have improved tremendously recently, and Carter's prospects are good even at the age of 90, Curran said. But he cautioned against the idea that Carter can be "cured."

"We're not looking for a cure in patients who have a disease like melanoma that has spread," Curran said. "The goal is control and to have a good quality of life."

Doctors told Carter they had completely removed cancer from his liver during surgery on Aug. 3, but an MRI exam that same afternoon showed the spots on his brain. Carter said he went home that night thinking he had only a few weeks to live, but found himself feeling "surprisingly at ease."

The former president didn't discuss his long-term prognosis, but said he will cut back dramatically on his humanitarian work while following the orders of a team that includes the world's best "cancer-treaters."

His treatment regimen will include three more sessions three weeks apart. The tumors in his brain will be blasted by concentrated beams of radiation and he will get more injections of pembrolizumab, which was approved by the FDA for melanoma patients last year.

"This is not a eulogy in any way," said grandson Jason Carter, who is taking over as chairman of the board of trustees at the Carter Center, which promotes peace, democracy and health care improvements around the world.

Still, his grandfather's responses to reporters often expanded into reflections on his life, faith and family.

"I've had a wonderful life," Carter said. "I've had thousands of friends, I've had an exciting, adventurous and gratifying existence. So I was surprisingly at ease, much more so than my wife was."

Rarely letting his grin fade, Carter said he has not felt any serious pain or weakness, and slept for 14 hours the previous night after receiving his first injection.

"I think it's about the best sleep I've had in many years," he said.

Carter said his cancer story began in May, when he caught a bad cold while monitoring an election in Guyana. Doctors found a spot on his liver during a follow-up exam and recommended its removal. But he wanted to complete a book tour before the surgery, and delayed telling others until the diagnosis was certain.

More tests since then have not determined where his melanoma began or how it spread, but Curran said that won't hinder treatment. Carter said more testing could find it elsewhere in his body.

On Thursday, he said he remains proud of what he accomplished as president, but is more gratified by his humanitarian work since then, which earned him a Nobel Peace Prize in 2002.

Asked to name his biggest regret, he brought up the failed mission to rescue American hostages in Iran, a fiasco that many believe ended any hopes for another four years in the White House.

2015. 8. 20

〈Human interest 기사의 소재로 동물들의 이야기를 빼놓을 수 없다〉

ORLANDO, Fla., Oct 1 (Reuters) - A love triangle between bald eagles that played out before thousands of fans on a live webcam has ended badly in Florida with the death of Ozzie, longtime mate of Harriet, according to a Florida wildlife clinic.

Ozzie was critically wounded on Sept. 20 in an aerial battle with his rival, known as Frequent Visitor, who had been stalking Harriet's nest as Thursday's start of mating season approached, the clinic said.

He died Tuesday evening of cardiac arrest.

Bald eagles mate for life and eagle watchers had seen Ozzie and Harriet together for more than 20 years. They raised children for the past three seasons before more than 16 million viewers on the Southwest Florida Eagle Cam on a Fort Myers ranch where the two settled in 2006.

"A very sad day but amazing to hear how Ozzie has touched so many," said a post on the SWFL Eagle Cam Twitter account late Wednesday.

Ozzie collapsed Sunday of septic shock from his wounds, said Heather Barron, the avian medical specialist and surgeon who treated Ozzie at the Clinic for the Rehabilitation of Wildlife

(CROW) on Sanibel Island near Fort Myers on Florida's southwest coast.

He underwent two surgeries, treatment with intravenous fluids and powerful antibiotics, and open-chested cardiopulmonary resuscitation before dying in front of his medical team.

"There was just no bringing him back. We all tried so hard," Barron said.

More than 3,822 notes of condolence had been posted as of Thursday afternoon on the eagle cam Facebook page.

Barron estimated Ozzie was in his 30s and in the upper end of his expected life span.

The beginning of the end for Ozzie came in March after he suffered broke bones, possibly after being hit by a train or car, and spent three months in the spring recuperating at CROW's hospital.

While he was gone, the cam was getting 200,000 hits a day from fans who also followed his progress on Facebook, according to the Fort Myers News-Press.

He returned to the nest in June to find that Harriet had been stepping out with a new potential mate, Frequent Visitor, who remained in the area. Barron said the fight for mating rights, particularly with a younger male, was common in nature.

"He went out in a blaze of glory," Barron said of Ozzie. "He fought the good fight.

넛 그라프와 둘째 단락의 구성

Nut graf and second para

한마디로 넛 그라프(nutshell paragraph, 혹은 nut graf)는 기사 내용을 함축적으로 요약하여 그 가치를 독자에게 알려 주는 곳이다. 그런 의미에서 lead의 보조 역할을 한다고 할 수 있다. 복잡한 요소를 가진 기사의 경우 넛 그라프의 중요성은 두드러진다. 넛 그라프는 한 문장이 될 수도 있고 한 단락이 될 수도 있다.

다음 기사는 태국 수도 방콕 미국 대사관 앞에서 벌어지고 있는 항의 데모를 보도하고 있다. 둘째 단락을 넛 그라프로 사용하여 기사의 성격을 적절히 요약하고 있고 기사 자체에 context를 부여하고 있다.

BANGKOK (AP) _ An arch-royalist Thai monk led a protest Friday at the United States Embassy as acrimony deepened following the American envoy's criticism of the use of the kingdom's tough royal defamation law.

Thailand's once water-tight relationship with the United States has come under strain since the 2014 coup, with Bangkok cosying up to Beijing in response to western censure of the military power grab.

On Friday afternoon around 200 people led by firebrand monk Luang Pu Buddha Issara gathered outside the US Embassy in downtown Bangkok, defying a ban on demonstrations by Thailand's junta.

x x x

다음 예문도 lead를 뒷받침하는 넛 그라프를 두 번째 단락에 가져와 context를 부여하고 있다.

MIAMI (AFP) - Researchers have long known that growing up on a farm seems to protect children against allergies and now they know the secret lies in the dust, Belgian experts said Thursday.

The findings published in the US journal Science could help lead to a vaccine against asthma one day.

"At this point, we have revealed an actual link between farm dust and protection against asthma and allergies," said Bart Lambrecht, a professor of pulmonary medicine at Ghent University.

x x x

넛 그라프의 위치는 기사의 성격에 따라 가변성이 있지만 세 번째, 혹은 네 번째 단락이 보통이고 늦어도 다섯 번째를 넘지 않는 것이 좋다. 기사 도입부에 가까울수록 독자의 이해는 빨라진다.

Lead와 더불어 두 번째 단락 역시 만들기가 어렵다. 넛 그라프만이 두 번째 단락에 올 수 있는 것이 아니기 때문이다. 그러나 lead와 둘째 단락은 서로 밀접한 관계가 있어 이를 면밀히 살펴 보면 둘째 단락을 무엇으로, 어떻게 만들어야 하는지 도움을 얻을 수 있다. 가장 일반적인 요령은 lead를 만들고 난 후 lead에 언급된 내용을 분석해 보는 것이다. 6개의 W 요소 중 lead에서 빠져 있거나, 미진한 부분은 둘째 단락의 몫이다.

〈반전이 있는 nut graf/ second para〉

Arizona (AP) _ Cleo Pablo married her longtime partner when gay weddings became legal in Arizona and looked forward to the day when her wife and their children could move into her home in the small Native American community outside Phoenix where she grew up.

That day never came.

The Ak-Chin Indian Community doesn't recognize same-sex marriages and has a law that prohibits unmarried couples from living together. So Pablo voluntarily gave up her tribal home and now is suing the tribe in tribal court to have her marriage validated.

"I want equal opportunity," Pablo said. "I want what every married couple has."

x x x

WASHINGTON (AP) _ Republican presidential candidate Donald Trump says he couldn't have been making fun of a reporter's disability because he doesn't know the man.

Not so, says the reporter.

Serge Kovaleski of The New York Times says he has

met the real estate mogul repeatedly, interviewing him in his office and talking to him at news conferences, when he worked for the New York Daily News in the late 1980s.

"Donald and I were on a first-name basis for years," he said in a Times story about Trump's behavior at a rally in South Carolina last week.

x x x

〈기자 스스로 질문을 던지고 답을 찾는 nut graf〉

LONDON (Reuters) - **Harry Potter readers have long wanted to know: Why did the boy wizard choose to honor Severus Snape _ a teacher who had been so mean to him?**

Author JK Rowling took to Twitter to answer the enduring question on Friday in an exchange with a fan who asked why one of Harry's children received the middle name of Severus.

The acclaimed author explained that Harry paid tribute to Snape because of "forgiveness and gratitude." Though Snape bullied Harry, he also saved him.

x x x

Lead에 이어 본문으로 이어지는 두 번째 단락을 만드는 일은 가변성이 워낙 많아 그 요령을 모두 터득하기는 사실상 불가능하다. 상황에 따라 결정이 달라질 수밖에 없고 이 모두 순간적인 판단에 좌우되기 때문이다.

인터뷰 기사와 같이 정형화된 틀이 있는 기사도 있지만 그렇지 않은 기사도 많다. 따라서 다양한 기사를 많이 읽고 그 형태를 이해하려고 노력하는 길이 최선이라고 할 수 있다. 다만 한 가지 일반적으로 고려할 수 있는 방법은 lead에서 빠진 핵심 요소를 둘째 단락의 내용으로 삼는 것이다.

Lead에 6가지의 W요소를 한꺼번에 다 집어넣을 수는 없다. 빠진 요소는 자연히 두 번째 단락으로 내려간다.

다음 몇 가지 예문을 통해 둘째 단락을 만드는 요령을 좀 더 자세히 알아본다.

미사일을 잠수함에서 발사하는 기술을 북한이 터득했는지 여부가 초미의 관심사다. 북한이 최근 이에 대한 실험을 실시했으나 실패한 것으로 이 기사의 lead는 기술하고 있는데 언제 어디서 그런 실험을 했는지는 밝히고 있지 않다. 따라서 이에 대한 설명은 둘째 단락의 몫이 된다.

SEOUL (Yonhap) -- North Korea apparently failed to launch a ballistic missile from a submarine, a South Korean official said Saturday, in a sign that Pyongyang has yet to master the technology.

North Korea is believed to have fired a KN-11 missile from a submarine in the East Sea

roughly between 2:20 p.m. and 2:40 p.m., but the submarine-launched ballistic missile (SLBM) failed to soar from the waters, the official said "The North appears to have failed in its launch," the official said, citing debris from the missile found on the ocean surface. The official asked not to be identified, citing the issue's sensitivity.

x x x

다음 기사의 두 번째 단락에 있는 "extra security measures"는 기사의 성격을 요약하고 있고 보통의 경우 lead의 중심이 되는 내용이다. 그러나 이 기사에서는 둘째 단락으로 내려가 있다. 이런 구도가 가능한 것은 lead를 현장감을 살리는 내용으로 꾸미기 위해서다.

ROME (Reuters) - A man climbed onto an outside ledge of Rome's Colosseum on Friday and shouted in protest at a new decree restricting sightseeing tours, rickshaw rides and centurion impersonators as part of a public order crackdown in the city.

Italy's capital is imposing **extra security measures** and sprucing up parks and piazzas as it gears up to host the Roman Catholic Holy Year, or "Jubilee", that could draw millions of tourists and pilgrims.

x x x

다음 기사는 잘 짜여진 summary lead 형태를 보여 주고 있다. 구속된 기자의 신원이 lead에서 언급되고 있지 않아 이 문제는 둘째 단락의 몫이 되었다.

ISTANBUL (AP) _ Around 2,000 people protested on Friday over the arrest of **two prominent journalists** on charges of espionage and terrorist propaganda, a case that has revived long-standing criticism of Turkey's record on press freedom under President Tayyip Erdogan.

A court on Thursday ordered the arrest of editor-in-chief of the Cumhuriyet newspaper Can Dundar and reporter Erdem Gul over the publication of footage purporting to show the state intelligence agency helping send weapons to Syria.

x x x

다음 기사의 경우 lead에서 언급한 "refugee crisis"에 대한 설명이 다음 단락에서 이루어져야 한다.

THE HAGUE (AFP) - Europe risks collapsing like the Roman Empire over **the refugee crisis,** Dutch Prime Minister Mark Rutte has warned according to the Financial Times, as his country gears up to be the next EU president.

Hundreds of thousands of people fleeing war and poverty mainly in the Middle East and Africa have landed on European shores in recent months, straining ties between the 28 members of the European Union.

"The first step is to make sure the border is controlled. As we all know from the Roman Empire, big empires go down if the borders are not well protected," Rutte said, quoted by the Financial Times late Thursday.

x x x

영국의 떠오르는 신예 축구 선수 제임스 윌슨이 소속팀인 맨체스터 유나이티드를 떠나 2부 리그 팀에 임대되었다. 그러나 다음 기사에서는 그 이유가 lead에 나타나 있지 않다. 따라서 이에 대한 설명은 다음 단락에서 이루어져야 한다.

LONDON (Reuters) - Manchester United striker James Wilson has joined Championship side Brighton and Hove Albion on loan for the rest of the season, the second division club said.

The 19-year-old has made only two appearances for United this season, coming on as a substitute in the 3-0 defeat by Arsenal on Oct. 4 and starting in the Capital One (League) Cup loss to

Middlesbrough on Oct. 28.

"I have not always chosen him in the selection, and I think for him it's better to play at his age than sit on the bench or play in the second squad," United manager Louis van Gaal told reporters ahead of Saturday's Premier League game against Leicester City.

x x x

지구 온난화에 대한 국제 정상회의가 파리에서 열리고 있고 이와 때를 맞춰 세계 각지에서 대책을 촉구하는 시위가 열리고 있다. 호주 멜버른 시위는 그 중 하나다. 이와 같은 연계성이 있는 내용이 lead에 나타나지 않고 있어 이에 대한 언급은 둘째 단락의 몫으로 남는다.

MELBOURNE (Reuters) - Tens of thousands of people from all walks of life rallied in the Australian city of Melbourne to demand action on climate change Friday, **the first in a series of global events ahead of crunch talks in Paris.**

Organisers said they were overwhelmed by the turnout for the gathering, one of some 2,000 events in cities around the world this weekend to pressure leaders to curb carbon pollution and stop the Earth from overheating.

"We have people from all sorts of different backgrounds who've come together for this moment," said Victoria McKenzie-McHarg from the Australian Conservation Foundation.

x x x

전 HSBC 은행원이 스위스에서 궐석 재판을 받고 유죄를 선고 받았다고 기술하고 있으나 lead에 그 이유가 나타나 있지 않다. 피고인의 출석없이 재판을 열 수 밖에 없는 이유가 신속히 밝혀져야 한다.

GENEVA (Reuters) - A Swiss court has convicted **in absentia** a former employee with international bank HSBC for economic espionage and sentenced him to five years in prison.

Herve Falciani, 43, was on trial for leaking bank data that led to a worldwide wave of tax evasion probes against prominent clients with accounts in Switzerland.

Falciani, seen by some as a crucial whistleblower, had refused to travel from his native France to appear before the Swiss Federal Tribunal in Bellinzona in proceedings that began in October. France does not extradite its own citizens and Falciani appears unlikely to serve the sentence.

x x x

스웨덴이 해외 난민 입국자 수를 줄이려는 움직임을 보이고 있는데 난민 규모가 lead에 나타나 있지 않다. 이에 대한 설명은 둘째 단락에서 이루어져야 한다.

STOCKHOLM (Reuters) - Sweden will introduce tighter border controls and asylum rules, in a bid to reduce the number of asylum seekers reaching the country and force other EU states to take in more refugees, the government said on Tuesday.

Sweden expects up to 190,000 asylum seekers to reach its borders this year and says its reception system cannot cope.

"The situation is untenable," Prime Minister Stefan Lofven told a news conference. "Now, to put it bluntly, more people will have to seek asylum and get protection in other European countries."

x x x

〈한 걸음 더 들어 간 review와 nut graf〉

그러면 lead와 본문을 구성하기 위해서 구체적으로 무엇을 고려하고 무엇을 어떻게 엮어 가야 하는지 한 걸음 더 들어가 실전을 통해 기사 작성하는 방법을 알아 보자.

다음 기사는 2015년 11월 26일 자정을 넘겨 가며 진행된 남북 당국 간 실무접촉 결과를 보도하고 있다. 오랜만에 열린 당국 간 접촉이고 쌓인 현안도 많아 설명이 복잡할 수밖에 없다. 기사 전체를 재구성하여 원래 기사와 대조해 보기로 한다.

(Original version)

SEOUL, Nov. 27 (Yonhap) -- South and North Korea agreed Friday to hold high-level government talks next month as they are seeking to mend strained ties following a landmark deal in August on easing military tension.

The two sides plan to hold vice-ministerial dialogue at the Kaesong Industrial Complex in the North's border city of the same name on Dec. 11, according to the Unification Ministry.

They reached the agreement in marathon working-level talks that began a day earlier at the border village of Panmunjom.

"Agendas for the high-level talks will be pending issues in connection with the improvement of inter-Korean relations," the ministry said in a statement, without elaborating.

The move is part of efforts to implement the Aug. 25 deal to make efforts to defuse tension and hold high-level talks as soon as possible. At that time, the two

Koreas had agreed to hold such talks either in Seoul or Pyongyang.

Inter-Korean relations have showed signs of improvement as both sides eked out the deal following heightened tension over a land-mine blast blamed on the North in early August. The incident maimed two South Korean soldiers near the border.

As part of the deal, the two Koreas held reunions of families separated by the 1950-53 Korean War in late October. They still remain technically at war as the conflict ended in a truce, not a peace treaty.

"The government plans to prepare for the upcoming high-level talks in a bid to help the inter-Korean ties genuinely improve," Jeong Joon-hee, ministry spokesman, told a press briefing.

He said that at the working-level meeting, Seoul pointed out the urgency of resolving the issue of families separated by the 1950-53 Korean War.

"North Korea, for its part, claimed that the resumption of a joint tour program at Mount Kumgang is the pressing issue," he said.

The North did not make any comment on Seoul's punitive sanctions against Pyongyang following the North's deadly sinking of a South Korean warship in 2010.

North Korea has repeatedly called on the South to resume the Mount Kumgang tour program, a symbol of inter-Korean reconciliation, as it faces difficulty in earning hard currency under a set of sanctions by the U.N. Security Council.

The tour has been put on hold since 2008, following the death of a South Korean female tourist by a North Korean solider at the scenic resort.

Meanwhile, Seoul is seeking to hold family reunions on a regular basis as time is running out for the separated family members, whose number reaches more than 66,000 in South Korea. But the North has not responded to Seoul's call so far.

The upcoming talks are expected to help bring rapprochement to the Seoul-Pyongyang relations if the two sides can yield tangible results, analysts said.

The agreement also came as discussion is under way for U.N. Secretary-General Ban Ki-moon to visit North Korea. It is not clear if or when such a trip will occur, but if realized, his visit would help better inter-Korean ties.

이 기사를 작성하기 위해서는 다음과 같은 몇 가지 질문을 해 볼 수 있을 것이다.

Q: 8/25 남북 합의서는 "landmark deal"인가?

남북 간의 협상은 언제나 많은 의문 부호를 가지고 관찰해야 한다. 정상적인 국가 간의 합의나 거래에서는 있을 수 없는 일이 다반사로 일어나고 있고 때에 따라서는 혼란스럽기까지 하다. 양쪽 사이에는 이제까지 수많은 합의가 있었고 대부분 "landmark deal"이라고 자랑했었다. 1972년의 7·4 남·북 공동 성명, 1991년에 발표된 기본 합의서에 따른 남·북의 핵무기 개발 금지 약속 등은 모두 "landmark deal"이었다. 오늘날 그 결과는?

Q: 기자는 자기의 주장이나 의견을 여과 없이 기사에 반영해도 문제가 없나?

남북관계를 보도하는 기자는 이 분야의 권위적인 위치에 있지만 항상 자기가 내린 판단에 대해 보호막을 쳐야 한다. 너무 낙관적이거나, 단정적인 견해 표출은 위험할 수 있기 때문이다. 자신의 판단에 확신이 없거나 위험하다고 생각되면 전문가 의견을 듣고 이를 기사에 반영하는 데 주저하지 말아야 한다.

Q: 북한이 남북 대화에 적극적인 것처럼 보이는데 진정성이 있는가?

대내외적으로 난관에 봉착해 있는 북한의 처지는 누구나 쉽게 이해할 수 있지만 과연 진정성이 있는가 하는 문제에는 의문이 따른다. 널리 알려진 대로 북한의 일차적인 목표는 남·북 간의 화해무드를 이용해 국제 고립에서 벗어나고 금강산 관광 재개를 통해 외화벌이를 하는 것이라고 할 수 있다. 북한의 대화 공세는 중요한 선거를 앞두고 있는 남쪽의 정치 상황과 관련이 없는가? 남쪽이 원하는 이산가족 상봉 정례화가 현재 북한이 가지고 있는 유일한 협상 카드라고 할 때 쉽게 양보할 수 있는가? 금강산 관광 재개와 이산가족 상봉 정례화와 연계된 빅딜은 가능한가? 박근혜 정부가 국내에서의 정치적 부담을 안고 금강산 관광 재개를 결정할 수 있는가? 이모든 질문에 충분히 답변할 수 있는 기사가 되어야 한다.

Q: 이번 고위급 회담에 대한 합의는 놀랄 만한 정도로 중요한가?

과거에도 이보다 더 극적이고 중요한 합의가 있었지만 모두 쉽게 파기된 선례가 많이 있다. 이번에도 그렇게 될 가능성이 있지 않은가? 따라서 기자는 언제나 보호막을 치고 기사를 써야 한다. 고위급 회담의 대표를 장관급이 아닌 차관급으로 고집한 북한의 속내는 무엇일까 기자는 의문을 가져야 한다.

— 이런저런 고려사항을 배경으로 삼아 남북관계 기사는 언제나 큰 그림을 그리는 것이 중요하다. 외국인 독자는 자세한 내용을 깨알처럼 나열하는 기사보다는 전체적인 상황 설명을 통해 큰 그림을 그리는 기사를 선호한다. 이 기사는 너무 8 · 25 합의의 중요성과 의미에 매달렸지만 그 언급이 기사 하단부에 와도 전혀 이상하지 않다. 영문기사의 독자는 외국인이기 때문이다.

(재작성된 기사)

"a rare move" 로 시작하는 lead의 끝 구문은 nut graf 성격을 띠고 있고 더하여 기사의 의미를 함축적으로 나타내고 있다.

☞ SEOUL, Nov. 27 (Yonhap) -- After overnight negotiations, the two Koreas agreed Friday to hold high-level talks next month, Seoul officials said, **a rare move by the rival countries to ease cross-border tensions that have spiked following a series of dangerous military confrontations.**

The agreement by working-level officials cleared the way for the two divided countries to hold a vice-ministerial meeting at the North's border city of Kaesong on Dec. 11, said South Korea's Unification Ministry, which handles inter-Korean affairs.

The agreement comes as discussions are under way for U.N. Secretary-General Ban Ki-moon to visit North Korea. If Ban's trip is realized, it could help better inter-Korean ties.

Thursday's working-level contact opened at the truce village of Panmunjom around mid-morning a day earlier and lasted past midnight, with both sides wrangling over the agenda and the level of senior delegates to the high-level talks, the first in eight years, the ministry said in a statement.

South Korea wanted a general agenda, while North Korea insisted on specific agenda items and making the talks a vice-ministerial contact rather than a minister-level meeting as requested by the South, ministry officials said.

"On the table will be any pening issues related to improvement of South-North relations," the ministry said of the high-level talks. It did not elaborate.

It's too early to say whether this week's agreement would lead to significant progress in inter-Korean relations. Past records show that what was initially hailed as a breakthrough deal between the two sides fizzled soon afterward over minor differences.

Thursday's agreement is in line with an Aug. 25 deal the two Koreas hashed out to defuse heightened military tensions following a border landmine explosion blamed on the North. Two South Korean soldiers were maimed in the blast.

As part of the Aug. 25 deal, the two Koreas subsequently held a new round of separated family reunions, but there have since been few clear signs of progress in inter-Korean relations.

"The government plans to prepare for the upcoming high-level talks in a bid to help the inter-Korean ties genuinely improve," Unification Ministry spokesman Jeong Joon-hee said, commenting on Friday's agreement.

Jeong said that during the working-level meeting, South Korea had sought to regularize family reunions, a topic North Korea has previously shunned to discuss. He did not say how the North responded this time.

"North Korea, for its part, claimed that the resumption of a joint tour to Mount Kumgang is the pressing issue," he said, referring to the scenic mountain resort on the North's east coast.

The tour, launched by South Korea in 1998 for its people, has been put on hold since a Seoul female tourist was shot dead at the resort in 2008.

North Korea is keen on reopening the tour, apparently seeing it as a major source of income. More than a half million South Koreans visited the North's mountain resort between 1998 and 2008, giving the North about US$25 million a year in tourist income.

Many South Koreans oppose resuming the tour,

which they fear would give the North additional money to expand its missile and nuclear arsenal.

North Korea is currently under U.N. sanctions for prohibited nuclear tests and missile development. South Korea is also imposing its own punitive sanctions on the North in connection with the 2010 sinking of one of its warships by North Korea, in which 46 sailors were killed.

South Korean officials say that holding family reunions on a regular basis will be their top priority in the upcoming high-level talks.

More than 66,000 South Koreans are waiting for their turn to be reunited with their relatives in North Korea. So far, 20 reunions have been held but only for about 100 family members from each side at a time.

Most of those separated family members in South Korea are in their 80s and 90s and do not have long to live. They die by the thousands annually, according to the South Korean Red Cross.

The Koreas, divided since 1945, are still technically at war, having signed no peace treaty at the end of the 1950-53 Korean War.

본문

Body building

뉴스는 본질적으로 의견의 충돌과 갈등에서 출발한다. 그 파장의 정도에 따라 큰 뉴스가 되기도 하고, 작은 뉴스가 되기도 한다. 세월호와 같은 예외적인 경우를 제외하고는 사건, 사고는 그 파장이 제한적이다. 의미 있는 뉴스라면 무리 없는 상황 설명과 함께 그 내용이 독자에게 전달되어야 하는데 그 설명 과정을 보여주는 곳이 기사의 본문이다.

기사를 작성하기 위한 첫 출발점인 lead의 중요성은 아무리 강조해도 모자란다. 그러나 lead가 아무리 중요하다고 해도 뉴스의 본질을 설명해 나가는 과정이 빈약하다면 기사는 초라해지고 말 것이다. 따라서 기사의 본문도 lead 못지않게 중요하다고 할 수 있다.

예고된 정부의 정책 발표, 고위 관리의 동정 등 간단한 대 언론 발표문만이 기자를 기다리고 있는 것은 아니다. 기자는 스스로 의미 있는 뉴스를 찾아 보도하는 능력을 갖추어야 한다. 이는 straight 뉴스일 수도 있고, feature 기사일 수도 있다. 어느 쪽이든 치밀한 계획과 정교한 논리가 요구된다.

본문을 어떻게 구성하느냐 하는 질문에 대한 단순한 정답은 없다. 그러나 귀담아 들을 만한 지침(guideline)은 있다. 간단히 말해, 본문은 lead의 연장 선상에 있다고 할 때 그 형태는 lead를 작성하는 단계에서 그 모양새가 이미 갖추어져 있어야 한다.

Hard news는 주로 summary lead 형태이며 본문은 역삼각형 모양이라는 것을 우리는 이미 배워 잘 알고 있다. 즉, 가장 핵심적인 내용을 lead로 하고 연관된 내용은 그 중요도에 따라 차례로 배치한다는 것이다.

독자의 관심을 불러일으키는 기사 작성 방법은 많다. 이에 대한 설명은 lead 작성 편에서 이미 상당 부분 이루어졌고 그 대부분은 기사 본문 작성에도 그대로 적용된다. 즉, 어떤 형태의 lead로 기사를 이끌어 가느냐

하는 결정에 따라 본문의 형식과 내용이 달라진다.

Hard news라면 역삼각형 형태의 기사가 될 것이고, soft news라면 descriptive, narrative, anecdotal 등 여러 가지 접근법을 고려할 수 있다.

다음 기사는 이씨 조선의 마지막 왕족 이석의 애환을 담고 있다. 위에 열거한 접근 방법을 조금씩 섞어 이용하고 있다.

JEONJU, South Korea, May 9 (Yonhap) -- Yi Seok, one of Korea's last royal princes, often recalls the good old days when four court ladies brought a sumptuous lunch box to school for him everyday.

The lunch box, with 30 different kinds of side dishes, also made a feast for teachers at his primary school near Changdeok Palace, also known as the "secret garden," in Seoul where he and his royal family resided.

But Yi's happy memories stop there, a half-century ago. In the fetters of Korea's turbulent history and the vicissitudes of personal fortunes, the prince has until recently wandered without a home and made a meager living by singing and keeping shop for others.

"There were some happy days for me," said 63-year-old Yi in a recent interview with Yonhap New Agency. "After I finished my lunch, teachers held a party with the leftovers of my meal in the school principal's room."

Yi, brimming with smiles, said court ladies always stayed with him at the school to keep him from doing anything out of the ordinary or running afoul of court etiquette.

"They pleaded with me not to rush or run in any case, which sometimes forced the school principal to run for me during physical education class," he said.

Yi, born in 1941, was a nephew of Sunjong, the last king of the Joseon Dynasty, which ruled Korea for 518 years until it was subjugated by Japan in 1910. Japan then ruled Korea as a colony until its defeat at the end of World War II in 1945.

Yi is the only royal prince living in Korea. Some scholars say that he might stand next in line to the throne, though the only son of the last Korean king still lives in Japan.

The king had no sons of his own, so he named his half-brother Yi Eun, Yi Seok's uncle, as the crown prince. But the crown prince was taken to Japan by force and married to a Japanese princess, Masako, known as Yi Bang-ja in Korea.

The marriage between the royal families resulted in the birth of two sons. One died and the other, Yi Gu, lives in Japan with a Japanese woman after divorcing his first wife, Julia, an American.

Yi Seok's father, Yi Gang, had 13 sons and 12 daughters from seven wives. All but four sons, including Yi Seok, have died. Yi Seok's three brothers live in the United States, running laundry shops or liquor stores.

Yi Seok's royal life began to fray seriously with the inauguration of the South Korean government under the tutelage of the United States in 1948. Its founding president, Rhee Syngman, viewed Yi's family as a potential threat to his rule and suppressed its members.

"At the time, there was movement to restore the Joseon dynasty, and the public still regarded court members as those they had to follow," said Ahn Chun, a history professor at Seoul National University of Education.

Rhee's dictatorial government collapsed in a popular uprising in 1960, but things did not get better for the Yi family. Gen. Park Chung-hee, who seized power in a military coup a year later, cut off state subsidies for the royal family.

The prince was broke and had to drop out of Hankuk University of Foreign Studies in Seoul, where he was studying Spanish. After giving up his hope of becoming a diplomat and marrying a Spanish princess, Yi began working as a singer in nightclubs for U.S. soldiers.

"When I sang such songs as 'I Left My Heart in San Francisco' and 'Tonight' from 'West Side Story,' American soldiers became extremely emotional and some even sobbed," Yi recalled. "I have good English pronunciation."

"Some U.S. military officers recognized my royal status and saluted me. They even collected hundreds of dollars in tips for me and gave me free drumsticks," Yi said in Jeonju, a provincial city where he plans to live for the time being.

Jeonju, 240 kilometers south of Seoul, has the bloodline roots of Yi's family. The Jeonju local government, which has frowned upon the prince's wayward lifestyle, have offered to help him settle in the city. Yi is now sleeping in a crowded motel until permanent living quarters are found for him.

Dressed in neatly ironed traditional Korean dress called "hanbok," the dandyish-looking prince tried to maintain a solemn air during the interview in a small but decent second-floor office with the portraits of his grandfather, father and uncle hung on its walls.

"I know there is criticism," the prince said when asked about the widespread negative public perception of the royal family, which was accused of being too incompetent in allowing Japan's annexation of the Korean Peninsula as a colony.

When the prince debuted as a singer in 1961, his aunt, the wife of King Sunjong, called him in and lamented that "with the fall of the nation, a prince has become a clown," Yi said.

Yi went to Vietnam in 1966 as a member of the South Korean military contingent and was evacuated home two years later when he was injured in a roadside mortar attack on a truck he was in.

In 1970, Yi made a name for himself as a singer with the hit song "The Nest of Doves," which depicts a happy family life. He stopped singing onstage in 1997 at the behest of his family elders.

Yi's life was further complicated after Maj. Gen. Chun Doo-hwan staged a coup in 1979 and took power. His military junta evicted the Yi family from a palace after seizing their wealth.

"The royal family may be uncomfortable for Chun who lacks political legitimacy," Yi said.

Yi then emigrated to the United States and lived there for 10 years, doing various menial jobs, including laundry.

So frustrated over the years, Yi said he thought of committing suicide several times. His checkered record also includes three short-lived marriages.

"I felt ashamed of being a prince," Yi said of the years he spent as a poor, ordinary man. "I was so poor and had nothing in my hand, but I couldn't kneel down to beg for help from others."

With no permanent living quarters, Yi once lived out of a van and in public bath houses. However, he said he has been eager for the restoration of the lost public respect for the Yi family.

In 1999, Yi launched an Internet-based organization aimed at preserving the dignity of the royal family, and now claims several thousand members, who he said chip in 1,000 won each a month.

Yi said he eventually hopes to live in one of the two main royal palaces in Seoul -- Gyeongbok or Deoksu -- as "living history," adding that the reinstatement of a monarchy in Korea is unrealistic for now.

"When I walk the streets here, some people still call me 'your highness,'" he said. "I want to revive the nation's history at least as a tourism resource."

짜임새 있는 본문을 만들기 위해서는 lead 못지않게 많은 생각을 요한다. 우여 곡절 끝에 lead를 만들고 나서 의외로 많은 사람들이 둘째 단락의 벽 앞에서 난감해 한다. 그러나 둘째 단락으로 이어지는 도입부를 어떻게 구성하는가 하는 문제는 기사를 작성하기 시작하는 단계에서부터 이미 틀이 갖추어져 있어야 한다.

기사 전개에는 사전 준비가 필요하다. 중요도에 따라 내용을 배열한다고 배웠지만 그것만으로 끝나는 것은 아니다. 어떤 방법으로 기사의 초점을 노출시키느냐 하는 문제가 남아 있다. 이미 널리 알려진 기사 유형을 익혀 두면 도움을 받을 수 있다.

내용을 단순하게 나열할 수 없는 경우가 있을 수 있다. 그런 경우

무리 없는 transition words(linking words)를 사용하는 방법을 익혀 두면 편리하다. Transition words를 적절히 사용하면 문장과 문장, 사안과 사안 간의 자연스러운 연결을 도와준다.

자주 사용되는 연결 부사 및 접속사(transition words)는 however, but, although, and, as, before, despite, even so, in addition to, nevertheless, on the other hand, whereas, while, yet 등이 있다.

다음 예문에는 yet, but 등 transition words가 적절히 사용되고 있다.

BUSAN, Oct. 7 (Yonhap) -- Few would imagine two people talking for hours could be a movie.

Yet that's exactly what Tsai Ming-liang did with his latest art house film "Afternoon," which screened at the 20th Busan International Film Festival this week.

The 137-minute dialogue is set in the attic of a dilapidated house where Tsai, the Malay-Chinese winner of best picture at the 1994 Venice film festival, and his male muse Lee Kang-sheng sit, sometimes quietly and other times, more alert.

Tsai at first appears apprehensive about the prospect of speaking frankly in front of the film crew.

But in a matter of minutes, the conversation dives head-first into topics of death, marriage and sexuality. All of it is raw and none contrived, just the way Tsai likes it.

"The way I see it, a film is a space for self-expression," he said in an interview with Yonhap News Agency, Wednesday. "I want movies to develop organically. I prefer expressing myself naturally rather than artificially. People think movies should be complex and have a big budget, but I don't think so."

Tsai is credited with starting the Second New Wave in Taiwanese cinema where raw, more down-to-earth films prevailed over conventional ones. As such, he criticized the recent prevalence of blockbuster films over their low-budget, independent counterparts.

x x x

다음 예문처럼 긴 문장 구조 다음에는 짧은 문장을 가져와 읽는 사람을 편안하게 하는 방법도 익혀두면 편리하다.

INCHEON, South Korea (AP) _ Bill Haas delivered the winning point to his team and to his father Sunday in a PresidentsCup that ended with a familiar result amid tension not felt in years.

The Americans won for the sixth straight time, 15 1/2-14 1/2, only this was one came down to the final match.

And the emotion was never stronger _ on both sides.

U.S. captain Jay Haas made his son one of two wild-card selections, and he put him out in the last of 12 singles matches at Jack Nicklaus Golf Club Korea against the local star, Bae Sang-moon, playing in his final event before he starts his mandatory military service in South Korea.

Bae did everything he could to give the International team a chance by holing a 10-foot putt on the 16th to stay 1 down and nearly holing a bunker shot on the 17th for par to extend the match. Needing to win the par-5 18th to share the cup, Bae stubbed his chip short of the green. As the ball rolled back down the slope, Bae sank to his knees and covered his eyes as caddie Matt Minister consoled him.

Haas blasted out of a bunker to 6 feet, and Bae conceded the birdie putt.

Haas choked back emotion and then chided himself for doing so. “It’s just golf,” he said. Jay Haas couldn’t even get started before his voice cracked during a TV interview. He treated his son like one of the 12 Americans all week, but this moment suddenly turned special.

"When we put him out 12th, I had no idea, obviously, that was going to happen," the captain said. "But he played beautiful."

Haas wasn't the only star.

The biggest putt belonged to Chris Kirk, the only American who had never played in a PresidentsCup or Ryder Cup, especially because of the shocking turnaround in the match and in deciding who won the gold trophy. Kirk was all square with Anirban Lahiri of India, both just short of the 18th green. Kirk hit his pitch too hard and it went 15 feet by the cup, while Lahiri played his shot with perfect pace to 4 feet.

Given the status of the other matches on the course, it looked like an International victory. But only briefly.

Kirk, as stoic as they come on the PGA Tour, slammed his fist down when his putt took one last turn and dropped into the cup. It looked as though they would halve the match until Lahiri's birdie putt hit the right side of the cup and spun out, and he let his putter fall over his back in disbelief.

It was like that all day. Seven of the 12 matches went the distance.

Branden Grace joined Shigeki Maruyama (1998) as

the only International player to go 5-0 by easily beating Matt Kuchar. Phil Mickelson and Zach Johnson each completed unbeaten weeks for the Americans, and Adam Scott got his putter going in the shortest match of the day, 6 and 5, over Rickie Fowler.

The Americans never looked like they were going to lose for so much of the day. And when it looked like they were in trouble, it turned on two putts. The International team twice turned late deficits into victories on the 18th hole _ Marc Leishman beat Jordan Spieth, and Hideki Matsuyama took down J.B. Holmes.

There also were two key half-points.

Louis Oosthuizen hit his approach to 12 feet for the only eagle on the 18th hole to halve with Patrick Reed. The biggest shot was Thongchai Jaidee, who hit into the water on the 18th hole and still halved the hole, and the match, when Bubba Watson missed a 5-foot putt.

But the Americans, who started the day with a one-point lead, won the two matches that mattered.

The International team still has only won the gold trophy one time, at Royal Melbourne in 1998, but a change to fewer matches (30 instead of 34) contributed to making this PresidentsCup the closest in 10 years.

"I don't think it could have got a whole lot more exciting than that," International captain Nick Price. "I can't tell you what it's like to bring eight countries together, six different languages, different cultures. ... They bonded, and I tell you what, I'm so proud.

"Irrelevant of the outcome _ we obviously would have loved to have won _ we put on a show of golf this week."

라이팅 코치

Writing coach

뉴스 기사의 종류와 형태는 다양하다. 기사화하기에 간단한 뉴스도 있겠지만 어떤 뉴스는 광범위한 인터뷰와 심층 취재가 필요하다. 내용이 복잡한 만큼 lead 쓰기는 더욱 어려워진다. 무엇을 강조하고 무엇을 버릴 것인지 난감해지기도 한다. 스스로 writing coach가 되어 그 해답을 찾아보는 것도 하나의 방법이다.

앞에서 언급했듯이 writing coach는 대부분 "tell-a-friend technique"을 이용해 보라고 권하고 있다. 즉, 가까운 친구나 친지에게 자기가 취재한 뉴스를 설명한다면 무엇을, 어떻게 설명하겠느냐는 질문이다. 그 요체는 단순화에 있다고 할 수 있다.

기사를 쓰기 전에 하나의 문장으로 전체 내용을 요약해 보는 것도 도움이 될 수 있다. 처음부터 완벽한 lead를 쓰려고 노력을 소진할 필요는 없다. 기사 제작 현장에서 보면 처음부터 좋은 lead가 나오는 경우는 드물다. 기사를 쓰면서 lead는 계속 수정해 나간다.

오랫동안 대학 강단과 유수의 미국 언론 기관에서 writing coach로 활약한 바 있는 Carole Rich는 자신의 저서 〈Writing and Reporting News: A Coaching Method〉에서 다음과 같은 조언을 하고 있다. 지적 사항은 다른 전문가와 대동소이하다.

- Use simple sentences. If you write long ones, follow them with short ones.
- Use strong action verbs(period missing)
- Translate jargon into simple English that the reader will understand.
- Gather details. Then choose the ones that will

help the reader see, smell, hear, taste, touch and experience the emotions and actions of the event.

- Take risks. Try new styles. The writer who takes no risks is taking the biggest risk of all: the risk of being mediocre.

독자의 시선을 사로잡는 lead를 만들기가 어려우면 뉴스의 핵심에 직접적으로 접근하고 단순화하라는 조언이 있다. 이를 증명하듯 AP 통신에는 지금도 금과옥조로 여기는 두 개의 전설적인 lead가 있다. 새겨들을 만하다.

Kennedy Space Center (AP) _ Man landed on the moon, this day, Sunday, July 20, 1969.

인류 최초로 인간이 달에 착륙한 역사적 순간이다. 닐 암스트롱(Neil Armstrong)에 이어 마이클 콜린스(Michael Collins), 버즈 올드린(Buzz Aldrin)이 차례로 미지의 세계에 첫발을 내디딘 것이다. 이 기사의 작성자도 흥분할 만한데 놀라울 정도로 침착하다. 극도로 절제된 lead가 전달하는 메시지(message) 는 강렬하다.

Washington (AP) _ The President was shot in a theater tonight and perhaps mortally wounded.

에이브러햄 링컨(Abraham Lincoln) 제16대 미국 대통령은 1865년

> 4월 14일 워싱턴에 있는 Ford 극장에서 괴한으로부터 총격을 받고 사망했다. 위 lead는 이 역사적인 사건을 알리는 첫 기사인데 그 간결함은 오늘날에도 배울 점이 많다.

많은 기자들은 lead 쓰기에 매달리고 힘을 빼면서도 의외로 기사 전체의 구도(blueprint)를 생각하는 데는 소홀히 하는 경향이 있다. 기사 작성이 집 짓는 작업이라고 한다면 집 전체에 대한 설계도가 없는 것과 마찬가지이다. Lead와 기사 전체 구도를 함께 생각하는 습관을 가져야 한다. 그런 과정이 기계적으로 반복되면 도움이 된다.

대체로 기사는 하나의 주제를 중심으로 전개되고 이와 관련된 여러 요소들이 조연으로 등장하여 중심 주제를 보완한다. 따라서 기사의 초점이 명확해지면 여타 부수적인 내용에 대해서는 과감한 취사 선택이 요구된다. 욕심을 부려 너무 많은 내용을 포함시키려 하면 기사를 망칠 수 있다. 항상 기사의 단순화를 염두에 두어야 한다.

기사 작성의 첫걸음은 기사의 초점이 무엇인지 확인하는 데서 출발한다. 그 초점을 조기에 발견하도록 도와주고 그런 발견 능력을 지속적으로 키워주는 것이 writing coach의 중요한 임무다.

다음 단계는 내용의 전개로 이어진다. 내용의 전개, 즉 기사화는 storytelling이다. 방법은 이미 밝힌 대로 "tell-a-friend" 기법을 이용하는 것이다. 이 두 단계를 거치면서 기사의 lead와 structure가 구성된다.

기사를 작성하여 제출하기 전에 기자는 스스로에게 다음 세 가지를 질문해 보아야 한다고 Cappon은 권하고 있다.

첫째, 자기가 하고 싶은 이야기가 기사에 충분히 반영되어 있는가?

둘째, 불필요한 수식어를 배제한 간결한 기사인가?

셋째, 관련된 내용이 사실에 부합하고 그대로 가감 없이 설명되어 있는가?

Cappon이 말하고자 하는 요지는 간단하다. 기사 작성의 중요한 두 가지 요소 즉, 핵심 내용을 에두르지 않고 단순화해 직접적으로 설명하고 있는지를 묻고 있다. 그가 늘 강조하는 directness와 simplicity의 문제이다.

이와 관련해 Cappon은 다음과 같은 예문을 제시하고 있다.

> Twelve rescue ambulances stood by to rush injured persons to nearby hospitals.

12개의 단어로 구성된 이 간단한 한 문장에서 무려 8개의 단어는 필요 없다는 것이다. 즉, ambulance는 언제나 구조 차량(rescue vehicle)으로 사용되고 있으며 건강한 사람을 병원으로 이송하는 ambulance는 없다. 그리고 다친 사람을 이송하는 경우 가까운 병원으로 가는 것이 보통이고 일부러 먼 곳으로 가는 구조 차량은 없다.

따라서 이 문장은 다음과 같은 네 단어로 충분하다.

> Twelve ambulances stood by.

납득이 가는 설명이다. 필요 없는 수식어가 사라지면 독자는 그만큼 읽는 부담을 덜 수 있을 것이기 때문이다.

Cappon의 지적에 따르면 다음의 여러 가지 구문도 그 형태를 간소화하거나 단순화시킬 수 있다.

in the event of = if

adverse weather conditions = bad weather

impact negatively on = damage, hurt

announced the names of =identified

for the entire distance of the flight = for the flight

not yet known = unknown

conduct a poll of its members = poll

China is not in favor of arms sales to Taiwan = oppose

Another worrisome matter is the question of productivity = Another worry is productivity.

He is an acknowledged leader in the medical field = He is a leader in medicine.

serious danger = danger

deadly poison = poison

grave crisis = crisis

absolutely conclusive = conclusive

awkward dilemma = dilemma

complete monopoly = monopoly

agricultural crops = crops

completely full = full

end result = result

divisive quarrel = quarrel

exact counterpart = counterpart

future plan = plan

general public = public

grateful thanks = thanks

lonely hermit = hermit

meaningless gibberish = gibberish

old adage = adage

true facts = facts

very urgent = urgent

extremely serious = serious

held a meeting = met

determined the truth of = verified

reached an agreement = agreed

submitted his resignation = resigned

take into consideration = consider

take into custody = arrest, seize

accommodations = rooms

approximately = about

commence = begin

deactivate = close, shut off

endeavor = try

finalize = end, complete

implement = carry out

initiate = begin

objective = aim, goal

prior to = before

proliferation = spread

replicate = repeat

socialize = mingle, meet, make friends

underprivileged = poor

utilize = use

He made an announcement = He announced that

The Cabinet will hold a meeting Tuesday = The Cabinet will meet Tuesday.

There will be four members elected = Four members will be elected.

Attacks from the air = Air attacks

For the purpose of = for

for a period of = for, or during

in the area of = in

in order to = to

in the near future = soon

in the field of = in

due to the fact = because

때로는 예외적으로 긴 표현이 의미를 보다 잘 나타낼 수도 있다. "Both

sides reached an agreement"라는 표현은 쌍방이 합의하는 데 예상보다 많은 노력이 필요했음을 암시하고 있다.

Lead에 생동감을 주기 위해서는 강한 의미의 동사 선택이 필수적이다. 흔히 쓰는 moved, scheduled, expected, prepared와 같은 동사는 정적이고 관심을 끌지 못하기 때문에 피해야 한다.

스스로 writing coach의 임무를 자임했다면 lead를 쓰고 난 후 다음과 같은 질문을 해 볼 수 있을 것이다.

- 기사의 가장 중요하고 흥미로운 부분이 포함되어 있는가?
- Lead 첫머리에 독자의 호기심을 불러일으킬 만한 사실이 언급되고 있는가?
- Lead가 너무 복잡해 읽는 사람을 혼란스럽게 하지 않는가?
- 문장이 길어 읽어 내려가는 호흡을 방해하지 않는가?
- 한 번 읽어 이해할 수 있는가?
- 문장 구조가 능동태(active voice)인가?
- 문장 길이는 18개 내지 30개 내외의 단어로 구성되어 있는가?

이 과정에서 writing coach가 한결같이 강조하는 공통점은 단순함과 명료함이다. 너무 복잡한 내용이나 난해한 기술적인 술어로 채워진 lead는 writing coach의 바람과는 거리가 멀다.

다음 기사의 lead에 사용된 단어 수는 무려 50개에 달한다. 읽는 데 숨이 가쁠 지경이다.

SEOUL, Oct. 1 (Yonhap) -- **South Korea's No. 2 handset maker, LG Electronics Inc., on Thursday showcased its latest high-end smartphone that comes with improved cameras and a dual-display experience, hoping that its mobile business could recover from a deep trough amid increased competition from rivals such as Apple Inc. and other mid-to-low end smartphone makers.**

The 5.7-inch LG V10 features a QHD IPS Quantum display and a small rectangular display above the larger screen. Although the display seems integrated, the two segments work independently to deliver different information.

x x x

위 기사는 다음과 같이 단순화하면 읽기가 편해진다.

SEOUL -- South Korea's No. 2 handset maker LG Electronics Inc. on Thursday unveiled a new high-end smartphone with improved camera and display functions, voicing hope that the product will help prop up its sagging world market share.

LG has been struggling to revitalize its sluggish smartphone business in the face of stiff competition from Samsung Electronics Co. and Apple Inc. in the high-end sector and Chinese rivals with budget models.

XXX

다음 기사의 도입부 역시 난해한 기술적인 술어로 채워져 있어 읽는 사람을 난감하게 한다. 독자가 쉽게 이해할 수 있는 어휘나 표현을 빌려 먼저 설명하고 기술적인 용어는 그 후 첨가하는 것이 좋다.

SEOUL, Sept. 22 (Yonhap) -- Samsung Electronics Co. unveiled five new **solid state drives (SSD)** lineups on Tuesday that come with improved speed and power efficiency, with one of them featuring the **third-generation V-NAND.**

The South Korean giant showcased a 2.5-inch model in its 850 EVO lineup that comes with the third-generation V-NAND technology in three sizes -- **1 terabyte, 500 gigabytes and 250 gigabytes.**

The development is significant because the new generation boasts 48 layers of cells, compared to the 32 layers in the second generation, thus allowing SSDs to boast improved performances.

A solid state drive is a data storage device made

with a NAND flash memory chip that saves data without power present and is more durable and faster than a hard disk drive.

"Through the launch of the third-generation V-NAND SSD, we have provided optimized solutions to consumers and businesses that boasts the industry's fastest speed and excellent power-saving features," Samsung said, adding that the firm has paved the way to open a full-fledged commercialization of terabyte-level SSDs.

x x x

위 기사는 다음과 같이 재작성할 수 있다.

☞ SEOUL -- Samsung Electronics Co. debuted five new flash- and DRAM-based chips Tuesday that it said will greatly enhance data processing speed and power efficiency in smartphones and other high-tech electronic products.

Samsung, the world's top memory chipmaker, hopes that the new solid state drive (SSD) lineups, one of which has features of the third-generation V-nand, will bolster its competitive edge in the market.

Industry officials said Samsung's development of the

new chips is significant because they have 48 layers of cells -- 16 more than the comparable second-generation versions -- which guarantee improved performances.

X X X

기타 참고사항

Some useful writing tips

코넬(Cornell) 대학교 언론학 교수를 역임한 윌리엄 스트렁크 주니어(William Strunk Jr.)는 자신의 저서 〈The Elements of Style〉에서 다음과 같은 조언을 하고 있다.

> "Vigorous writing is concise. A sentence should contain no unnecessary words, a paragraph no unnecessary sentences, for the same reason that a drawing should have no unnecessary lines and a machine no unnecessary parts."

단순함(simplicity)을 강조하는 충고로 우리의 영문 뉴스 현장에서 귀담아 들어야 한다. 기사를 너무 화려하게 쓰려고 애쓰지 말라는 조언이다. 뉴스 제작의 현장에서 보면 상황에 어울리지 않는 강한 형용사나, 어느 특정 분야에서 주로 사용되는 어휘, 즉 specialist jargon이 여과 없이 기사에 등장하는 경우가 많다.

다음은 실제로 기사에 나타난 표현이다.

- **violent explosion**
- **mutual cooperation**
- **the enormous amount of 10 billion won**
- **brutal murder**
- **innocent bystander**

여기에 나타난 형용사(violent, mutual, enormous, brutal, innocent)는 모두 중복이며 불필요하다. Violent하지 않은 폭발이 있을 수 있으며, 협력은 쌍방향이고, 100억 원이면 이미 큰돈이 아닌가? 잔인하지 않은 살인은 있을 수 없고, innocent하지 않은 bystander는 이미 bystander가 아닐 것이다.

수식어(adjective와 adverb)는 꼭 필요한 경우가 아니면 사용하지 않고 기사 자체에서 그 효과가 나타나야 한다. 현장감을 살리는 한두 마디의 설명이 가능하다면 수식어는 따로 쓸 필요가 없다.

기사는 정확한 기록을 바탕으로 한다. 기자 회견을 통한 발표, 인터뷰 등이 이에 속한다. 녹음기를 쓸 수 없는 경우도 있을 것이다. 어느 쪽이든 정확한 기록이 불가능하다면 기사 작성에 어려움이 따를 수밖에 없다.

제대로 된 속기 기술을 터득하지 못한 경우 평소에 문장이나 단어를 축약하는 습관을 기르면 도움을 얻을 수 있다. 외국 언론 기자의 경우 취재 대상의 발언을 축약하는 일이 습관화되어 있다. 이 축약 기법은 대부분 모음(vowel)을 생략하거나 철자법을 지키지 않고 발음되는 대로 받아 적는다.

몇 가지 예를 들어본다.

morning -- am
today -- tdy
tomorrow -- tmw
paragraph -- para
soon as possible -- sap or sappest
with -- w/

evening --pm
going -- gg
words -- wds
police -- pox
story -- sty
arrive -- arv

일반 기사에서는 숫자를 사용하는 경우가 상대적으로 많지 않지만 숫자는 독자에게 기사의 정확도를 알리는 효과가 있다. 예를 들면, a senior citizen이라고 하는 것보다 a 72-year-old man이라고 하면 그 뜻이 보다 명확해진다.

- **a seven-car collision instead of a traffic pileup**
- **an $80 million deficit instead of a large shortfall**
- **about a dozen people instead of a small crowd**
- **a two-year-old girl instead of a toddler**

사건, 사고 기사에서는 정확한 사망자, 부상자 숫자가 필요하다. 그렇지 않은 경우 어림수(round figure)를 사용하는 것이 독자의 이해를 돕는다. 서울과 부산 간의 실제 거리가 317km라면 round figure인 320km라고 쓰는 것이 독자를 위해 더 좋다는 것이다.

About, almost, approximately, some, nearly 등의 형용사 혹은 부사는 round figure와 함께 사용해야 한다.

Almost 717 hajj pilgrims were killed in a stampede in Saudi Arabia. (x)

Some 717 hajj pilgrims were killed in a stampede in Saudi Arabia. (x)

Almost 720 hajj pilgrims were killed in a stampede in Saudi

Arabia. (o)

At least 717 hajj pilgrims were killed in a stampede in Saui Arabia. (o)

예정된 기사(Advance story)

신문이나 통신사는 시간 제약상 특별히 변경이 예상되지 않는 행사나 연설을 기사화해 미리 내보내는 경우가 있다. 이런 기사를 예고 기사 혹은 advance story라고 한다.

예고 기사는 위험이 따른다. 통신 수단이 발달한 오늘날에도 조심해야 한다. 통신 수단이 열악한 시대에는 특히 문제가 많았다. 당일 사고로 행사가 취소되고 연설이 이루어지지 않았다면 얼마나 당황스러운 일인가?

존 F. 케네디 미국 대통령이 댈러스에서 저격을 받고 사망한 당일 미국 언론은 advance story 문제로 또 다른 골머리를 앓았다. 대통령은 사망했는데 그가 하지도 않은 연설문이 대문짝만하게 지면에 실려 독자에게 배달된 것이다. 시간 제약 때문에 예고 기사를 이용해 신문 제작을 한 것이다.

예고 기사로 인한 또 다른 유명한 오보 소동은 다그 함마르셸드(Dag Hammarskjold) U.N. 사무총장이 1961년 아프리카에 있는 콩고(Congo) 공화국 방문을 위해 비행기를 타고 가던 도중 추락 사고로 사망한 사건이다. 그가 무사히 콩고에 도착해 열렬히 환영받았다는 국제 통신사들의 예고 기사는 오보가 되고 말았다. 도착하기도 전에 그는 이미 사망한 것이다.

이런 예기치 않은 문제를 피하기 위해 요즈음 언론에서는 다음과 같은 새로운 면책성 표현을 사용하고 있다.

"North Korea should make efforts to ensure that its people can get out of difficulties through reform and openness," South Korean President Park Geun-hye said **in a speech prepared for delivery at the United Nations on Thursday night.**

능동태와 수동태(Active vs. Passive voice)

수동태보다는 능동태 문장 구조가 더 강한 의미 전달 효과가 있다는 것을 우리 모두 잘 알고 있다. 이는 뉴스 기사에서도 마찬가지다.

> A powerful typhoon was moving toward the Korean Peninsula Sunday, weather officials said, raising hopes that it would bring with it much-needed rain for thirsting farmlands in South Korea.

위 문장을 다음과 같이 수동태로 바꾸면 의미 전달력이 급격히 약화됨을 알 수 있다.

> The Korean Peninsula was being approached by a powerful typhoon, raising hopes that it would bring with it much-needed rain for thirsting farmlands in South Korea.

다음 예문의 수동태 문장 구조는 읽기가 불편하다.

SEOUL, Sept. 3 (Yonhap) -- Fewer than half of the U.S. soldiers stationed in South Korea who allegedly committed crimes in the past five years **were indicted** by South Korea, a government report showed Thursday.

In the report to the National Assembly's Legislation and Judiciary Committee, the Ministry of Justice said a total of 1,766 U.S. servicemembers were implicated in crimes between 2010 and June 2015, but only 503 were indicted by South Korean prosecutors.

South Korean law enforcement authorities turned over 893 U.S. soldiers suspected of committing crimes to the U.S. Forces Korea (USFK) in the same period, in accordance with a clause in the South Korea-U.S. Status of Forces Agreement, the report said.

The relevant clause stipulates that South Korean authorities have priority in exercising jurisdiction over U.S. soldiers implicated in crimes, except for when crimes are committed by a soldier on duty.

똑같은 수동태 문장이라도 다음과 같이 재구성해 사용하면 읽기가 편해진다.

☞ SEOUL -- Nearly 1,800 U.S. solders were found involved in various crimes in South Korea in the past five years but far fewer than half of them were indicted under Korean law, a government report showed Thursday.

In the report to the National Assembly's Legislation and Judiciary Committee, the Ministry of Justice said a total of 1,766 U.S. servicemembers were implicated in crimes between 2010 and June 2015, but only 503 were indicted by South Korean prosecutors.

Of the total, 893 soldiers were turned over to U.S. military authorities for investigation and possible punishment under a Status-of Forces Agreement that governs the 28,500 American troops stationed in the country, the report said.

The agreement allows South Korea to exercise jurisdiction over U.S. soldiers implicated in serious crimes such as murder and rape. Cases of other crimes considered less serious are turned over to U.S. military authorities..

x x x

그러나 때에 따라서는 수동태가 더 효율적인 경우도 있다.

SEOUL, Aug. 31 (Yonhap) -- A webtoon by popular Korean author Kang Full **will be made** into films simultaneously in South Korea and China, a local film distributor said Monday.

The NEW said that it will set up a joint venture with China's Huace Media group within this year to produce Korean and Chinese film adaptations of the webtoon series "Witch."

"This project marks the first time that NEW and the Huace Media have purchased the copyright of a webtoon with the aim of producing two films that can best suit audiences' demands in each country," the South Korean distributor said in a news release.

They **will be directed** by Kim Dae-woo, known for "The Servant" (2010) and "Obsessed" (2014), and Leste Chen of "20, Once Again!," the Chinese-language remake of the hit Korean film "Miss Granny."

"20, Once Again!" had big success in China last year, becoming the first South Korean-Chinese co-production to surpass 10 million in attendance.

x x x

SEOUL, Sept 11 (Reuters) - A South Korean man who slashed the U.S. ambassador in the face with a fruit knife **was jailed** Friday for 12 years on conviction of attempted murder.

Kim Ki-jong, 55, who attacked Ambassador Mark Lippert in March at a forum discussing Korean reunification, **was also found guilty** of assault of a foreign envoy. However, he was acquitted of a third charge of violating the National Security Act.

Lippert suffered a deep gash to his face that required 80 stitches and injuries to his wrist, putting him in hospital for five days.

Kim has said the attack was a protest against joint military drills by U.S. and South Korean troops.

Prosecutors last week sought a 15-year prison term for Kim, whose seven trips to North Korea had raised questions about a possible Pyongyang connection.

Kim has denied any connections to the North. The North's official media said the attack was "deserved punishment" for Lippert but denied any role in it.

North and South Korea are technically still at war after the 1950-1953 Korean War ended in an armistice, not a peace treaty.

South Korea and major ally the United States hold regular joint military exercises, which North Korea condemns as preparations for war.

The attack prompted an outpouring of public support in South Korea for Lippert, whose outgoing and approachable style has made him popular since he took up his post in November.

x x x

NEW YORK (Reuters) - A man **was sentenced** to five years on probation for selling fake Viagra and Cialis pills.

Prosecutors said Robert Jobe, 49, **was arrested** in September 2014 with 14,000 Viagra and Cialis pills.

Court records showed that the Viagra pills contained the active ingredient of the real erectile dysfunction drug but at less than 15 percent of the advertised dosage. The filler included vulcanized rubber.

Investigators said Jobe admitted he had been selling the counterfeits since 2012. He pleaded guilty earlier to trade-mark counterfeiting.

New York District Attorney Robert Johnson said Jobe also was ordered to pay a US$ 5,000 fine.

x x x

LOS ANGELES (Reuters) - Mercurial hip-hop great KanyeWest **will be honored** for his career achievements during the upcoming MTV Video Music Awards in Los Angeles, the organization announced Tuesday.

The 38-year-old boundary-pushing rapper has produced "groundbreaking videos, legendary VMA performances" and has "delivered something new with every successive video," MTV said on their website.

West, who has been named as one of Time magazine's 100 most influential people, is expected to release his seventh album "Swish" soon.

x x x

<Expletives>

상스러운 욕(vulgar words/ swear words)은 quote에서 삭제하고 그 자리에 expletive라고 표시한다.

"I worked a great deal on the vocabulary," said Flanders. "I found several ways you could say '(expletive) off' in the 19th century."

"This is the (expletive) coolest thing that has ever happened to me," said Timberlake, a former 'NSync member and solo artist who has won multiple Emmy and Grammy awards and appeared in several films.

Supporters also got their 15 minutes of fame. An elderly Conservative made headlines and caused a Twitter storm as he launched an expletive-filled rant at TV reporters grilling Harper.

<생략(Ellipses)>

꼭 필요하지 않은 어휘나 표현을 전부 quote로 사용할 필요는 없다. 생략된 부분은 세 개의 점(...)으로 표시한다.

"Space development for peaceful purposes is a sovereign state's legitimate right... and the Party and the people of the DPRK (North Korea) are fully determined to exercise this right no matter what others may say about it," the North's Foreign Ministry said in a statement.

"This game is about sportsmanship and unfortunately that was not shown there," said American golf star Paula Creamer. "I wasn't a part of that match... but it's a game of golf and we have to remember that."

<In connection with>

범죄 관련 기사에서 종종 사용되는 in connection with는 구체적인 혐의가 입증되지 않은 경우에 쓰인다. 즉, 구체적인 범법 행위는 발견되지 않았지만 사건의 참고인(person of interest)으로 수사 선상에 올라있는 경우이다.

SEOUL -- A former government tax official was summoned by prosecutors Friday for questioning **in connection with** a major stock-manipulation scandal, in which about a dozen investors, including foreigners, have been found involved.

<Incident와 Accident>

Incident와 accident는 사전적 의미를 따라 구별하면 될 것이다. Incident는 막을 수 있는 사건·사고 즉, minor occurrence라고 할 수 있다. 서로 대립하고 있는 두 단체의 회원들 간에 싸움이 발생하여 몇 명이 다쳤다면 이 또한 accident가 아니고 incident다.

His debut at Sejong Cultural Center was the first of a succession of exciting **incidents** in his life.

Accident는 비행기 추락, 자동차 충돌과 같은 예상할 수 없는 사고를 말한다. Accident와 incident를 구별하는 기준은 예상하여 방지할 수 있었는지 여부에 두면 편리할 것이다. 병사가 탈영했다면 incident이고 총기를 잘못 다루어 오발 사고가 났다면 accident다.

또 accident의 사용법에는 다음과 같은 특이한 의미가 있다. 즉, 예기치 않게 우연히 일어난 상황을 말한다. by accident는 by chance의 뜻을 가진다.

He went to college in France **by happy accident.**

I ran into him on the street **by accident.**

<Reform>

한쪽에서 reform bill이라고 선전하는 제안이나 법안도 다른 한쪽에서 보면 개악일 수 있다. 따라서 보다 가치중립적인 어휘 changes나 revisions를 쓰기를 권한다.

<Bureaucrat>

Bureaucrat는 official, civil servant, government employee를 뜻하지만 지위를 높여 부르기보다는 하대하는 의미를 가지고 있다.

〈접속사 that의 생략〉

기사에서 접속사 that은 읽기에 지장이 없는 경우 흔히 생략된다. 그러나 주의해야 할 경우도 있다.

다음 문장은 that이 없어도 아무 문제가 없다.

The lawmaker said (that) he had opposed any new legislation that would give the government more power to crack down on the freedom of speech on cyberspace.

다음 문장에서는 that의 위치에 따라 그 의미가 달라질 수 있다.

The lawmaker said (that) two years ago he had opposed any new legislation that would give the government more power to crack down on the freedom of expression on cyberspace.

The lawmaker said two years ago (that) he had opposed any new legislation that would give the government more power to crack down on the freedom of expression on cyberspace.

접속사 that을 가장 안전하게 사용하는 방법은 어떤 경우에도 생략하지 않고 그대로 사용하는 것이다.

<Expect와 Anticipate의 차이>

Expect는 우리말로 표현하면 "기대한다"쯤이 될 것이고, 영어로는 "look ahead to"와 비슷한 의미를 가진다. Anticipate와 혼용하는 경우가 자주 있는데 주의해야 한다.

Anticipate는 "look forward to"와 더불어 "do something about it"의 의미까지 포함하고 있다.

The government ordered the mobilization of all homeland reservists in the front-line area, **anticipating** a military attack from North Korea.

이 문장은 다음과 같이 달리 쓸 수도 있다.

Anticipating a military attack from North Korea, the

government ordered the mobilization of all homeland reservists in the front-line area.

<Media>

Media는 언제나 복수(plural) 명사다. 신문과 TV는 각각 별개의 news media이고 두 분야를 통칭하는 경우도 news media가 된다. 따라서 The media are x x x 라고 해야 한다.

<Injury와 Wound의 차이>

의학적으로 injury와 wound는 다같이 신체적인 상해를 의미하지만 사용법은 다르다. Wound는 특별히 심한 신체적 손상(injury)을 의미하고 주로 총기, 칼 등 무기로 인한 상해를 말할 때 사용한다. 사고, 지진, 태풍 등으로 사람이 다쳤다면 wound가 아닌 injure를 사용한다.

Two people were injured in a six-car pile-up on the highway. (o)

Two people were wounded in a six-car pile-up on the highway. (x)

He was injured playing tennis. (o)

He was wounded playing tennis. (x)

About two dozen sailors were killed or wounded in the two-hour gunbattle. (o)

<From A to B와 Between A and B의 차이>

두 구문의 사용법은 동사(verb)의 성격에 달려 있다. Study, wait, discuss와 같이 중단 없는 행위가 가능한 동사는 from A to B를 사용하고 그렇지 않은 동사, 예를 들면 steal, borrow, eat 등은 between A and B를 사용한다.

Betty studied at Harvard from 2010 and 2014 (o)

I borrowed altogether 10 million won from him between May and November. (o)

Betty studied at Harvard between 2012 and 2014. (x)

I borrowed altogether 10 million won from him from May to November. (x)

그러나 동사의 성격에 따라 다음과 같이 사용할 수 있다.

My interests range from rock to classic. (o)

The U.S. envoy shuttled between Cairo and Rome to set up the negotiations. (o)

스타일북

Stylebook

기사는 내용도 중요하지만 형식도 중요하다. 예를 들어 철자법의 경우 영국식 영어로 할 것인지, 미국식 영어로 할 것인지 사전 약속이 필요하다. 이런 사전 약속을 스타일북(stylebook)이라고 한다.

Stylebook의 내용은 회사마다 다를 수 있다. 그러나 오랜 세월 동안 시행착오를 거치고 서로의 장·단점을 비교 분석한 결과 많은 부분 공통분모가 생겨났다. 그 결과 각 회사의 stylebook은 서로 비슷한 점이 많아졌다. 기자직에 갓 입문한 새내기는 stylebook부터 먼저 숙지해야 한다.

자기 회사의 dateline은 어떻게 만들어지는지, 지명, 거리, 무게, 넓이 등, 도, 량, 형 표기 방법은 무엇인지, sports 기록은 어떤 형식으로 기술하는지 동료와 보조를 맞추어야 한다. GMT(Greenwich Mean Time)는 어떻게 표기하는지, spelling이 adviser인지 advisor인지, Incheon International Airport인지 Incheon Airport인지, 정부 부처의 영어 이름은 무엇인지 사전 약속이 필요하다.

Stylebook이 다루는 범위는 넓다. spelling을 포함하여 capitalization, abbreviation, numerals, punctuation 등 익혀야 할 내용이 많다. 주식, 외환시장 등 경제 기사도 많은 사전 약속이 필요하고, 사진 설명(photo caption)을 하는 데도 규칙이 있다.

국제 뉴스 통신사에서는 한국처럼 작은 나라에서의 지역 간의 거리를 각각의 수도를 중심으로 표기하는 것이 관례화되어 있다. 이와 달리 미국, 일본, 중국 언론 매체의 경우 자기 나라의 주(state), 현(prefecture), 성(province)의 이름을 사용하여 위치를 나타내고 있다. 오직 독자의 편의를 위해서이다.

외국인 독자의 입장에서 보면 한국은 아주 작은 나라다. 미국의 Ohio 주 정도이고 Texas의 1/6 크기이다. 서울과 부산 간의 직선거리는 320km에 불과하다. 한국 내의 어느 지역이라도 서울을 기점으로 하는 거리 표시가 독자의 이해를 돕는 데 더 효과적이다.

반면에 일본과 중국은 큰 나라이다. 최근 화산 폭발로 뉴스에 오른 일본 남쪽의 아소산은 Tokyo로부터 직선거리로 960km 떨어져 있고, 이곳으로부터 일본 열도의 최남단까지는 아직 몇 백 킬로미터를 더 가야 한다. 일본 열도의 북쪽 끝에 있는 Hokkaido는 Tokyo로부터 또 다시 1천500km가 넘는 거리에 있다. Tokyo를 중심으로 한 거리 표시가 독자에게 오히려 불편한 이유이다. 중국의 경우도 사정은 비슷하다. 북한과 접하고 있는 중국의 국경선 길이만 1천400km에 달한다.

이런저런 이유로 stylebook의 규제 대상은 많아진다. 9·11처럼 새롭게 추가되는 어휘가 있는가 하면 기존에 알려진 것과 달라진 것이 있으면 이를 반영해야 한다. 예를 들면 전에는 Inchon이었지만 지금은 Incheon이고, 전에는 Pusan이었지만 지금은 Busan이다.

평양, 개성은 우리의 영어 철자법에 따르면 Pyeongyang, Gaeseong이 될 것이다. 그러나 대부분의 한국 언론은 예외적으로 Pyongyang, Kaesong으로 표기하고 있다. 그 이유는 국제 언론과 보조를 맞추기 위해서다.

대통령과 같은 유명 인사의 영어 이름은 본인의 뜻이 우선이고 정부 부처의 이름은 공식 명칭을 따른다. 이와 같이 약속된 내용이 stylebook에 적시된다.

중요하지만 혼란을 초래할 수 있는 표기법은 모두 stylebook에 명시된다. 한 예로 우리나라에는 없지만 북한군에는 colonel general이라는 군 계급이 있다. 이에 대해 잘 모르면 stylebook을 찾아보면 된다. 러시아와 북한군에서만 사용하는 colonel general (상장)은 lieutenant general (중장)보다는 높고 general (대장) 보다는 낮은 계급을 말한다. 북한의 중장은 별

두개의 계급을 말하며 우리 나라의 소장 (major general)에 해당한다. 북한군에는 우리 군에서 말하는 준장 (brigadier general) 계급은 없다. 북한에서 최고로 높은 군 계급은 marshal로 표기되는데 여기에는 대원수, 공화국 원수, 인민국 원수 등 자체 내에서도 차이가 있다.

참고로 미국식을 따르고 있는 우리나라의 군 계급 체계를 알아본다. (오른쪽에 있는 abbreviation은 이름과 함께 사용할 때 사용한다.)

육군(Army)

장교(Commissioned Officers)

general Gen.

lieutenant general Lt. Gen.

major general Maj. Gen.

brigadier general Brig. Gen.

colonel Col.

lieutenant colonel Lt. Col.

major Maj.

captain Capt.

first lieutenant 1st Lt.

second lieutenant 2nd Lt.

warrant officer WO

사병(Enlisted Personnel)

sergeant major Sgt. Maj.

master sergeant Master Sgt.

staff sergeant Staff Sgt.

sergeant Sgt.

corporal Cpl.

private first class Pfc.

private Pvt.

해군(Navy)

장교(Commissioned Officer)

admiral Adm.

vice admiral Vice Adm.

rear admiral Rear Adm.

captain Capt.

commander Cmdr.

lieutenant Lt.

ensign Ensign

사병(Enlisted Personnel)

chief petty officer Cpo.

petty officer PO

seaman Seaman

공군(Air Force)

공군의 장교 계급은 육군과 동일하다.

사병(Enlisted Personnel)

chief master sergeant CM. Sgt.

master sergeant Master Sgt.

technical sergeant Tech. Sgt.

staff sergeant Staff Sgt.

senior airman Sr A

airman first class A1. C

airman Armn

airman basic Airman

기사 내용에 오류가 발견되면 즉시 정정해야 한다. 통신의 경우 오류가 당일에 발생하는 경우 새로운 LEAD를 작성하여 정정할 수 있다. 그러나 시간 차를 두고 하루 이상 지난 후에 오류가 발견되는 경우 사전 약속된 기사 형태에 따라 정정해야 한다.

정정보도 형태는 언론사마다 다를 수 있다. 다음은 연합뉴스, AP, 교도통신의 정정보도 형태를 보여주고 있다.

연합뉴스는 2015년 10월 15일 하루 지난 자사 기사를 다음과 같이 정정하고 있다.

(REPLACEMENT) Kenya PM-Yonhap News

(REPLACEMENT) Kenyan opposition leader visits Yonhap News

(Editor's note: The Yonhap story with the slug "Kenya PM-Yonhap News" that moved on Oct. 14, is recast to correct the title of Raila Amolo Odinga as the Kenyan opposition leader who previously served as the country's prime minister.)

SEOUL, Oct. 14 (Yonhap) -- Kenyan opposition leader Raila Amolo Odinga said during his visit to South Korea's Yonhap News Agency on Wednesday that he wants to play a role in inter-Korean reunification.

"I want to play a role in reunifying South and North

Korea if there's any role for a third country," the former prime minister said during a meeting at Yonhap's headquarters here with Park No-hwang, president and chief executive officer of Yonhap. "I'm ready to visit Pyongyang."

Odinga was on a trip to South Korea to attend Northeast Seoul Forum 2015 hosted by the Asia-Pacific Peace and Development Service Alliance (APPDSA) last Thursday.

He introduced himself as son of the former Kenyan vice president, Jaramogi Odinga, who became the first Kenyan to meet North Korean founder Kim Il-sung in Pyongyang. The ex-prime minister said he also has much interest in divided countries because he studied in Germany before the country's unification.

Park said his company plans to send a roving correspondent to the African continent early next year and possibly make Kenya the first country to be visited by the correspondent if he or she assumes the position.

"Korea and Kenya have common experience as a former colony. It is important to promote cultural exchanges between the two countries," he said, expressing hope that the Kenyan people will love

Korean pop culture such as K-pop and TV series.

He also showed intent to sign a memorandum of understanding for news exchanges with the country's state-run Kenya News Agency, to which Odinga responded positively.

"It is important for Yonhap News Agency to spread news from Kenya and Africa to Korea," he said, adding that the Kenyan capital Nairobi has the geographical advantage for disseminating Korean news as it is connected to 40 cities of other African countries.

AP는 2015년 10월 23일 다음과 같은 정정보도(CORRECTIVE)를 독자에게 알리고 있다. 3일 전에 나간 기사의 내용을 정정한 것이다. 오래된 기사라 할지라도 정정함으로써 완벽을 기하는 자사의 노력을 독자에게 알리고 있다.

BC-US--Earns-Ace, **CORRECTIVE**

Correction: Earns-Ace story<

Eds: Editors who used BC-US--Earns-Ace, sent Oct. 20 and datelined in Zurich Ch-8001, Switzerland, are asked to use the following story.<

ZURICH (AP) _ In a story sent Oct. 20 about Ace Ltd.'s third-quarter earnings _ generated by Automated Insights using data from Zacks Investment

Research _ The Associated Press reported erroneously the company's earnings and revenue. The story should have said that Ace earned $528 million, or $1.62 per share. Adjusted income was $2.74 per share, and Ace did not report its revenue.

A corrected version of the story is below:

Ace beats Street 3Q forecasts

Ace tops 3Q earnings and revenue expectations

ZURICH (AP) _ Ace Ltd. (ACE) on Tuesday reported third-quarter earnings of $528 million.

The Zurich-based property and casualty insurer said it had net income of $1.62 per share. Earnings, adjusted for investment gains, were $2.74 per share.

The results beat Wall Street expectations. The average estimate of eight analysts surveyed by Zacks Investment Research was for earnings of $2.38 per share.

Ace shares have declined slightly more than 3 percent since the beginning of the year, while the Standard & Poor's 500 index has declined slightly more than 1 percent. In the final minutes of trading on Tuesday, shares hit $111.05, an increase of nearly 6 percent in the last 12 months.

Kyodo News는 2015년 10월 16일 무려 일주일이 넘게 지난 기사를 다음과 같이 정정보도하고 있다.

CORRECTION (:War-Nuclear (Feature): moved Oct. 8)

In the story headlined "FEATURE: Ex-nuclear plant worker calls for end to atomic power generation," please note the following CORRECTION.

At 4th graf, please read...ChugokuElectric... (not ...Chubu Electric... as sent).

A corrected version will move momentarily.

CORRECTED: FEATURE: Ex-nuclear plant worker calls for end to atomic power generation

Based on his own experience working in the nuclear power industry, Ichio Isobe, 92, is gravely concerned by moves to reactivate Japan's nuclear power plants.

"Given its small national land, people won't have a place to live if an accident like the (March 2011) Fukushima Daiichi nuclear plant occurs again," said

Isobe, a stern opponent of a proposal to build a nuclear power plant on the coast of the Inland Sea in Yamaguchi Prefecture.

Isobe lives on Iwai Island, a small island off that coast.

In 1982, ChugokuElectric Power Co. proposed building a nuclear power plant on the shore in Kaminoseki, Yamaguchi Prefecture, 3.5 kilometers from Iwai Island. The sea between the planned construction site and the island is a very fertile fishing area.

After returning to Japan in December 1945 from World War II, Isobe worked at various times at an underground coal mine, a thermal power plant and at the Fukushima Daiichi nuclear power plant, where in 2011 the worst nuclear disaster since Chernobyl occurred.

XXX

파트 II

Part Two

리뷰 · Review of stories

리뷰

Review of stories

이 책의 2부는 40여 개에 달하는 연합뉴스 기사를 심의(review)하여 기사의 일부 혹은 전체를 재작성(rewrite)하여 만들었다. 방대한 분량이다. 대부분 2015년 상반기에 만들어진 기사다. 출입처에 파견된 기자가 현장에서 작성한 기사는 담당부장과 원어민의 손을 거쳐 외부로 송출된다. 그 과정에서 시간 제약 등 여러 가지 이유로 완성도가 떨어진 채 송고되는 경우가 발생 하는데 시간을 두고 살펴보면 개선할 점을 발견하게 된다.

연합뉴스에서 오랫동안 근무하면서 이 책의 저자가 한 일의 일부는 이와 같이 송출된 기사를 심의하여 기자 재교육용으로 활용하는 것이다. 이런 과정을 통해 기자는 자기의 문제점을 알게 되고 개선하여 발전해 나간다. 발전의 속도는 스스로의 노력에 비례한다. 이 책의 독자에게도 도움이 되었으면 한다.

제시된 기사는 심의결과에 따라 비슷한 유형별로 묶었다. 원래 계획은 기사마다 세 가지 즉, 기자가 작성한 기사, 송출된 기사, 재작성된 기사를 제시하여 서로 비교해 보도록 하는 것이었다. 분량이 너무 방대하여 기자가 작성한 초고 기사는 제외했다. 기자가 작성한 기사와 외부 송출 기사의 차이가 크게 다르지 않다는 점도 고려한 결정이었다.

이런 과정을 거쳐 제시된 아래의 각 기사는 송출된 기사와 재작성된 기사로 구성되었다. 그 사이에 재작성이 왜 필요한지, 그 이유를 설명했다.

독자의 편의를 위해 각 기사에서 중요하게 언급된 context나 배경 설명은 하이라이트를 했다.

〈내용이 부실한 lead〉

1

SEOUL, Oct. 27 (Yonhap) -- Senior U.S. and Chinese officials exchanged barbed remarks Tuesday as tension soared over the territorial dispute in the South China Sea.

Chinese Vice Foreign Minister Liu Zhenmin and Amb. Sung Kim, U.S. deputy assistant secretary of state for Korea and Japan, were among the speakers at a forum here on peace and cooperation in Northeast Asia.

The three-day forum opened just hours after the U.S. sent a warship near one of China's artificial islets in the South China Sea in protest against Beijing's growing assertiveness in its territorial spats with several Southeast Asian nations.

"Difficulties and challenges abound in this region," Liu said in English in a keynote speech to the forum. "Northeast Asian countries have different political systems and development paths. There are differences and disputes between countries on history, territory, maritime jurisdiction and resources."

He stressed that "mutual respect" is the basis of political

interactions.

"We need to respect each other's core interests and major concerns," he said. Immediately speaking after him, Kim reiterated Washington's stance that the rule of law is important.

"The United States believes that reinforcing a rules-based order is the critical puzzle piece for a peaceful and prosperous region," he said in his own keynote speech. "By adhering to international rules and norms, we act in agreed predictable ways that preserve a stable status quo in the region."

The forum also brought together foreign envoys here to discuss the Northeast Asia Peace and Cooperation Initiative (NAPCI), a key foreign policy objective of President Park Geun-hye that aims to promote regional harmony by first building trust through cooperation on soft issues, such as nuclear safety and disaster management.

Many lauded South Korea's efforts to take a leading role, but some pointed out a key challenge posed by North Korea's absence in the process.

"The question is how we can bring different processes together and increase ownership for what is at stake in the region," said Amb. Gerhard Sabathil, head of the EU delegation to Seoul. "It's a process which needs time and we need, of course, also the engagement of what we call in Europe the black hole of Northeast Asia -- North Korea."

Russian Ambassador to South Korea Alexander Timonin called for more efforts to engage North Korea.

"There will be no progress in NAPCI fulfillment without involvement of North Korea because North Korea is a part of the international system, part of the Northeast Asia," he said.

Re lead:

"SEOUL, Oct. 27 (Yonhap) -- Senior U.S. and Chinese officials exchanged barbed remarks Tuesday as tension soared over the territorial dispute in the South China Sea."

미국과 중국이 마치 남중국해에서 서로 영토 분쟁을 하고 있는 것처럼 보인다. 이는 사실이 아니다. 미국은 단지 중국이 국제법을 어기고 주변국과 영토분쟁 중인 지역에서 자유 항해권과 항공권을 제한하려는 시도를 하고 있다고 믿고 이를 용인하지 않겠다는 것이다. 하이라이트된 네 번째 nut graf는 이 기사의 핵심이다.

SEOUL, Oct. 27 (Yonhap) -- U.S. and Chinese officials openly exchanged barbs Tuesday as tension soared in the East China Sea, where Beijing is strengthening its territorial assertiveness against neighboring countries, including Vietnam and the Philippines.

Chinese Vice Foreign Minister Liu Zhenmin and Sung Kim, U.S. deputy assistant secretary of state for Korea and Japan, were among the speakers at a forum in Seoul meant to promote peace and cooperation in Northeast Asia.

The three-day forum opened just hours after the United States sent a warship close to one of China's artificial islets in the South China Sea, challenging Beijing's growing territorial ownership in the area.

The United States has no territorial dispute with China in the region but it believes that Beijing's growing territorial spat with Japan, Vietnam and the Philippines over the area is undermining the widely recognized international rule of maritime navigation.

"Difficulties and challenges abound in this region," Liu said in English in a keynote speech to the forum. "Northeast Asian countries have different political systems and development paths. There are differences and disputes between countries on history, territory, maritime jurisdiction and resources."

He stressed the importance of "mutual respect" to avoid unnecessary friction, saying, "We need to respect each other's core interests and major concerns."

The assistant U.S. secretary of state took the podium, reiterating Washington's stance that the rule of law is important.

"The United States believes that reinforcing a rules-based order is the critical puzzle piece for a peaceful and prosperous region," Kim said in his keynote speech. "By adhering to international rules and norms, we act in agreed predictable ways that preserve a stable status quo in the region."

XXX

2

BEIJING, Oct. 13 (Yonhap) -- China lashed out Tuesday at remarks by Japan's top government spokesman that Tokyo may cut funding for the U.N. cultural body in a protest against UNESCO's inscription of Chinese documents related to the 1937 Nanjing Massacre on its Memory of the World register.

China won UNESCO's approval last week that added documents on the mass murders and rapes, committed by Japan's Imperial Army when it invaded Nanjing in 1937, to the list.

Japanese Chief Cabinet Secretary Yoshihide Suga told reporters in Tokyo earlier in the day that it was "problematic" for UNESCO to make the decision, saying that Tokyo may reduce its funding for the U.N. body.

Asked about the remarks by Suga, Chinese foreign ministry spokeswoman Hua Chunying said, "What the Japanese side has said is a blatant threat, is shocking and is totally unacceptable."

"UNESCO upheld an objective and fair stance when they listed China's Nanjing Massacre documents on the Memory of the World register," Hua said.

"I want to stress that the Japanese side made a threat to reduce its financial contributions to the UNESCO, but the Japanese side can never remove its stain on history," Hua said. "The harder it tries to remove it, the darker the stain gets."

Diplomatic relations between China and Japan have never been good because of their shared history and a bitter dispute over a group of uninhabited islands in the East China Sea.

Re lead:

"BEIJING, Oct. 13 (Yonhap) -- China lashed out Tuesday at remarks by Japan's top government spokesman that Tokyo may cut funding for the U.N. cultural body in a protest against UNESCO's inscription of Chinese documents related to the 1937 Nanjing Massacre on its Memory of the World register."

일본 관방 장관은 정부 대변인으로 일본을 대내외적으로 대표한다. 그의 발언은 일본 정부의 공식 입장이다. 따라서 중국의 반응은 관방 장관 개인에 대한 논평이 아니고 일본 정부를 향한 공식 반응이다. 관방 장관의 논평 중 문제가 된 발언 전체 quote가 기사에 나타나 있지 않다. 그리고 일본의 UNESCO에 대한 지원 규모는?

☞ BEIJING, Oct. 13 (Yonhap) -- China blasted Japan Tuesday for threatening to halt its funding for UNESCO after the U.N. body included disputed Chinese documents about the 1937 Nanjing Massacre in its Memory of the World register.

Despite Japan's objection, UNESCO last week added to its list of Memory of the World register Chinese documents on the mass murders and rapes committed by Japan's Imperial Army soldiers when they overran Nanjing, a major city in China, during the second Sino-Japanese War.

The row is the latest in a series of history-related disputes that have soured relations between the two world powers. They are also in dispute over a group of uninhabited islets in the East China Sea, called Senkaku in Japan and Diaoyu in China.

Commenting on UNESCO's move, Japanese Chief Cabinet Secretary Yoshihide Suga told reporters in Tokyo earlier in the day that it was "problematic" for the U.N. body to make the decision.

Currently, Japan is the second largest financial supporter of UNESCO after the United States. Its

contribution to the body last year amounted to US$22 million.

In Beijing, Chinese Foreign Ministry spokeswoman Hua Chunying took issue with Suga's comments, saying, "What the Japanese side has said is a blatant threat, is shocking and is totally unacceptable."

"UNESCO upheld an objective and fair stance when they listed China's Nanjing Massacre documents on the Memory of the World register," she said during a regular news briefing.

"I want to stress that the Japanese side made a threat to reduce its financial contributions to the UNESCO, but the Japanese side can never remove its stain on history," she said, adding that "The harder it (Japan) tries to remove it, the darker the stain gets."

The Nanjing event remains a contentious political issue between China and Japan, as aspects of it have been disputed by Japan constantly. Japanese nationalists assert that the massacre has been either exaggerated or fabricated for propaganda purposes.

According to Chinese documents, up to 300,000

Nanjing citizens were killed by invading Japanese troops. Japan has admitted to the killing of a large number of civilians, looting and other violence committed by its troops in Nanjing but claims that the death toll was much lower.

3

SEOUL, Jan. 4 (Yonhap) -- South Korea has increased financial support this year for asylum seekers coming to the country, the justice ministry said Sunday.

The government has approved a 510 million won (US$461,747) budget this year to assist refugee applicants from overseas, 50 percent higher than the amount given out in 2014.

Asylum seekers in South Korea have been increasing in number in recent years. In 2012 and 2013, the figure came to 1,143 and 1,574 people, respectively, while in the January-November period of last year, the number jumped 63 percent on-year to a total of 2,565, according to government data.

The number of those that qualified for financial aid has also increased, coming to 157 in December, up more than eightfold compared to the 19 people who received the support in February last year.

The government's financial support program was implemented in 2014. The money helps cover the living costs of those who have requested refugee status but are awaiting final approval.

A monthly allowance of 409,000 won will be given per person, up 7 percent from last year's 382,200 won, according to the Ministry of Justice. The government will also provide 1.31 million won to households of five, which is nearly 6 percent higher than the amount given out in 2014.

Last year, 340 million won went to 319 people.

The number of people given permission to reside here as refugees, meanwhile, has remained steady in recent years. A total of 61 people were admitted into the country as refugees in the first 11 months of last year, up 1.67 percent compared to the 60 registered in 2012, according to government data.

Re lead:

"SEOUL, Jan. 4 (Yonhap) -- South Korea has increased financial support this year for asylum seekers coming to the country, the Justice Ministry said Sunday."

정부의 이번 예산 증액 결정은 북한 탈북자와는 관계가 없다. 이에 대한 언급이 기사에 없다. 독자가 모든 것을 알고 있으리라는 추정은 위험하다. 오해를 불러일으킬 수 있는 내용은 적극적으로 설명해야 한다.

☞ SEOUL, Jan. 4 (Yonhap) -- South Korea has increased its budget for foreigners coming to the country to seek political asylum this year, as their number is expected to grow significantly, the Justice Ministry said Sunday.

The government has allocated 510 million won (US$461,747) in its budget for this year to assist foreign political refugees, whose number has risen 50 percent from last year, the ministry said in a report. **The support program, launched in 2014, is for foreign refugees only and would not be applicable to North Korean defectors.**

The program, meant to cover the living costs of those

who have requested political refugee status, is now awaiting Cabinet approval.

A monthly allowance of 409,000 won will be given per person, up 7 percent from last year's 382,200 won. The government will also provide 1.31 million won to households of five, which is nearly 6 percent higher than the amount given out in 2014.

Last year, 319 foreign asylum seekers received 340 million won each.

The report gave no further details, saying only that the number of foreign asylum seekers in South Korea is expected to continue to rise. South Korea accepts only documented foreign political refugees.

North Koreans defect to South Korea by the hundreds or thousands a year but South Korean law does not recognize them as foreigners. In 2012 and 2013, the figure came to 1,143 and 1,574, respectively, while in the January-November period of last year, it jumped 63 percent on-year to 2,565, according to government data.

4

SEOUL, Feb. 1 (Yonhap) -- Hyundai Motor Group, the world's fifth-largest automotive conglomerate, proposed building a 115-story structure on the land it bought from Korea Electric Power Corp. (KEPCO) last year, Seoul city officials said Sunday.

The building planned by the group would be 571 meters tall and have a floor area ratio of 799 percent. It will be made up of offices, a convention center, hotel and shopping area.

The conglomerate bought the 79,345-square-meter plot of land in southern Seoul for a staggering 10.55 trillion won (US$9.63 billion) in September last year.

Hyundai, South Korea's second-largest family-run business group, said the convention center alone will cover 15,000 square meters of floor space. This, it said, could augment the extensive exhibition halls at COEX across the street.

The convention facility is in line with plans by municipal authorities to turn the neighborhood into a world-class meeting, incentive, convention and exhibition industry (MICE) region.

City officials plan to convene a meeting of experts to review the proposal to see what impacts the building plan will have on traffic and the nearby environment.

Sources at the finance ministry said Hyundai may be able to skirt the corporate income recirculation tax by building the skyscraper and convention space.

"It is highly likely that the new building will be considered as work-related real estate," an official said. This will allow the conglomerate to claim exemptions from the new tax scheme that aims to get companies to spend excess profits.

Under the tax system, if a company does not spend a certain proportion of its profits on fresh investments, dividend payments to shareholders or as wages, it can be slapped with a 10 percent tax on earnings.

Hyundai is expected complete the payment transaction for the KEPCO land by September 2015, and will likely start construction in January 2017.

Re lead:

"SEOUL, Feb. 1 (Yonhap) -- Hyundai Motor Group, the world's fifth-largest automotive conglomerate, proposed building a 115-story structure on the land it bought from Korea Electric Power Corp. (KEPCO) last year, Seoul city officials said Sunday."

새로운 현대자동차 사옥은 완성되면 국내 최고층 건물이 된다. 대한민국 최고층 건물은 기사의 중요한 요소로 lead에 언급될 만하다. 이 기사의 lead와 전체 구성은 국문 기사와 비슷하고 의미 있는 정보가 서로 유기적으로 연결되지 못하고 있다. 현대가 국내 최고층 빌딩을 건설한다는 사실이 중요하지 그것을 어디에 짓는지 굳이 lead에 포함시킬 필요는 없어 보인다. 다시 말해 그 건물을 한국 전력으로부터 사들인 부지에 짓는다는 사실은 lead에 들어갈 만큼 중요하지 않다.

☞ SEOUL, Feb. 1 (Yonhap) -- Hyundai Motor Group, the world's fifth-largest automotive conglomerate, plans to build a 115-story multipurpose office tower in Seoul which, when completed in 2021, will become South Korea's tallest skyscraper, city officials said Sunday.

The family-run conglomerate bought a 79,345-square-meter piece of prime land in southern Seoul from the state-run Korea Electric Corp. for a staggering 10.55 trillion won (US$9.63 billion) in an open bid in September. It beat out the Samsung Group, which reportedly offered about half the price Hyundai proposed.

In its plan submitted to the Seoul city government, Hyundai has proposed building a 115-story tower on the land for office space, a hotel, convention facilities and a shopping mall, city officials said.

The Hyundai tower would stand 571 meters high, 16 meters higher than the Lotte Jamsil Shopping Center now under construction. When completed in 2016, the Lotte Shopping Center will become the nation's tallest structure.

Hyundai Motor Group, South Korea's second-largest family-run business conglomerate, said the convention center alone will cover 15,000 square meters of floor space. This, it said, could augment the extensive exhibition halls at COEX across the street.

xxx

SEOUL, Feb. 8 (Yonhap) -- South Korea's main opposition party elected **a former confidant of the late former President Roh Moo-hyun** as its new leader on Sunday, giving him a mandate to rebuild the embattled party.

Rep. Moon Jae-in, who served as Roh's chief of staff during his term from 2003 to 2008, won the race for chairman of the New Politics Alliance for Democracy (NPAD) with 45.3 percent of the vote in the party's national convention. His rival, Park Jie-won, a three-term lawmaker, garnered 41.78 percent.

"Party members voted for a change, and I will fulfill the grave mission," Moon said in an acceptance speech. "I will wage a full-out war with the government of President Park Geun-hye if it continues to ruins democracy and the livelihoods of ordinary people."

Moon replaces the current interim chief, Moon Hee-sang, who took office in September after his predecessor resigned amid factional infighting.

NPAD has been headed by the interim leader since its two co-leaders -- Kim Han-gil and Ahn Cheol-soo -- stepped down to take responsibility for the party's crushing defeat in July's parliamentary by-elections.

The new NPAD leader is faced with a daunting task of regaining public confidence in the opposition party, which has been dogged by infighting between a pro-Roh faction and others.

Moon pledged to end the "factional politics" by establishing a transparent and fair nomination system to pick the right candidates for the upcoming general election.

A weekly survey by Gallup Korea showed Friday that the approval rating for NPAD came to 24 percent, far lower than the ruling party's 41 percent.

The new leader is seen as a potential presidential candidate in the next election slated for late 2017. In the previous election in December 2012, Moon was the standard-bearer of NPAD's predecessor but he eventually lost to then candidate and now President Park Geun-hye of the ruling Saenuri Party.

Before the national convention, Moon said he would not stand for the next parliamentary elections scheduled for 2016 if he is elected chairman.

In response to the new chief's strong stance on the Park

administration, the ruling Saenuri Party urged Moon to lead his own party in harmony and make bipartisan efforts to deal with urgent issues pending in the parliament.

"The temporary parliamentary session in February should be a turning point as (NPAD) should work with the ruling party to handle several issues, including reform of the government employees' pension system and bills aimed at boosting the economy," Saenuri spokesman Kwon Eun-hee said in a briefing.

Re lead:

"SEOUL, Feb. 8 (Yonhap) -- South Korea's main opposition party elected a former confidant of the late former President Roh Moo-hyun as its new leader on Sunday, giving him a mandate to rebuild the embattled party."

새정치민주연합 문재인 대표를 노무현 대통령의 측근이라고 소개하고 있다. 그는 또한 2012년 대통령 선거에서 야권의 단일 후보였다. 대통령 후보 경력이 외국인 독자에게 보다 중요한 정보가 아닐까?

☞ SEOUL, Feb. 8 (Yonhap) -- Moon Jae-in, **the opposition bloc's unsuccessful presidential candidate in the 2012 election,** took the helm of South Korea's embattled main opposition party Sunday, accusing President Park Geun-hye of backtracking on democracy and mis-handling the economy.

Moon, 62, a three-term lawmaker who served as former President Roh Moo-hyun's chief of staff from 2003 to 2008, was elected chairman of the New Politics Alliance for Democracy (NPAD) in a national convention in Seoul. He collected 45.3 percent of the vote, beating out his rival, Park Jie-won, also a three-term lawmaker, who garnered 41.78 percent.

"Party members voted for a change, and I will fulfill the grave mission," Moon said in an acceptance speech. "I will wage a full-out war with the government of President Park Geun-hye if it continues to ruin democracy and the livelihoods of ordinary people."

Moon replaced the interim party chief, Moon Hee-sang, who took office in September after his predecessor resigned amid factional infighting. The two Moons are unrelated.

XXX

6

SEOUL, Feb. 9 (Yonhap) -- Dessert cafe franchise Sulbing said Monday it plans to open 150 branches **in the world's second-largest economy** by 2017, joining in a legion of South Korean food producers and confectioneries that have expanded abroad to secure new growth engines.

Sulbing has signed a deal with China's Shanghai Yabin Food Stuff Trade Co. to open two branches in Shanghai by April and have 150 branches across the country by 2017, the company said in a press release. The move marks the company's first overseas expansion.

The dessert franchise, which kicked off as a small downtown cafe in the port city of Busan, 453 kilometers southwest of Seoul, has quickly ballooned to 490 branches throughout the country in less than two years as its "bingsu" dish captured local taste buds. Bingsu is a traditional dessert made up of shaved ice, red bean and an array of toppings such as milk syrup and rice cake.

Following its landing in mainland China, Sulbing plans to open more branches in Hong Kong, Macau and other

Southeast Asian countries, according to the company.

The dessert cafe chain is the latest in a series of food producers, confectioneries and restaurant chains, such as Orion and Paris Baguette, that have gone overseas amid market saturation at home.

Re lead:

"SEOUL, Feb. 9 (Yonhap) -- Dessert cafe franchise Sulbing said Monday it plans to open 150 branches in **the world's second-largest economy** by 2017, joining in a legion of South Korean food producers and confectioneries that have expanded abroad to secure new growth engines."

한국의 외식업체 '설빙'의 중국 진출을 소개하고 있다. Lead에 중국이라는 국가명 대신 "the world's second largest economy"라고 명시하여 읽는 독자를 잠시 주춤거리게 한다. 중국이 미국에 이어 세계 제2의 경제 대국이 된 것은 널리 알려져 있지만 모르는 독자도 있을 것이다. 기사는 모든 독자가 머뭇거리지 않고 이해할 수 있을 정도로 평이해야 한다.

☞ SEOUL, Feb. 9 (Yonhap) -- Dessert cafe franchise Sulbing said Monday it plans to open 150 branches **in China** by 2017, joining in a legion of South Korean food producers and confectioneries that have expanded abroad to secure new growth engines.

Sulbing has signed a deal with China's Shanghai Yabin Food Stuff Trade Co. to open two branches in Shanghai by April and have a total of 150 branches across the country by 2017, the company said in a press release. The move marks the company's first overseas expansion.

The dessert franchise, which started as a small downtown cafe in South Korea's second largest city, Busan, has quickly ballooned to 490 branches throughout the country in less than two years as its "bingsu" dish captured local taste buds. Bingsu is a traditional dessert made up of shaved ice, red bean and an array of toppings such as milk syrup and rice cake.

Sulbing officials said they believe China, the world's second-largest economy, has a great potential for their business expansion.

Following its landing in mainland China, Sulbing plans to open more branches in Hong Kong, Macau and other

Southeast Asian countries, according to the company.

The dessert cafe chain is the latest in a series of food producers, confectioneries and restaurant chains, such as Orion and Paris Baguette, that have gone overseas amid market saturation at home.

7

SEOUL, Feb. 22 (Yonhap) -- Scores of South Koreans assembled in central Seoul on Sunday to denounce Japan for holding a ceremony that promotes Tokyo's territorial claim over South Korea's easternmost islets of Dokdo.

In 2005, Japan's Shimane Prefecture, which claims administrative sovereignty over the islets, designated Feb. 22 as a day to promote Takeshima, the Japanese name for Dokdo. Since then, Shimane has hosted various programs to strengthen its territorial claims to the islets on this day.

Tokyo sent a vice-minister-level official to this year's ceremony as a government representative, marking the third year in a row that it has sent a ranking official to the controversial event.

Some 150 South Koreans, who belong to a civic group promoting South Korea's sovereignty over Dokdo, gathered in front of the Japanese embassy here to call for Tokyo to cancel the designation.

"Japan should annul the designation of Takeshima Day," the civic group said. "In addition, Tokyo should immediately stop the annual event and attempts to distort history through textbooks."

"Japan, despite knowing very well that Dokdo is our territory, has tried to take the islets away from us every year. They even chose a textbook that teaches (such nonsense) to their future generations."

A 51-year-old man, who claimed to be a member of a group that promotes South Korea's sovereignty over the islets, threw a plastic bottle filled with filth at the embassy. He was taken away by the police, who believe he has carried out similar acts in the past.

The rocky outcroppings, which lie closer to South Korea than Japan in waters between them, have been at the center of a diplomatic row since Japan's colonial rule of

the Korean Peninsula in the early part of the 20th century.

South Korea has rejected Japan's claim to Dokdo since the country regained its independence from Japan's 1910-45 colonial rule and reclaimed sovereignty over its territories, including Dokdo.

Re 7th para:

"A 51-year-old man, who claimed to be a member of a group that promotes South Korea's sovereignty over the islets, threw a plastic bottle filled with filth at the embassy. He was taken away by the police, who believe he has carried out similar acts in the past."

The rocky outcroppings, which lie closer to South Korea than Japan in waters between them, have been at the center of a diplomatic row since Japan's colonial rule of the Korean Peninsula in the early part of the 20th century.

Lead로 사용할 만한 내용이 일곱 번째 단락에 숨어 있다. 과격한 항의, 시위는 언제나 좋은 lead 자료다. 더구나 이 기사의 경우 항의의 표시가 특이하지 않은가? 그리고 독도에 대한 설명이 그 다음 여덟 번째 단락에 나오는데 너무 늦다.

☞ SEOUL, Feb. 22 (Yonhap) -- An angry South Korean man was detained Sunday after throwing a plastic bottle filled with human feces into the Japanese Embassy compound in downtown Seoul as scores of compatriots rallied nearby, protesting Japan's continuing campaign to promote its territorial claim to South Korea's easternmost islets of Dokdo, police said.

South Korea and Japan normalized relations in 1965 but the islets, called Dokdo in Korean and Takeshima in Japanese, have long been a major thorn in relations between the two historical rivals. Japan colonized the Korean Peninsula from 1910-45.

The territorial spat over the islets deteriorated in 2005 when Japan's Shimane Prefecture facing the Korean Peninsula across a body of water designated Feb. 22 as a day to promote its administrative control over them. Shimane has since hosted various programs to assert its ownership over the islets on this day.

For this year's Takeshima Day program, Japan's central government sent a vice-minister-level official as its representative for the third year in a row, prompting South

Korea to lodge a formal protest.

"It's really deplorable that the Japanese government once again had a high-ranking official attend a provocative event hosted by a local government," South Korean Foreign Ministry spokesman Noh Kwang-il said in a statement, calling the Japanese move a "historically regressive behavior."

"We want to remind the Japanese government once again that we don't tolerate any provocation on Dokdo, which is unequivocally our territory, historically, geographically, and by international law," he said.

South Korea's Foreign Ministry plans to summon a Japanese Embassy official to file a formal protest, ministry sources said.

The Japanese move hit a raw nerve in South Korea, where many older people, still vividly remember how they suffered under 35 years of Japanese colonial rule. One key unresolved issue is Japan's sexual enslavement of Korean women for its World War II soldiers.

In front of the Japanese Embassy in central Seoul on Sunday, some 150 angry South Koreans staged a protest rally, shouting for their country's sovereignty over Dokdo.

"Japan should annul the designation of Takeshima Day," the protesters said in a statement. "In addition, Tokyo should immediately stop the annual event and attempts to distort history through textbooks."

"Japan, despite knowing very well that Dokdo is our territory, has tried to take the islets away from us every year. They even chose a textbook that teaches (such nonsense) to their future generations," the statement said.

One of the protesters slipped past police guards and threw a plastic bottle filled with human waste into the Japanese Embassy compound over a 4.5-meter-high brick fence. Witnesses said the man was immediately arrested by police.

The identity of the man was unknown except that he is 51 years old.

8

WASHINGTON, Feb. 22 (Yonhap) -- A bipartisan group of lawmakers in the U.S. House of Representatives have introduced a new bill calling for granting non-immigrant U.S. visas for highly-skilled workers from South Korea, Congressional records showed Sunday.

The 20 lawmakers, led by Rep. Peter J. Roskam (R-IL), submitted the bill (H.R.1019) on Friday, according to the records. The legislation is titled, "To provide high-skilled visas for nationals of the Republic of Korea, and for other purposes."

Details of the legislation were not immediately available.

But it is believed to be similar to previous bills that had called for issuing up to 15,000 H-1B visas each year to South Koreans with professional skills in such areas as information technology, engineering, mathematics, physical sciences, social sciences, biotechnology and medicine and health.

Currently, such visas are granted to only about 3,500 South Koreans a year. South Korea's government has sought to increase the number, saying the current amount falls far short of the need in consideration of a growing number of South

Koreans studying and seeking jobs in the U.S.

In 2013, Roskam introduced a similar bill (H.R.1812), also known as "Partner with Korea Act," and an identical bill (S.2663) was also introduced in the Senate last year. But those bills were later scrapped as the previous Congress expired.

The U.S. allows companies to temporarily hire foreign workers in specialty occupations by issuing the H-1B visa. If the legislation becomes law, South Korea will no longer be subject to the 85,000 annual visa limit for H-IB visas worldwide.

The 19 co-sponsors are Reps. Donald S. Beyer Jr. (D-VA), Madeleine Z. Bordallo (D-GU), Gerald Connolly (D-VA), Eliot Engel (D-NY), Mike Honda (D-CA), Ed Royce (R-CA), Tom Cole (R-OK) and Blake Farenthold (R-TX). Doug Collins (R-GA), Trent Franks (R-AZ), James A. Himes (D-CT), George Holding (R-NC), Alan S. Lowenthal (D-CA), Grace Meng (D-NY), Adam B. Schiff (D-CA), Adam Smith (D-WA), Mark Takano (D-CA), Chris Van Hollen (D-MD), Lynn A. Westmoreland (R-GA).

Re lead:

"WASHINGTON, Feb. 22 (Yonhap) -- A bipartisan group of lawmakers in the U.S. House of Representatives have introduced a new bill calling for granting non-immigrant U.S. visas for highly-skilled workers from South Korea, Congressional records showed Sunday."

· 미국은 각국의 전문직 종사자에게 비이민 비자를 제한적으로 발급하고 있다. 그러나 이 기사의 lead에 따르면 한국인에게는 이런 비이민 비자, 즉 전문직 비자가 전혀 발급되지 않는 것처럼 보인다. 사실이 아니다. 새로 추진되는 법은 한국인에게 이 분야의 비자 발급을 늘리기 위해서다.

☞ WASHINGTON, Feb. 22 (Yonhap) -- A new bill has been introduced in the U.S. House of Representatives calling for **more** non-immigration visas to be issued for high-skilled South Korean professionals, congressional records showed Sunday.

A group of 20 bipartisan lawmakers, led by Rep. Peter J. Roskam (R-IL), sponsored the bill (H.R.1019) on Friday, according to the records. The legislation is titled, "To provide high-skilled visas for nationals of the Republic of Korea, and for other purposes."

The bill, if adopted by both houses of Congress, would drastically increase the number of high-skilled South Korean professionals to be admitted to the U.S. with non-immigration visas.

Details of the legislation were not immediately available but it is believed to be similar to previous unsuccessful bills that had called for up to 15,000 H-1B visas each year for South Koreans in such high-skilled areas as information technology, engineering, mathematics, physical sciences, social sciences, biotechnology and medicine and health.

XXX

9

SINGAPORE, March 29 (Yonhap) -- South Korean President Park Geun-hye on Sunday attended the funeral ceremony of Lee Kuan Yew, founder of Singapore.

It marked the first time for Park to attend a funeral of an

overseas political leader since taking office in 2013.

Park arrived at the service held at the University Cultural Center around 12:50 p.m. and stayed there for more than four hours, according to her office, Cheong Wa Dae.

Dressed in a black pantsuit, Park was joined by former and current heads of state in mourning Lee, who died Monday at 91. He is credited with transforming the port city into a thriving global finance and trade hub during his 31-year rule.

In the guest book, Park left a message in English, saying "His (Lee's) name will remain forever engraved in the pages of world history" and calling the deceased "a monumental leader of our time."

Park had known Lee personally. In 1979, when her father, then President Park Chung-hee, held talks with Lee in Seoul, Park Geun-hye served as a stand-in first lady. Her mother, Yook Young-su, had been killed in a failed assassination attempt on her father earlier.

The current president also served as an interpreter in a post-summit banquet that her father hosted for the then leader from Singapore.

The junior Park had met Lee on a visit to South Korea in May

2006, and later traveled to Singapore at Lee's invitation in July 2008.

Park is scheduled to arrive back in South Korea early Monday. Because of the short duration of her visit, Cheong Wa Dae had earlier said Park hadn't set aside time for any formal talks with other leaders visiting Singapore.

It wasn't immediately clear to whom Park spoke during the ceremony. She was seated next to Israeli President Reuven Rivlin and Myanmar President Thein Sein.

Re lead:

"SINGAPORE, March 29 (Yonhap) -- South Korean President Park Geun-hye on Sunday attended the funeral ceremony of Lee Kuan Yew, founder of Singapore."

Lead의 내용이 너무 빈약하고 단조롭다. 박근혜 대통령이 바쁜 국내 일정에도 불구하고 먼 나라에서 열린 장례식에 참석한 것은 그만큼 공적이거나 사적으로 특별한 의미가 있는 것이 아닐까? 그 의미의 일단을 lead에 나타나도록 하여야 한다.

☞ SINGAPORE, March 29 (Yonhap) -- South Korean President Park Geun-hye attended the funeral of the late founding leader of Singapore Lee Kuan Yew on Sunday, **eulogizing him as "a monumental leader of our time."**

Park, dressed in black mourning clothes, was among dozens of foreign heads of state and dignitaries who attended the funeral at the University Cultural Center.

Before attending the ceremony, she left a message in English in the guest book in which she praised Lee as "a monumental leader of our time." Her message also said in part: "Your name will remain forever engraved in the pages of world history," according to her office.

Presidential officials earlier had said Park has no other schedules in Singapore, official or private, except for attending the funeral. She plans to return home on early Monday, they said.

During the funeral, Park was seated next to Israeli President Reuven Rivlin and Myanmar President Thein Sein.

According to presidential officials, Park has built close personal bonds with Lee and his family since the late Singapore leader, as prime minister of the city state, visited

Seoul in 1979 for a meeting with her father and then president, Park Chung-hee. At that time, she served as a stand-in first lady for her mother, who had been killed in a failed assassination attempt on her father years earlier.

Park also served as an interpreter in a post-summit banquet that her father hosted for Lee, the officials said. She met Lee again when he visited Seoul in 2006 and later traveled to Singapore in 2008 at Lee's invitation.

10

SEOUL, April 2 (Yonhap) -- Nancy Pelosi, the U.S. House minority leader, called on Japanese Prime Minister Shinzo Abe Thursday to apologize for the sexual slavery of Korean and other Asian women during World War II.

"We have been clear about what we'd like to hear about comfort women," Pelosi told reporters when asked about her view on Abe's planned congressional speech in Washington later this month. "I hope that a statement will be made to free (Japanese) people from this burden of the issue of comfort women."

She made the remarks soon after she met with Foreign Minister Yun Byung-se.

The Ministry of Foreign Affairs said they have exchanged ideas concerning North Korea as well as the relationship between South Korea and Japan.

It added Yun asked Pelosi for the U.S. Congress' cooperation in encouraging Abe to deliver an apology over the history including sex slaves, as well as positive messages to South Korea and its surrounding countries.

South Korea has repeatedly pressed Japan to face up to history, especially over the elderly Korean women who were forced into sexual slavery for Japanese soldiers during World War II.

Still, there is no sign of progress in resolving the issue that hinders close relations between South Korea and Japan, two key U.S. allies in Asia.

Abe described the sex slave issue as "human trafficking" without specifying the perpetrator in a recent interview with the Washington Post.

"I hope that he apologizes in some format, it does not have

to be before Congress," Pelosi said. "I would imagine if the prime minister is going to make a statement, he probably do that in his own country rather than somebody else's country."

Re lead:

"SEOUL, April 2 (Yonhap) -- Nancy Pelosi, the U.S. House minority leader, called on Japanese Prime Minister Shinzo Abe Thursday to apologize for the sexual slavery of Korean and other Asian women during World War II."

미국 하원의 낸시 펠로시 민주당 원내대표의 위안부 문제에 대한 입장은 널리 알려져 있다. 일본이 성의 있게 사과해야 한다는 것이다. 이런 맥락에서 서울에서 한 그의 발언은 특이하지 않다. 관심을 끄는 점은 아베가 사과한다면 그것을 반드시 4월 말로 예정된 미 의회 연설에서 할 필요는 없다는 점이다.

☞ SEOUL, April 2 (Yonhap) -- U.S. House minority leader Nancy Pelosi called on Japanese Prime Minister Shinzo Abe Thursday to apologize for his country's sexual enslavement of Korean women during World War II but said he will not necessarily have to do so when he addresses the U.S. Congress later this month.

Pelosi was in Seoul heading a 10-member congressional delegation on a tour of Asia that will also take her to Myanmar, Vietnam and Japan. In Seoul, she met with Foreign Minister Yun Byung-se and other top South Korean government officials to discuss, among other topics, the issue of the so-called "comfort women."

South Korea is pressing Abe to issue a sincere apology to the victims of Japan's wartime atrocities, including the comfort women, when he makes a speech before a joint session of the U.S. House and Senate during his official visit to Washington. Abe has so far denied Japan's direct involvement in the "comfort women," calling it an issue of "human trafficking."

"We have been clear about what we'd like to hear about comfort women," Pelosi told reporters when asked about Abe's planned congressional speech. "I hope that a statement will be made to free (Japanese) people from this burden of the issue of comfort women."

Pelosi said that if Abe decides to apologize on the issue, he would probably do so in Japan, not in a foreign country.

"I hope that he apologizes in some format, it does not have to be before Congress," Pelosi said after meeting with Yun. "I would imagine if the prime minister is going to make a statement, he probably would do that in his own country rather than somebody else's country."

The Ministry of Foreign Affairs said Yun and Pelosi have exchanged opinions on North Korea as well as the current relationship between South Korea and Japan.

XXX

11

SEOUL, May 18 (Yonhap) -- Foreign Minister Yun Byung-se and U.S. Secretary of State John Kerry on Monday reaffirmed that there is "no daylight" between the allies in dealing with

North Korea.

They also agreed to ratchet up pressure on North Korea, which has "recklessly abandoned" its obligations under U.N. resolutions.

"There is no daylight, not an inch, not a centimeter, not a microscope of difference between the United States and the Republic of Korea in our approach to the question of North Korea's provocations and its nuclear program," Kerry said at a joint press conference with Yun after their talks.

His visit here, the first in 15 months, came amid the North's growing threats. It recently announced the successful test-launch of a submarine-launched ballistic missile (SLBM), which would provide the country with an advanced way of delivering a nuclear warhead. The North also fired hundreds of artillery shells into the waters just north of the Yellow Sea border with the South last week.

Kerry stressed that such provocations show that the communist nation is running against Washington's efforts to resume dialogue and improve bilateral ties. He said the North should first demonstrate a genuine willingness to fulfill its denuclearization commitments.

"To this moment, particularly with its recent provocations, it is clear that (North Korea) has not even come close to meeting that standard," he said, adding that consultations are under way to increase pressure either through sanctions or other means.

In a separate meeting with Kerry, President Park Geun-hye said Seoul and Washington should send a consistent message urging North Korea to abandon its provocations, according to Park's office.

Last weekend, Kerry traveled to Beijing, where he voiced hope that a nuclear deal with Iran will send a positive message to North Korea.

Kerry told Park that Seoul and Washington should make strategic and creative efforts to induce North Korea to embrace change, noting Washington's nuclear deal with Tehran left only North Korea isolated. Kerry's trip came weeks before Park visits Washington for talks with U.S. President Barack Obama.

Kerry directly criticized North Korean leader Kim Jong-un for churning out "stories of grotesque, grisly, horrendous public displays of executions." Kim Jong-un is alleged to have ordered the public execution of Hyon Yong-chol, the North's defense minister.

Yun also said the sides agreed on the seriousness of the North's provocations and uncertainty over its leadership.

"In talks this time, we took note of uncertainty over North Korea's internal situations. We agreed to strengthen joint deterrence and coordination on the North Korea issue at a high level between South Korea and the U.S.," Yun said.

On a regional history row, Kerry made clear that Japan was responsible for the wartime sexual enslavement of Korean and other Asian women.

"With respect to the trafficking of women for sexual purposes by the Japanese military during that war, we have said many times that that was a terrible, egregious violation of human rights," he said.

The secretary's words were a repeat of Obama's comments on the so-called "comfort women" issue. In his trip to Seoul in April 2014, Obama used the same expression.

Kerry's statement, however, came amid lingering doubts here about whether the Obama administration is taking a balanced approach.

Addressing the U.S. Congress last month, Japanese Prime

Minister Shinzo Abe refused to offer a clear apology for the wartime sex slavery. U.S. officials, nonetheless, spoke much of Abe's speech as Washington and Tokyo beef up their alliance.

The two sides revised joint defense guidelines to allow Japan to expand the role of its self-defense forces abroad.

Kerry said "nothing can be done" by Japan without South Korea's consent in terms of issues related to the security of the peninsula.

He plans to visit the U.S. military base in Yongsan and deliver a lecture on cybersecurity at Korea University later in the day before heading back home.

Re lead:

"SEOUL, May 18 (Yonhap) -- Foreign Minister Yun Byung-se and U.S. Secretary of State John Kerry Monday reaffirmed that there is "no daylight" between the allies in dealing with North Korea."

"So-what"이라는 물음에 대한 답이 없어 lead가 단조롭다 "No daylight"를 lead에 부각시킨 것은 적절해 보이나 그에 대한 부연 설명이 필요하다.

☞ SEOUL -- South Korea and the United States are firmly united in dealing with North Korea, allowing "no daylight" in their joint approach to the increasingly hostile communist regime, their foreign ministers said after meeting in Seoul.

U.S. Secretary of State John Kerry was in Seoul after a trip to Beijing, where North Korea was a major topic, too, in talks with Chinese officials. His two-day visit to Seoul comes ahead of South Korean President Park Geun-hye's official visit to Washington next month.

"There is no daylight, not an inch, not a centimeter, not a microscope of difference between the United States and the Republic of Korea in our approach to the question of North Korea's provocations and its nuclear program," Kerry said at a joint press conference with his South Korean counterpart, Yun Byung-se.

Kerry's visit to South Korea, the first in 15 months, comes amid the North's growing security threats. The North recently test-launched a submarine-launched ballistic missile (SLBM), an indication that the country is trying to develop a new way of delivering a nuclear weapon.

The North also conducted a live-fire artillery drill near the border with South Korea in the Yellow Sea last week, firing hundreds of rounds. None of them landed on the South Korean side of the border.

Kerry stressed that such provocations show that the communist North is running against Washington's efforts to resume dialogue and improve bilateral ties. He said the North should first demonstrate a genuine willingness to fulfill its denuclearization commitments.

X X X

〈넓은 시야가 필요한 기사〉

SEOUL, Oct. 11 (Yonhap) -- President Park Geun-hye will visit the United States this week for summit talks with her American counterpart, Barack Obama, a senior presidential official said Sunday.

Park will depart for Washington on Tuesday for a four-day

trip, which will include a summit with Obama on Friday, senior presidential secretary for foreign affairs Ju Chul-ki said during a press briefing.

It will be Park's second official visit to the U.S. and her fourth summit with Obama since she took office in February 2013.

"The summit is expected to be a valuable opportunity to exchange in-depth opinions on not only the South Korea-U.S. alliance but also peace and stability on the Korean Peninsula and in Northeast Asia," Ju said.

The two sides have been in talks to adopt a joint fact sheet and a joint statement, which will likely contain a strong message against North Korea's missile and nuclear weapons development.

The meeting will be the latest in a series of summits between regional leaders, including last month's summit between Park and her Chinese counterpart, Xi Jinping, followed by a summit between Obama and Xi. South Korea, China and Japan are also scheduled to hold trilateral summit talks at the end of this month or the start of next month.

On Thursday, Park will make a rare visit to the Pentagon. In 2011, her predecessor, Lee Myung-bak, became the first South Korean president to visit the Defense Department.

Later that day, she will attend a lunch hosted by U.S. Vice President Joe Biden, where the two sides are expected to discuss ways to boost regional and global cooperation.

On Wednesday, she will visit the NASA Goddard Space Flight Center as part of efforts to strengthen bilateral cooperation on space issues.

Park will be accompanied on her trip by 166 business leaders, the largest number to date.

몇 가지 문제가 발견된다. 이 기사는 박 대통령이 오바마 미국 대통령과의 회담을 위해 출국하기 이틀 전에 송고되었다. 출국은 10월 13일에 예정되어 있었고 기사는 11일에 송고되었다. 문제는 박 대통령의 미국 방문은 새로운 뉴스가 아니라는 것이다. 박 대통령의 방미 계획은 두 달 전인 8월 13일에 이미 공식 발표되었고 그 내용은 이 기사와 똑같다. 같은 내용일지라도 다시 기사를 써야 할 경우 각도를 달리 해야 한다. 더구나 의례적인 청와대의 중복 발표를 긴급(URGENT) 기사로 타전할 필요가 있는지 의문이다.

(10월 11일에 송출된 긴급기사)

(URGENT) Park-US visit

(URGENT) President Park Geun-hye to visit U.S. Oct. 13-16, hold summit with Obama Oct. 16

☞ SEOUL, Oct. 11 (Yonhap) -- The evolving alliance and growing security threats from North Korea will top the agenda when South Korean President Park Geun-hye meets with U.S. President Barack Obama in Washington this week, a Seoul official said Sunday.

Park is scheduled to leave for Washington on Tuesday for an official five-day visit which will include a summit with Obama on Friday. Her itinerary also includes visits to the Pentagon and the NASA Goddard Space Flight Center.

"The summit is expected to be a valuable opportunity to exchange in-depth opinions on not only the South Korea-U.S. alliance but also peace and stability on the Korean Peninsula and in Northeast Asia," Ju Chul-ki, the senior presidential secretary for foreign affairs, told a press briefing.

It will be Park's second official visit to the United States and her fourth meeting with Obama since she took office in February 2013.

According to Seoul officials, the two countries have been in talks to adopt "a joint fact sheet and a joint statement," which will likely contain a strong message against North Korea's missile and nuclear weapons development.

The Park-Obama meeting will be the latest in a series of summits involving regional leaders, including last month's meeting between Park and her Chinese counterpart, Xi Jinping, followed by a summit between Obama and Xi. South Korea, China and Japan are also scheduled to hold a trilateral summit in Seoul at the end of this month or the start of next month.

x x x

SEOUL, Feb. 12 (Yonhap) -- A Seoul court sentenced a former vice president of Korean Airlines Co. to one year in prison Thursday for obstructing aviation safety by ordering a taxiing plane to return to the gate over in-flight service in December.

Cho Hyun-ah, the eldest daughter of the airline's chairman, faced five counts: changing the air route of a flight, violence leading to obstruction of aviation safety, intimidation, obstruction of business and obstruction of justice through deception.

The first, changing the air route, carries the heaviest penalty of up to nine years in prison with no option of suspension.

Cho was convicted of the charge despite her wish to receive a suspended jail term. Prior to the ruling, she had submitted six letters of apology to the judges to avoid imprisonment.

"It is questionable whether Cho truly feels remorseful," Judge Oh Seong-woo said in the ruling. "The so-called 'nut rage' case trampled on the integrity of humanity."

On Dec. 5, Cho ordered a senior crew member to de-plane after being served her macadamia nuts in an unopened bag instead of on a plate. The Seoul-bound Korean Air flight from New York had already been taxiing when she had it return to the gate.

She said the procedure violated the proper nut-serving protocol for first-class passengers. When the head of the cabin crew failed to find the section within the service manual explaining this protocol, she jabbed him with the manual multiple times and subjected him to verbal abuse, prosecutors said.

The news outraged the South Korean public, leading her to step down as vice president of cabin service four days later.

Cho had pleaded innocent, arguing that the airport runway

was not part of the “air route” stated in the law.

The court, however, said the air route covered the entire course from departure to arrival, including the runway. It also rejected her claim that she was unaware that the plane was taxiing.

“There was an in-flight announcement that the plane had left the gate and the seatbelt sign was on,” the judge said. “It was clearly taxiing.”

The judge, however, cleared her of the charges that she interfered with the transport ministry’s probe into the case. He stated there was no evidence that Cho benefited from the details leaked by a ministry official, identified only by his surname, Kim.

Prosecutors had sought a three-year prison term for Cho.

In the same ruling, a Korean Air executive, identified only by his surname, Yeo, was sentenced to eight months in jail for ordering his subordinates to destroy an initial report of the incident, in an apparent attempt to cover up Cho’s wrongdoing.

The transport ministry official surnamed Kim received a suspended jail term for leaking details of a government probe into the case to Yeo.

Re lead:

"SEOUL, Feb. 12 (Yonhap) -- A Seoul court sentenced a former vice president of Korean Airlines Co. to one year in prison Thursday for obstructing aviation safety by ordering a taxiing plane to return to the gate over in-flight service in December."

사건이 일어난 장소가 한국이 아닌 뉴욕이라는 점은 이 뉴스의 특이 사항이다. 뉴욕은 외국인이 쉽게 기억하고, 특별한 관심을 가지는 곳이다. 중요한 뉴스 요소로 lead에 언급될 만하다. 그리고 배경 설명이 여섯 번째 단락으로 내려가 있어 너무 늦다.

☞ SEOUL, Feb. 12 (Yonhap) -- A Seoul court found a former executive of Korean Airlines Co. guilty of obstructing aviation safety Thursday by ordering a taxiing plane back to the gate in New York in a fit of temper over in-flight service and sentenced her to one year in prison.

Prosecutors had sought a three-year jail sentence for Cho Hyun-ah over the incident, commonly called the "nut-rage" scandal.

Cho, 40, the eldest daughter of the airline's chairman,

Cho Yang-ho, became a subject of national uproar and international ridicule for forcing a Korean Air flight to return to its gate to deplane the purser at the John F. Kennedy Airport in New York on Dec. 5.

She was venting anger over the way she was served macadamia nuts in an unopened pack, not on a plate as required by the airline's service manual.

The Seoul-bound plane carrying 260 passengers had already been taxiing when it was forced to return to the gate. It subsequently arrived in Seoul about 15 minutes behind schedule. The news outraged the South Korean public, forcing Cho to step down as vice president of the airline four days later.

"It is questionable whether Cho truly feels remorseful," Judge Oh Seong-woo said in issuing the ruling. "The so-called 'nut rage' case trampled on the integrity of humanity."

Cho faced five counts: changing the air route of a flight, violence leading to obstruction of aviation safety, intimidation, obstruction of business and obstruction of justice through deception.

The first charge -- changing the air route -- carries

the heaviest penalty of up to nine years in prison with no option of suspension. Cho was convicted of the first charge despite her wish to receive a suspended jail term. Prior to the ruling, she had submitted six letters of apology to the judges, hoping to avoid imprisonment.

x x x

14

SEOUL, Feb. 11 (Yonhap) -- South Korea plans to help Cuba increase its food production and fight poverty with the World Food Program (WFP) starting this year, its first move to promote development cooperation with Havana, the foreign ministry said Wednesday.

Seoul and the U.N. food agency inked a preliminary deal on Tuesday to join a US$3 million project aimed at beefing up food production in Cuba between 2015 and 2017, officials said.

"It is meaningful as the project will be Seoul's first development project with Cuba," the government said in a statement.

South Korea has no diplomatic ties with Cuba while Havana has maintained its relationship with North Korea.

But South Korean Foreign Minister Yun Byung-se told lawmakers Tuesday that Seoul plans to make efforts to establish diplomatic relations with Cuba down the road.

Signs of improvement in the relations between the two nations have been growing in recent months.

In November, Seoul provided protective suits worth $1 million to Cuba in a bid to help hundreds of Cuban doctors do humanitarian work in Ebola-hit West Africa.

For the first time, Seoul will also participate in Cuba's International Book Fair, to be held in Havana from Feb. 12-22.

South Korea will display its literature books that have been translated into Spanish and English as well as children's books at the Korean booth during the fair.

Re 4th para:

"South Korea has no diplomatic ties with Cuba while Havana has maintained its relationship with North Korea."

모든 나라의 대외정책은 국익이 최우선이다. 왜 한국이 지구 반대편 머나 먼 나라 쿠바의 식량문제를 돕겠다고 나서겠나? 쿠바는 한국과 외교 관계가 없지만 북한과는 오랫동안 정식 국교를 수립해 오고 있다. 이에 대한 언급이 너무 늦게 등장한다. 미국과 쿠바의 국교 정상화는 한국의 입장에서 보면 고무적인 일이다.

☞ SEOUL, Feb. 11 (Yonhap) -- South Korea plans to work with the World Food Program (WFP) to help Cuba boost grain production and fight poverty, Seoul officials said Tuesday, **a move seen as aimed at improving ties with the central American country, with which it has no diplomatic relations.**

Cuba, which maintains close ties with North Korea, has so far shunned Seoul's overtures to establish formal relations with it. However, South Korea is more hopeful than before that Cuba would warm up to it after re-

establishing formal ties with Washington.

On Tuesday, South Korea signed a preliminary $3 million deal with the Rome-based WFP to help increase food production in Cuba for the next three years.

"It is meaningful as the project will be Seoul's first development project with Cuba," the Seoul government said in a statement.

x x x

15

SEOUL/SEJONG, Feb. 16 (Yonhap) -- South Korea and Japan agreed to end the bilateral currency swap agreement that has been maintained since 2001, the finance ministry said Monday.

According to the Ministry of Strategy and Finance, the US$10 billion swap arrangement between the Bank of Korea and the Bank of Japan will not be renewed after it expires on Feb. 23.

"It has been agreed by both sides after wide-ranging talks that in light of financial and economic circumstances, it may be appropriate to allow the pact to expire naturally," Min Kyung-seol, head of the ministry's financial cooperation division, told reporters in a briefing.

He pointed out that while there are both pros and cons to holding onto a swap arrangement, South Korea possessed strong economic fundamentals propped up by a large foreign currency reserve. The country reported close to $9 billion in current account surplus last year.

"Throughout the time that the swap arrangement existed, it was never once used," the official stressed.

The current swap deal allows a country to use its respective currency to get U.S. dollars from the other side at a pre-determined rate, which can come in handy in an emergency. At one point, the size of South Korea-Japan swap arrangement grew to $70 billion before Japan's territorial provocations and whitewashing of its colonial and wartime atrocities against Korea strained bilateral ties.

South Korean President Park Geun-hye has yet to hold a bilateral summit with her Japanese counterpart, Shinzo Abe, after taking office in February 2013.

Min declined to elaborate on speculation that political considerations or pride had a part in the expiration of the arrangement that was initially set up to expand financial cooperation between the two sides.

He, however, said that if one side pushed for the extension of the swap deal too strongly, this in itself could send the wrong signal to the market that the country may be in trouble.

The ministry said that despite the decision not to extend the pact, the finance ministries and central banks of the two countries concurred on the need to cooperate closely in an appropriate manner as the need arises.

It said South Korean Finance Minister Choi Kyung-hwan will hold formal bilateral talks with his Japanese counterpart, Taro Aso, on May 23 in Tokyo.

This will mark the first time since November 2012 that the finance ministers of the two countries will meet in a bilateral framework.

Previous annual finance ministerial talks allowed the two sides to discuss outstanding issues. The last of what had been annual meetings took place in South Korea.

"The talks will permit both sides to deliberate on issues facing the two countries and the latest international developments," a ministry official said. He said a new swap arrangement can be touched on at the talks, although it is unlikely right after the current scheme was allowed to expire.

He added that despite some media reports, South Korea is not engaged in any detailed talks to arrange bilateral currency swaps with countries such as the United States, Britain and Canada.

Market watchers did not expect any impact on the Treasurys sector from the swap expiration.

"There is no risk of outflow of capital from the expiration of the swap scheme, especially since current trends point toward more funding entering the bond market," a bond market insider said.

Re lead:

SEOUL/SEJONG, Feb. 16 (Yonhap) -- South Korea and Japan agreed to end the bilateral currency swap agreement that has been maintained since 2001, the finance ministry said Monday.

한국이 일본과의 통화 스와프 협정을 종결하기로 했다. 이에 대한 납득할 만한 설명이 없다. 정부의 발표를 액면 그대로 옮기고 있는데 누구나 알 수 있듯이 그 이유가 궁색하다. 이 기사에는 6가지의 W요소 중 why가 빠져있다고 할 수 있다.

☞ SEOUL/SEJONG, Feb. 16 (Yonhap) -- South Korea and Japan have agreed to end their 14-year-long currency swap agreement, the finance ministry said Monday, **a decision seen as a new casualty of strained ties between the two historical rivals.**

A currency swap deal allows a country to use its currency to get U.S. dollars from the other side in an emergency at a pre-determined rate. South Korea set up the currency swap deal with Japan in 2001 after it was engulfed in a regionwide economic crisis a few years earlier.

South Korea's Ministry of Strategy and Finance said in an announcement that its US$10 billion swap arrangement with Japan will not be renewed when it expires on Feb. 23. Throughout the period, South Korea never used its currency swap deal with Japan but the arrangement served as a psychological backup for Seoul.

"It has been agreed by both sides after wide-ranging talks that in light of financial and economic circumstances, it may be appropriate to allow the pact to expire naturally," Min Kyung-seol, head of the ministry's financial cooperation division, told reporters in a briefing.

Min declined to comment on widespread speculations that political considerations or pride had a part in the decision. However, he pointed out that if one side pushed for the extension of the swap deal too strongly, this in itself could send the wrong signal to the market that the country may be in trouble.

He pointed out that South Korea has strong economic fundamentals propped up by a large foreign currency reserve. The country reported close to $9 billion in current account surplus last year.

South Korea and Japan established formal diplomatic ties in 1965 but their relations are still often shaped by a host of colonial-era and wartime issues, including the sexual enslavement of Korean women by Japan for its World War II soldiers.

Nearly two years after taking office, South Korean President Park Geun-hye has yet to hold a summit with Japanese Prime Minister Shinzo Abe.

Despite the decision not to extend the pact, the finance ministries and central banks of the two countries concurred on the need to cooperate closely in an appropriate manner as the need arises, South Korean officials said.

x x x

16

SEOUL, Feb. 22 (Yonhap) -- The United States plans to send a littoral combat ship to South Korea for their joint military exercise scheduled for next month, the U.S. navy said Sunday.

The USS Fort Worth, a 3,450-ton Freedom-class littoral combat ship (LCS), will take part in the Seoul-Washington military drill Foal Eagle due next month during its rotational deployment to the 7th Fleet, said U.S. Naval Forces Korea spokesman Arlo Abrahamson in a statement.

The allies plan to stage their annual field training exercise Foal Eagle in March following the computerized command post exercise Key Resolve to check and boost their crisis management abilities and joint readiness posture.

"It is the first time an LCS has trained with the South Korean Navy and 7th Fleet ships in Northeast Asia," he said, adding the exercise provides "a great chance to increase our combined readiness which ultimately contributes to greater stability for the region."

The combat ship, installed with surface warfare mission package capabilities including an MH-60R helicopter and Mark 110 57-millimeter gun, is capable of getting closer to shore than larger ships during diverse scenarios, which "brings speed, maneuverability and shallow draft to this exercise," according to the U.S. navy.

Noting that the naval portion of the Foal Eagle exercises will feature "a full spectrum of maritime operations," the U.S. said the training incorporates such scenarios as gunnery exercises, communication drills, dynamic ship maneuvers, logistical rehearsals and liaison officer exchanges between the two countries.

The major joint drills usually mobilizes thousands of American troops, with officials here saying the number of U.S. service personnel for Foal Eagle this year is to be reduced while that for Key Resolve is to rise. Last year, the two-week Key Resolve involved 10,000 South Korean troops and some 5,200 American forces. For Foal Eagle, some 200,000 South Korean forces and 7,500 American troops were mobilized.

The planned exercises are expected to further heighten tensions on the Korean Peninsula, as North Korea has repeated threats, claiming the exercises are "a dress rehearsal for a northward invasion." Seoul and Washington said the regular drills are defensive in nature.

Re lead:

"SEOUL, Feb. 22 (Yonhap) -- The United States plans to send a littoral combat ship to South Korea for their joint military exercise scheduled for next month, the U.S. navy said Sunday."

뉴스의 의미를 전달하기 위해서는 넓은 시야가 필요하다. 새로운 함정이 훈련에 참가하는 것도 중요하지만 훈련 자체가 가지는 이 지역 안보 정세가 더 중요하다. 북한은 매년 실시되는 한미 군사 훈련에 신경질적인 반응을 보여 주고 있고 올해도 마찬가지로 예상된다. 북한의 반응은 여전히 이 기사의 중요 요소다.

☞ SEOUL, Feb. 22 (Yonhap) - **A large U.S. littoral combat ship will take part in next month's major South Korea-U.S. joint military exercises for the first time, the U.S. Navy said Sunday, a move that is certain to anger**

North Korea.

The United States and South Korea are scheduled to stage their annual joint "Foal Eagle and Key Resolve" military exercises in and around the Korean Peninsula starting in early March. The drills are set to continue until the end of April.

The allies call the upcoming drills defensive in nature but North Korea has so far denounced them as a preparation for a war against it. The communist North has stepped up its own military drills with a series of missile firings.

South Korean and U.S. officials said the upcoming exercises, the first in a series of their annual joint drills, would be about the same in size as those held in the recent past. Last year's Foal Eagle and Key Resolve exercises drew about 12,000 American and 210,000 South Korean troops.

A key element of this year's exercises is the participation of the USS Fort Worth, a 3,450-ton littoral combat ship (LCS) during its rotational deployment to the 7th Fleet, U.S. Naval Forces Korea spokesman Arlo Abrahamson said in a statement.

"It is the first time an LCS has trained with the South

Korean Navy and 7th Fleet ships in Northeast Asia," he said, adding that the drills provide "a great chance to increase our combined readiness which ultimately contributes to greater stability for the region."

XXX

17

SEOUL, Feb. 21 (Yonhap) -- North Korean leader Kim Jong-un has inspected an artillery and landing exercise by front-line units deployed near the Yellow Sea, Pyongyang's media reported Saturday.

The drill, joined by artillery forces of the 4th Corp. and island defense units, focused on training for "striking and seizing an island," said the official Korean Central News Agency (KCNA). The 4th Corp. led the North's shelling of a South Korean border island, Yeonpyeong, in November 2010, which killed four South Korean marines and civilians and wounded more than a dozen others.

Conducted at the direct instruction of Kim, the main aim of

the latest training was to prepare for a fight against the United States, it added.

"The entire army should make their training more intense, as the anti-Japanese guerrillas did in Mount Paektu, to prepare all soldiers as stalwart combatants and turn all units into an iron-willed guards unit and thus bring the anti-U.S. confrontation to the final conclusion by crushing the enemies promptly in case they pounce upon the DPRK," Kim was quoted as saying. The DPRK is the acronym for the North's formal name, the Democratic People's Republic of Korea.

The Rodong Sinmun, a newspaper published by the ruling Workers' Party, also carried a story, coupled with related photos, on Kim's so-called field guidance.

The pictures showed the firing of multiple rockets and Kim, in black coat, watching the exercise through binoculars. A tablet PC was seen on his table at a command post.

He was accompanied by Hwang Pyong-so, director of the general political bureau of the North's military, Defense Minister Hyon Yong-chol and several other senior military officials.

The North's media did not specify the timing of the training and its venue. The reports came a couple of days after Lunar

New Year's Day, one of the biggest annual celebrations for Koreans.

The South Korean government said the live-fire training was held on Friday afternoon, in which Silkworm anti-ship missiles, SA-2 surface-to-air missiles and 122mm self-propelled artillery were mobilized.

The Chinese-made Silkworm missile has a range of up to around 95 kilometers, which means Seoul and the nearby Gyeonggi Province are within its reach.

The North is known to have more than 180 SA-2s that can fly as far as about 48 kilometers

"The North Korean military seems to have conducted the landing exercises this time with South Korea's western border islands in mind," a South Korean Defense Ministry official said, requesting anonymity.

Re lead:

"SEOUL, Feb. 21 (Yonhap) -- North Korean leader Kim Jong-un has inspected an artillery and landing exercise by front-line units deployed near the Yellow Sea, Pyongyang's media reported Saturday."

김정은 국방위원회 제1위원장의 군부대 시찰이나 군사훈련 참관이 일상회되고 있다. 그때마다 같은 형태의 기사를 내보내는 것도 고민거리다. 각도를 달리해 색다른 기사를 써야 하는데 연구가 필요하다. 무엇보다도 연계된 내용은 없는지, 또 상황 설명을 곁들이면 기사 모양이 나아지는지 생각해 봐야 한다. 이 기사는 연평도 포격사건을 lead에 부각시키면 좋아 보인다.

☞ SEOUL, Feb. 21 (Yonhap) -- North Korean leader Kim Jong-un has observed another military exercises that involved an artillery unit responsible for the deadly shelling of a South Korean border island in 2010, the North's media reported Saturday.

The young North Korean leader, believed to be in his early 30s with no known military background, has made it routine to inspect military units or military-related events since taking power after his father died of heart failure in late 2010.

In his latest military inspection trip, Kim watched front-line troops staging a major landing exercise under the live-fire cover of the 4th Corps on the North's southwest coast facing the Yellow Sea, the state-run Korean Central News Agency (KCNA) said in a report.

The 4th Corps is an artillery unit blamed for shelling Yeonpyeongdo, a South Korean island close to the border with North Korea in the Yellow Sea in 2010. Four South Koreans, including two civilians, were killed and more than a dozen others wounded.

The KCNA report said the main purpose of the landing exercise was to prepare for a fight against the United States.

"The entire army should make their training more intense ... to prepare all soldiers as stalwart combatants and turn all units into an iron-willed guards unit and thus bring the anti-U.S. confrontation to the final conclusion by crushing the enemies promptly in case they pounce upon the DPRK," Kim was quoted as saying in the report.

x x x

〈보다 강한 context가 필요한 기사〉

18

SEOUL, Oct. 23 (Yonhap) -- "Right Now, Wrong Then," the latest Hong Sang-soo feature film, has drawn more than 70,000 movie-goers, data by an official market tracker showed Friday.

The 17th feature film by the South Korean director broke the 70,000-mark on Thursday, according to data by the Korean Film Council, with the current tally at 70,956.

"Right Now, Wrong Then" won the Golden Leopard award at the Locarno International Film Festival earlier this year.

It presents two possible scenarios of a romantic encounter between a married film director (Jung Jae-young) and a painter (Kim Min-hee).

With the turnout, "Right Now, Wrong Then" became the most successful indie film by Hong since he began working with Jeonwonsa, his own independent film production and distribution company, in 2008.

Previously, CJ Entertainment distributed his work, with the most successful film at that time being "Woman Is the Future of

Man," which drew 284,000 people in 2004.

His second best-selling independent film was "Our Sunhi" in 2012, which attracted 69,000 people.

Re lead:

"SEOUL, Oct. 23 (Yonhap) -- "Right Now, Wrong Then," the latest Hong Sang-soo feature film, has drawn more than 70,000 movie-goers, data by an official market tracker showed Friday."

Lead에서 언급하고 있는 7만 명은 비교치가 없어 그 의미를 알 수 없다. 관객이 백만 이상이면 규모가 있어 그 나름대로 의미가 있다고 할 수 있지만 7만 명은 외국인의 기준으로 볼 때 작은 숫자일 수 있다. 한국의 인디영화 관객 동원 능력 측면에서 7만 명은 성공적이라는 언급이 후반부에 나와 있으나 너무 늦다. 미국이라면 7만 명이 가지는 숫자적인 의미가 있을지 의문이다.

☞ SEOUL, Oct. 23 (Yonhap) -- Hong Sang-soo' s latest award-winning feature film "Right Now, Wrong Then" has drawn more than 70,000 viewers, official market data showed Friday, **an enviable figure by South Korean standards.**

The 17th feature film by the South Korean director broke the 70,000-mark on Thursday, reaching 70,956, according to data by the Korean Film Council

"Right Now, Wrong Then" won the Golden Leopard award at the Locarno International Film Festival earlier this year.

It presents two possible scenarios of a romantic encounter between a married film director (Jung Jae-young) and a painter (Kim Min-hee).

With the turnout, "Right Now, Wrong Then" became the most successful indie film by Hong since he began working with Jeonwonsa, his own independent film production and distribution company, in 2008.

x x x

19

SEOUL, Jan. 6 (Yonhap) -- Samsung Electronics Co. released four mid- to low-end Galaxy smartphones in India on Tuesday, tapping deeper into the younger generation of the world's second most populous country.

The Galaxy E7 and E5, models from one of Samsung's budget phone lineups, made their debut in the capital city of Mumbai, the South Korean tech firm said in a statement.

The Galaxy E7 comes with a 5.5-inch 720-pixel Super AMOLED touchscreen and a built-in storage of 16 gigabytes, and runs on a 2,950mAh battery.

Powered by Android 4.4 KitKat, it is equipped with a 13-megapixel rear camera and a 5-megapixel front snapper, which allow users to take wide selfies in a 120-degree angle of view.

The phone also touts a camera feature that takes an auto shot by detecting the movement of the user's palm. Users can also adjust their skin tone and the size of their faces before taking pictures with the Galaxy E series.

The Galaxy E5 shares most of the specs of the E7, except for its 5.0-inch screen and the 8-megapixel rear camera.

They come in three colors: white and black for both, and blue for the E7 and brown for the E5.

The Galaxy E7 and E5 will be available at 23,000 rupees (US$355) and 19,300 rupees, respectively, Samsung said.

Along with the E series, Samsung also released its metal-clad Galaxy A5 and A3, models from another budget phone lineup, which follows their December launch in China.

Re lead:

"SEOUL, Jan. 6 (Yonhap) -- Samsung Electronics Co. released four mid- to low-end Galaxy smartphones in India on Tuesday, tapping deeper into the younger generation of the world's second most populous country."

항상 넓은 시야를 가지고 기사를 써야 한다. 그리고 강한 context를 이용하여 독자의 이해를 도와야 한다. 삼성의 스마트폰 판매 전략이 왜 인도에서 중저가 제품으로 바뀌고 있는지에 대한 설명이 중요해 보인다. 또 slug가 너무 길다. Samsung Galaxy–India 정도면 괜찮아 보인다.

☞ SEOUL, Jan. 6 (Yonhap) -- Samsung Electronics Co., **in an apparent strategy shift**, said Tuesday it has released four mid- to low-end Galaxy smartphones in India in a bid to tap deeper into the younger generation of the world's second most populous country.

Samsung's global smartphone market share has tumbled dramatically in the recent past, weighed down by high-priced but more technology-savvy iPhones and low-budget Chinese copycats. The South Korean company's third quarter earnings nearly halved from three months earlier.

In a statement on Tuesday, Samsung said it has just debuted two of its budget models, the Galaxy E7 and E5, during a marketing show in India's capital, Mumbai.

X X X

20

SEOUL, Jan. 6 (Yonhap) -- South Korea is keeping close tabs on North Korea's response to another round of massive spreading of anti-Pyongyang leaflets across the border, a unification ministry official said Tuesday.

An activist group of North Korean defectors flew balloons carrying some 600,000 fliers from Yeoncheon, a county near the communist nation, on Monday evening, according to local police.

The North has been extremely sensitive to such leaflet scattering. It reneged on a deal to hold high-level talks with the South between late October and early November, citing the practice by conservative groups here.

Pyongyang has urged Seoul to ban the leaflet drive, which officials here associate with the freedom of speech.

"(The group) seems to have scattered leaflets without prior notice (to the relevant authorities)," the official told reporters on background. "We are closely watching how North Korea will respond."

The government is apparently concerned about whether it will negatively affect burgeoning signs of a thaw in inter-Korean relations.

In late December, South Korea proposed ministerial talks with the North this month. North Korean leader Kim Jong-un, in his New Year's address, said his regime would make every effort to improve the ties through various types of dialogue, including summit talks.

Pyongyang has not provided a formal reply yet to Seoul's dialogue offer but many observers here expect a positive answer.

The ministry official said the latest spread of leaflets may serve as a litmus test for the North's resolve to engage in dialogue with the South.

"If the dialogue mood is hampered by this incident, it would mean dialogue, even if resumed, can be suspended any time," he said.

It's a matter for the two sides to ride out in order to develop their ties, he added, reiterating that the government has no legal basis to prohibit the leaflet campaign.

Hours later, however, the district court in Uijeongbu, just north of Seoul, issued an unusual ruling appearing to contradict that longstanding view.

In June, 58-year-old Lee Min-bok, a North Korean defector who works as a Christian missionary, filed a damage suit against the government, claiming he suffered psychological damage as a result of the government's attempts to hold him back from the campaign.

The court dismissed the request, saying it is legal for the government to restrain the scattering of leaflets across the border if the activity puts the lives of the South Korean people at risk.

It especially cited North Korea's repeated threats of retaliation and the brief exchange of machine gun fire that took place across the border in October after the North tried to shoot down dozens of balloons carrying the leaflets.

Re 3rd para:

"The North has been extremely sensitive to such leaflet scattering. It reneged on a deal to hold high-level talks with the South between late October and early November, citing the practice by conservative groups here."

대북 전단지 살포가 또 다시 관심의 대상이 되고 있다. 북한이 이를 이유로 최근 남측이 제안한 고위급 당국자 회담을 또 다시 거부할 가능성이 있기 때문이다. 이 핵심 문제가 세 번째 단락에 가서야 나타나 있다. 가능하면 첫 문장에 이를 반영하여야 한다.

SEOUL, Jan. 6 (Yonhap) -- South Korea is closely watching whether North Korea would turn down its latest offer of high-level dialogue after some civic activists resumed their anti-Pyongyang leaflet campaign, which the communist country had previously called a deal-breaker.

Conservative South Korean civic activist groups, led mostly by North Korean defectors, have for years flown anti-Pyongyang propaganda leaflets across the border. In the latest campaign, one group floated some 600,000 flyers in balloons on Monday night.

North Korea has been extremely sensitive to the cross-border propaganda campaign, openly declaring that dialogue is impossible as long as the leaflet campaign continues. South Korea maintains that it can't ban the campaign, citing the constitutionally guaranteed freedom of expression.

"(The group) seems to have scattered leaflets without prior notice (to the relevant authorities)," a Unification Ministry official told reporters on background. "We are closely watching how North Korea will respond."

The government is apparently worried that the campaign may negatively affect burgeoning signs of a thaw in inter-Korean relations.

In late December, South Korea proposed Cabinet-level

talks with the North this month. North Korean leader Kim Jong-un, in his New Year's address, said Pyongyang would make every effort to improve cross-border ties through various types of dialogue, including summit talks.

Pyongyang has not provided a formal reply yet to Seoul's dialogue offer but experts in general expect a positive response.

The Unification Ministry official said the latest scattering of anti-Pyongyang leaflets may serve as a litmus test for the North's resolve to engage in meaningful dialogue with the South.

x x x

21

SEOUL, Feb. 8 (Yonhap) -- Female activists from around the world will march from Pyongyang to Seoul in May to express their wish for inter-Korean peace, a global non-profit said Sunday.

The Peace Development Fund said around 30 female

activists will be participating in the march, which will see them cross the heavily fortified Demilitarized Zone (DMZ) bisecting the Korean Peninsula, on May 24.

The activists include American feminist Gloria Steinem, Nobel Peace Prize laureate Mairead Maguire and Chung Hyun-kyung, a professor at Union Theological Seminary in New York, the organization said.

"Our wish is to cross the DMZ, which separates tens of millions of Korean families, on foot to express our hope for peace," the group said in a statement.

Participants will also hold peace seminars in the two Korean capitals and discuss the role of women in reducing inter-Korean tension.

The two Koreas are technically at war since the Korean War in the 1950s ended in an armistice, not a peace treaty.

Re lead:

"SEOUL, Feb. 8 (Yonhap) -- Female activists from around the world will march from Pyongyang to Seoul in May to express their wish for inter-Korean peace, a global non-profit said Sunday."

국제적으로 명망 있는 인사라 할지라도 남북한 정부의 사전 승인 없이 휴전선을 넘을 수 없다. 이에 대한 언급이 없다. 힌빈도 실징을 질 모르는 외국인에게 휴전선은 마음대로 건너도 된다는 잘못된 인식을 줄 수 있다.

☞ SEOUL, Feb. 8 (Yonhap) -- A group of about 30 global female activists, including the 1976 Nobel Peace Prize laureate Mairead Maquire from Ireland, will march across the heavily armed inter-Korean border in May in a symbolic peace gesture, their promoter said Sunday.

The Peace Development Fund, a U.S. nonprofit organization, said the activists, who also include American feminist Gloria Steinem and Chung Hyun-kyung, a professor at Union Theological Seminary in New York, plan to walk across the border on May 24 after a 60-kilometer march from the North's capital, Pyongyang.

The march will end in Seoul, the South Korean capital, about 55 kilometers south from the 4-kilometer-wide Demilitarized Zone (DMZ) that bisects the two Koreas, the group said in a statement.

"Our wish is to cross the DMZ, which separates tens of millions of Korean families, on foot to express our hope for peace," the group said, without disclosing whether it has obtained permission from the two Korean governments to cross the border.

The marchers will also hold peace seminars in the two Korean capitals and discuss the role of women in reducing tension on the divided Korean Peninsula, the world's last Cold War frontier.

The Korean border, the world's most heavily armed, is sealed with about 2 million troops deployed on both sides. No one can cross it without prior approval from the two governments.

The two Koreas, divided in 1945, have signed no peace treaty at the end of the 1950-53 Korean War, leaving them still technically at war. About 28,500 U.S. troops are stationed in South Korea as a deterrent against a possible North Korean invasion.

SEOUL, Feb. 26 (Yonhap) -- South Korea's Constitutional Court threw out a decades-old anti-adultery law on Thursday, reflecting a growing importance of personal choice over marital order in a traditionally group-oriented society.

In a 7-2 decision, the nine-member bench ruled that Article 241 of the criminal code was unconstitutional.

"The article violates individuals' freedom to choose their sexual partners and their right to privacy," said an opinion presented by five of the justices. "Not only is the anti-adultery law gradually losing its place in the world, it no longer reflects our people's way of thinking."

Two other justices supported this view, saying family issues should not be criminal, or even if so, the weight of the penalty should vary according to the intricacy of the matter.

The remaining two justices voiced opposition, saying the law was necessary to protect sexual ethics and the institution of marriage.

Under the landmark ruling, some 5,400 people indicted or convicted of adultery after Oct. 30, 2008, when the law was last upheld, may ask for a suspension of indictment or a retrial.

Later in the day, the Supreme Prosecutors' Office said it will confirm that the cases under investigation have been cleared of suspicion and drop the charges in the remaining pending cases which are in the first stage of trial. It will also demand an acquittal for those who already have been convicted.

South Korea had been one of the few remaining countries in Asia that prohibits infidelity, next to North Korea and Taiwan. Extramarital affairs here had been banned under the criminal law since 1953, and before that, only women were held accountable for some fooling around.

Sentences have been relatively heavy, with jail time ranging up to two years being the only fate a cheater and his affair partner could face. In Taiwan, the sentences range up to just one year in prison.

Previously, the court had turned down petitions to repeal the law four times from 1990 to 2008. In 2008, however, the judges supporting personal freedom became a majority, but were only one vote shy of realizing a change.

Some 100,000 South Koreans have been convicted of adultery since 1953. But the conviction rate dwindled from two-thirds between 1985 and now, to below 1 percent between late 2008 and early this year. Many experts and activists welcomed the ruling, saying it demonstrated progress in women's rights.

"The anti-cheating law has been traditionally aimed at punishing women, but those days are long gone now," Song Jae-ryong, a sociology professor at Kyung Hee University, said.

Others said the law was practically non-existent, as it had lost its effectiveness in preventing infidelity.

"The anti-adultery law is no longer achieving its purpose," Kim Jeong-beom, a law professor at Hangyang University, said. "Penalties have become extremely light and don't have the preventative effect they're supposed to have."

The state shouldn't interfere in personal matters, which should be settled in a civil manner, another expert said.

Public reaction, however, was mixed, with some voicing concerns that the ruling may encourage promiscuity.

"I'm worried that the decision would make people less responsible to their spouses," said Lee Gyu-yeong, a teacher.

But others supported it, saying it enhanced personal freedom.

"It's not appropriate for the criminal code to intervene in people's love life," Kim Min-soo, an office worker, said. "And it's not like the ruling would make people feel freer to cheat than before."

Re lead:

"SEOUL, Feb. 26 (Yonhap) -- South Korea's Constitutional Court threw out a decades-old anti-adultery law on Thursday, reflecting a growing importance of personal choice over marital order in a traditionally group-oriented society."

헌법재판소의 이번 결정은 초유의 일로 역사적이다. 역사적인 만큼 이에 합당한 lead가 필요하다. 여섯 번째 단락에 가서야 "landmark ruling"이라는 표현이 나오는데 너무 늦다. 두 번째 단락은 형법 241조가 위헌이라고 명시하고 있는데 형법 241조가 정작 어떤 내용인지 설명이 없다. 세 번째 단락에 있는 quote의 attribution은 "an opinion presented by five justices"로 되어 있는데 최소한 한 명의 재판관 이름은 밝혀야 한다.

☞ SEOUL, Feb. 26 (Yonhap) -- South Korea's highest court threw out a 62-year-old anti-adultery law on Thursday **in a landmark ruling** that reflects changing social norms in a country where rapid modernization has often clashed with Confucian-influenced traditional family values.

In a 7-2 decision, the Constitutional Court's nine-member bench ruled unconstitutional Article 241 of the Criminal Code that makes extramarital sex punishable by prison terms of up to two years.

"The article violates individuals' freedom to choose their sexual partners and their right to privacy," said the presiding judge, Park Han-chul, representing the majority voice of five justices who include himself. "Not only is the anti-adultery law gradually losing its place in the world, it no longer reflects our people's way of thinking."

Two other justices supported this view, saying family issues should not be criminal, or even if so, the weight of the penalty should vary according to the intricacy of the matter.

The remaining two justices voiced opposition, saying the law was necessary to protect sexual ethics and the institution of marriage.

SEOUL, March 1 (Yonhap) -- A new submarine for the South Korean Navy will be named after a revered independence fighter, military officials said Sunday.

The Navy announced that its sixth Type 214, 1,800-ton attack submarine will be named after Yu Gwan-sun (1902-1920), a female student activist who played a major part in the 1919 civil uprising against Japan's colonial regime.

"After holding policy meetings over the name of the submarine, we've christened it 'Yu Gwan-sun,'" the Navy said in a statement. "This will be the first submarine bearing a woman's name in the 70-year history of the Navy."

The Navy added that the naming came at an appropriate time to commemorate Yu's contribution. The year 2015 marks the 70th anniversaries of Korea's liberation and the 95th anniversary of Yu's passing in prison.

The official naming ceremony will be held at the end of April, when the submarine will be unveiled, the Navy said.

Daewoo Shipbuilding & Marine Engineering Co. is constructing the submarine, which will be delivered to the Navy in November 2016 following test runs.

According to the Navy, the submarine will be deployed in anti-vessel and anti-submarine operations. It will be equipped with an indigenous submarine-launched cruise missile, called the Haeseong, with a range of 1,000 kilometers, along with torpedoes.

The Navy said the sub's maximum underwater speed is 20 knots, and it can travel between South Korea and Hawaii without refueling.

The diesel-powered submarine will be operated by Air Independent Propulsion (AIP), which bolsters the vessel's submerged endurance and allows the crew to carry out underwater missions for up to two weeks without access to atmospheric oxygen.

Yu is an iconic symbol of the March 1 independence movement. The Japanese arrested the teenager and sentenced her to seven years in prison, where she died at age 18, apparently due to harsh torture.

The Navy has named its earlier Type 214 submarines after former military heroes and independence fighters. Most recently, the fifth sub in the class was dubbed "Yun Bong-gil," after the patriot who killed two high-ranking Japanese officials and wounded several others by hurling a bomb during the birthday celebration of the Japanese emperor in 1932 in Shanghai. Yun was later executed.

Re lead:

"SEOUL, March 1 (Yonhap) -- A new submarine for the South Korean Navy will be named after a revered independence fighter, military officials said Sunday."

유관순 열사는 종종 한국의 잔 다르크(Jeanne d'Arc)로 비유되곤 한다. 백 마디의 설명보다 간단한 이 한마디가 외국인 독자에게는 유관순이 누구인지 쉽게 이해된다. 다른 기사 작성할 때도 이 방법을 사용하면 유용하다.

☞ SEOUL, March 1 (Yonhap) -- A new South Korean attack submarine will be named after an iconic teenage female leader revered by fellow countrypeople as a Korean Jeanne d'Arc, the Navy said Sunday..

The Navy announced that its sixth Type 214, 1,800-ton attack submarine will be christened Yu Gwan-sun (1902-

1920) who played a heroic role in the March 1, 1919, civil uprising against the then Japanese colonial regime. The Korean Peninsula was a Japanese colony from 1910-45.

The 1919 uprising failed to free Korea from Japan's colonialism but generations later, compatriots take great pride in the non-violent protests and celebrate the day as a major national holiday. Records show that more than 7,000 protesters were killed and 46,000 others arrested during the revolt that lasted more than a month.

Yu, for her role in organizing the uprising, is often compared in Korea with Jeanne d'Arc, the French patriot and martyr who gained eminence in the Hundred Year's War in the 14th century.

"After holding policy meetings over the name of the submarine, we've decided to christen it Yu Gwan-sun,'" the Navy said in a statement. "This is the first submarine bearing a woman's name in the 70-year history of the Navy."

The Navy said that the naming of the new submarine after Yu comes at an appropriate time, because 2015 marks the 70th anniversary of Korea's liberation from Japan's colonial rule and the 95th anniversary of the activist's death in prison.

The official naming ceremony will be held at the end of April, when the submarine will be unveiled, it said.

Daewoo Shipbuilding & Marine Engineering Co. is constructing the submarine, which will be delivered to the Navy in November 2016 following test runs.

x x x

24

SEOUL, March 18 (Yonhap) -- The nation's top court on Wednesday accepted a request from the convicted chairman of food and entertainment conglomerate CJ Group to suspend his imprisonment for hospital treatment.

The Supreme Court decided to suspend the confinement of Lee Jay-hyun, who was found guilty of various corruption charges, for another four months until late July, citing his poor health. He has been released since November in accordance with the top court's approval, with the imprisonment suspension set to end Saturday.

Lee asked for the extension for the next four months as his health has further deteriorated since last year and taking him into custody again would be potentially fatal, according to his lawyer.

"We've acknowledged considerable reasons for the extension for Lee," the court said in a written decision.

Lee, who underwent a kidney transplant, claims that he suffers from multiple illnesses, including high blood pressure, high cholesterol and a kidney disease.

In an appeals court ruling in September, the 54-year-old received a reduced jail term of three years for misappropriating some 160 billion won (US$150 million) in company money to create offshore slush funds and dodging taxes in the process.

The chairman has filed an appeal with the Supreme Court against the conviction.

Re lead:

"SEOUL, March 18 (Yonhap) -- The nation's top court on Wednesday accepted a request from the convicted chairman of food and entertainment conglomerate CJ Group to suspend his imprisonment for hospital treatment."

이재현 CJ 회장은 2014년부터 몇 개월 단위로 병원 치료를 위해 형집행정지 허가를 법원으로부터 받아오고 있다. 그러나 이 lead를 보면 그런 허가를 처음 받은 것처럼 보인다. 이는 사실이 아니다. 넓은 시야, 보다 강한 context가 필요하다.

☞ SEOUL, March 18 (Yonhap) -- The Supreme Court on Wednesday permitted the convicted chairman of food and entertainment conglomerate CJ Group to **continue** to stay out of prison for hospital treatment for kidney ailments.

Lee Jay-hyun, 54, has been in and out of prison since he was convicted by a Seoul district court last year of misappropriating some 160 billion won (US$150 million) in company money to create offshore slush funds and dodging taxes in the process.

The tycoon had initially been given a four-year jail sentence, which was later reduced to three years by a higher court. In between, he received surgery on his failing kidney, for which he has been allowed to stay out of prison off and on.

On Wednesday, the Supreme Court extended by another four months until July the current four-month suspension of Lee's jail sentence, which is due to end on Saturday.

"We've acknowledged considerable reasons for the extension for Lee," the court said in a written decision.

Lee, who underwent a kidney transplant, claims that he suffers from multiple illnesses, including high blood pressure, high cholesterol and a kidney disease.

25

SEJONG, Feb. 25 (Yonhap) -- Three people were shot dead Wednesday as a gunman armed with a shotgun opened fire in a neighborhood in this central city before taking his own life, authorities said.

The shooting occurred around 8:15 a.m. in the Geumam district in the nation's de facto administrative capital, located some 120 kilometers south of Seoul, firefighters said.

The three victims were rushed to nearby hospitals, but all were pronounced dead. They have been identified as a 50-year-old man, surnamed Kim, his 74-year-old father, and a 52-year-old convenience store manager, surnamed Song.

Police said the suspect first shot Kim in the head as he was getting in a car to leave for work. He then barged into the home of Kim's father and killed him over his breakfast. Song was the final victim, shot in his convenience store, which was set ablaze shortly after the shootings.

Police identified the ex-boyfriend of Kim's younger sister, surnamed Kang, as the prime suspect. The 50-year-old was found dead in an apparent suicide by a river just 4 kilometers away from the site of the shooting.

A hunting rifle was found on his stomach and another in a car nearby, which was registered under his daughter's name. Police said the man possessed 32 bullets, five of which were used on that day.

The rifles were taken out of a police box in a nearby city,

where he had stored them two days earlier.

Possession of guns is illegal in South Korea unless a gun owner establishes genuine reasons to have them, such as hunting, target shooting or personal protection.

Kang was a licensed gun owner, and "there were no legal problems with the way he stored or took out his rifles," police said. Police also said they have obtained the neighbors' account that Kang had lived with Kim's sister before they broke up one and a half years ago. She had since moved in with her new boyfriend, Song, but was in the Gyeonggi Province surrounding Seoul at the time of the incident.

Authorities said Kang had been wrangling over the ownership of the convenience store, which is currently under the name of Kim's father. They believe these issues in addition to the breakup may have provided the motive.

Authorities also believe the killings were premeditated, considering that he had stored his guns near the site of the slayings just days beforehand. Police said they have requested the National Forensic Service to perform an autopsy on Kang to determine the cause of his death.

They are also questioning Kim's younger sister for further

information.

Re lead:

"SEJONG, Feb. 25 (Yonhap) -- Three people were shot dead Wednesday as a gunman armed with a shotgun opened fire in a neighborhood in this central city before taking his own life, authorities said."

이 기사에는 몇 가지 문제가 발견된다. 우선 범행동기에 관한 단서가 11번째 단락에 나타나 너무 늦다. 그리고 attribution이 너무 복잡하다. Lead에는 "authorities"가 등장하고 두 번째 단락에는 "firefighters"로 바뀌고 다음은 "police"로 변한다. Quote가 없는 것도 문제다.

☞ SEJONG, Feb. 25 (Yonhap) -- A gunman went on a shooting spree in a rural suburb of this new city in central South Korea on Wednesday, killing three people before taking his own life in what appeared to be a gritty love-hate crime, police said.

All the three people killed are related to the suspect's ex-girlfriend who spared her life, because she was out of town.

Police identified the victims as a 50-year-old man, surnamed Kim, his 74-year-old father, and a 52-year-old convenience store manager, surnamed Song.

Police identified the ex-boyfriend of Kim's younger sister, surnamed Kang, as the prime suspect. The 50-year-old was r found dead later in an apparent suicide by a river 4 kilometers from the site of the mass shooting, they said. A hunting rifle was on the suspect's stomach and another in a car nearby that the gunman apparently drove up. Police said the man had 32 rounds of bullets, five of which were used on that day.

After the shooting rampage, the gunman set fire to a convenience store he once co-operated with his ex-girlfriend, according to police.

Quoting villagers, police said that when the couple split up, they had a big argument over how to split their financial investment into the store.

x x x

〈보다 강한 배경 설명이 필요한 기사〉

WASHINGTON, Feb. 13 (Yonhap) -- North Korea appears to have conducted a secret nuclear test in 2010 and the explosion could have gone unnoticed by the outside world, scientists have claimed, adding to a series of similar allegations.

Researchers Michael Schoeppner of Princeton University and Ulrich Kuhn of the University of Hamburg made the claim in an article on the website of the Bulletin of the Atomic Scientists, citing a seismic analysis published last month.

In May 2010, multiple radionuclide and noble gas stations in East Asia picked up traces of various radionuclides that have been interpreted as a release from a nuclear test. But some of those radionuclides have never been detected before in the history of the International Monitoring System, and the possible source became the subject of controversy, they said.

"Seismic analysis published in January 2015 seems to support the idea that it was a nuclear test. But it's important to note that the radionuclide-noble gas component of the monitoring system detected something contemporaneously that the waveform detection methods missed at that time," they said.

It wasn't the first time that the North has been alleged to have conducted a nuclear test in 2010.

In November, Wen Lianxing, a professor of the Beijing-based University of Science and Technology of China, claimed that North Korea conducted a "low-yield underground nuclear test" in May 2010 and the test yielded a 2.9-ton blast with a margin of error of 0.8 ton.

In 2012, Lars-Erik De Geer, an atmospheric scientist with the Swedish Defense Research Agency, claimed in a military science journal that the North conducted two nuclear tests in April and May of 2010, citing analysis of atmospheric samples collected from over the Korean Peninsula.

But these claims have not been officially confirmed.

The official record is that the North has so far conducted three nuclear tests, in 2006, 2009 and 2013.

Re last para:

"The official record is that the North has so far conducted three nuclear tests, in 2006, 2009 and 2013."

공식 기록에 의하면 북한은 핵실험을 2006년, 2009년, 2013년 세 번 실시했다. 이에 대한 언급이 기사의 맨 마지막에 나와 있다. 이 마지막 단락을 lead 가까이 옮기면 독자의 이해는 빨라진다.

☞ WASHINGTON, Feb. 13 (Yonhap) -- North Korea appears to have conducted a secret nuclear test in 2010 but it could have gone unnoticed by the outside world, two scientists have claimed,

The 2010 test, if confirmed, would be the North's fourth detonation of a nuclear device. The official record is that the North has so far conducted three nuclear tests, in 2006, 2009 and 2013.

Researchers Michael Schoeppner of Princeton University and Ulrich Kuhn of the University of Hamburg in Hamburg, Germany made the claim of a fourth nuclear test in an article on the website of the Bulletin of the Atomic Scientists, citing a seismic analysis published last month.

In May 2010, multiple radionuclide and noble gas stations in East Asia picked up traces of various radionuclides that have been interpreted as a release from a nuclear test. But some of those radionuclides have never been detected before in the history of the International Monitoring System, and the possible source became the subject of controversy, they said.

"Seismic analysis published in January 2015 seems to support the idea that it was a nuclear test. But it's important to note that the radionuclide-noble gas component of the monitoring system detected something contemporaneously that the waveform detection methods missed at that time," they said.

It wasn't the first time that the North has been alleged to have conducted a nuclear test in 2010.

xxx

27

SEJONG, Feb. 25 (Yonhap) -- South Korea and China initialed their free trade agreement (FTA) Wednesday, taking a step closer to implementing what South Korean officials hail as the most significant trade deal for the country.

The initialing came about three months after the two countries concluded their FTA negotiations that began in May 2012.

The agreement, currently written only in English, will be translated into the two parties' native languages before it is officially signed.

"The two countries' governments have agreed to work for official signing of the Korea-China FTA within the first half of 2015," the Ministry of Trade, Industry and Energy said in a press release.

The free trade pact requires approval from the countries' respective legislatures for implementation.

"The government will do its utmost to have the agreement ratified by the National Assembly without any disruption so that our companies can start benefiting from the Korea-China FTA at an early date," the ministry said.

Some new and positive elements have been added to the

agreement since the conclusion of negotiations on Nov. 10, Woo Tae-hee, South Korea's deputy trade minister, said at a press briefing.

Firstly, 310 products from the inter-Korean joint industrial complex in Kaesong, North Korea, will immediately benefit from a reduction or elimination of China's import tariffs, he said.

Such an agreement compares with only 100 products in South Korea's FTAs with Peru and the Association of Southeast Asian Nations.

The two countries have also added a new standstill clause in their bilateral agreement that will prevent either side from raising or adopting new customs duties on any products or services, according to Woo.

"We cannot say every element in the agreement is more favorable to us as negotiations always involve more than one party," he said. "But I believe we have in our hands a well-balanced agreement that reflects the interests of both parties in negotiations."

Additional dialogue since the conclusion of FTA negotiations have also resulted in a greater market access by South Korea's financial and communications service providers.

Under the final version of the FTA initialed and exchanged at China's Ministry of Commerce in Beijing, the two countries have agreed to provide preferential treatment to each other's financial firms and to set up a new committee to jointly deal with problems facing such firms.

They will also guarantee nondiscriminatory access to their communication networks by communication companies seeking to start providing services in the other country, the trade ministry said.

The FTA is expected to become the most significant trade pact for South Korea as China is already its largest trading partner.

China, the world's largest single importer of South Korean goods, accounted for more than one-fourth of South Korea's overall exports in 2014, according to the trade ministry.

Under the Korea-China FTA, South Korea will completely eliminate its tariffs on 79 percent of all products, or 9,690 items, imported from China within 10 years following its implementation.

China will reciprocate the move on 71 percent of the products, or 5,846 items, from South Korea over the cited period.

Within 20 years after the FTA goes into effect, South Korea will eliminate its tariffs on 92 percent of all goods from China, with China eliminating its own import duties on 91 percent of products from South Korea.

The Seoul government has maintained the proposed FTA with the world's second-largest economy will cause little or no damage to local farmers as 596 out of 2,240 agricultural and fisheries products currently imported from China will be permanently excluded from market liberalization while 16 other goods, including rice, had been completely excluded from negotiations in the first place.

The government, however, acknowledged Wednesday that 44 items from China, including tobacco and onions, will not be protected under special agricultural safeguards (SSGs), which are temporary restrictions take on imports to deal with special market circumstances, such as a sudden increase in imports.

"No SSG has ever been implemented for any of the items that have been excluded from the safeguard mechanism under the Korea-China FTA, and there is very little possibility any of the items will require such a measure in the future," an official from the agriculture ministry told reporters, asking not to be identified.

Following its implementation, the Korea-China FTA is expected to help boost the countries' annual bilateral trade to over US$300 billion, a 39.5 percent hike from $215.1 billion in 2012.

Also, South Korea's trade territory, represented by the combined gross domestic product (GDP) of countries with which South Korea has a free trade pact, will grow to 73 percent of global GDP from the current 61 percent.

Re lead:

"SEJONG, Feb. 25 (Yonhap) -- South Korea and China initialed their free trade agreement (FTA) Wednesday, taking a step closer to implementing what South Korean officials hail as the most significant trade deal for the country."

한국은 지금까지 많은 나라와 FTA를 체결해 왔다. 이 기사는 지금 한국이 추진하고 있는 중국과의 FTA가 그 중 가장 중요하다고 명시하고 있다. 그러나 중국과의 FTA가 왜 중요한지 이에 대한 설명이 16번째 단락에 숨어있다. FTA 와 같은 경제 기사는 큰 그림을 그리는 노력이 필요하다. 큰 그림을 컨텍스트로 제시하고 그에 따른 세부 사항은 쌀 시장 개방과 같은 결정적으로 중요한 사항이 아니라면 순차적으로 설명하는 것이 좋다.

☞ SEJONG, Feb. 25 (Yonhap) -- South Korea and China initialed a free trade agreement (FTA) Wednesday, taking a step closer to implementing what South Korean officials hail as the most significant trade deal for their export-dependent economy.

Seoul officials said the two countries aim to formally sign the agreement by the end of June and put it into effect early next year after ratification by their respective legislatures.

"The two governments have agreed to work for the official signing of the Korea-China FTA within the first half of 2015," the Ministry of Trade, Industry and Energy said in a press release.

South Korea has wide-ranging FTAs in effect with a number of countries, including the United States and Europe but the trade deal with China would be by far more important. One published report says that South Korea depends on exports for more than 90 percent of its economy.

Currently, China is South Korea's largest export market with two-way trade reaching $1,100 billion in 2014, an amount much bigger than Seoul's trade with

both the United States and Japan combined. In 2014, South Korea reported a trade surplus of $55 billion with China.

"The government will do its utmost to have the agreement ratified by the National Assembly without any disruption so that our companies can start benefiting from the Korea-China FTA at an early date," the ministry said in a statement.

The agreement, among other things, calls for phasing-out of import tariffs for most goods traded between the two countries over the next 20 years. South Korea will be bound to eliminate its tariffs on 79 percent of all imports from China, or 9,690 items, within 10 years from when the deal is implemented.

China will be required to take a similar move, too, to eliminate tariffs on 71 percent of imports from South Korea, or 5,846 items, over the cited period.

x x x

28

SEOUL, March 16 (Yonhap) -- China called on South Korea Monday to take heed of Beijing's concern over the possible deployment of an advance U.S. missile-defense system on South Korean soil when Seoul makes a decision on the issue.

The United States has expressed its hope to deploy a Terminal High-Altitude Area Defense (THAAD) battery in South Korea, but Seoul and Washington have said that there have been neither consultations nor a decision related to the THAAD deployment.

China has explicitly voiced its opposition to Washington's possible deployment of a THAAD battery in South Korea, apparently out of concerns the move may be aimed at containing a rising China.

"We had very candid and free discussions over the THAAD issue," Chinese Assistant Minister of Foreign Affairs Liu Jianchao said after a meeting with his South Korean counterpart Lee Kyung-soo in Seoul. "It would be appreciated if Seoul takes account of China's concerns and worries."

Liu, who arrived in Seoul on Sunday for a four-day visit,

expressed China's hope that South Korea and the U.S. make an "appropriate" decision on the issue, but also added that China is concerned about a possible deployment.

The remarks by Liu, who has been in charge of bilateral relations with Seoul, Pyongyang and Tokyo at China's foreign ministry since July 2014, follow similar comments made by Chinese Defense Minister Chang Wanquan during his visit to Seoul last month.

The meeting between Liu and Lee came amid a simmering Washington-Beijing row over an advanced U.S. missile-defense system and a China-led Asian development bank.

Experts say South Korea's decision on the THAAD issue could upset either the U.S. or China.

U.S. Deputy Secretary of State Tony Blinken told reporters in Seoul last month that THAAD, if deployed, is aimed at exclusively dealing with the threat posed by North Korea, calling it a "purely defensive and good system."

South Korea has said it does not plan to buy THAAD, but it is also not opposed to a possible deployment on Korean soil if Washington brings the advanced defense system here to protect the about 28,500 American troops stationed in the country.

A government official said that Seoul plans to decide on the THAAD issue from a comprehensive perspective. It also delivered to China its hope that Beijing could do its part to resolve North Korea's evolving nuclear threats.

Touching on a China-proposed development bank, Liu said that China repeated its hope for Seoul to join the Asian Infrastructure Investment Bank (AIIB).

China launched the AIIB late last year with other 20 nations as a counterbalance to the Asian Development Bank (ADB), led by the U.S. and Japan.

"I explained the progress of the AIIB. I expressed hope again that South Korea will become a founding member of the bank," Liu said.

South Korea said it will decide whether to join the bank by taking into account economic benefits and governance, according to a government official.

The U.S. has raised concerns about the AIIB, citing its lack of transparency in decision-making processes. Washington apparently has pressed its ally Seoul to be cautious about joining the regional bank.

Seoul plans to decide whether to join the AIIB soon as China has said the deadline to become a founding member of the bank is the end of March. Britain announced its plan last week to join the bank, becoming the first Western country to do so.

Liu also extended an invitation to President Park Geun-hye to visit China for the 70th anniversary celebrations of its victory in World War II, Rep. Na Kyung-won, chairwoman of the parliamentary foreign affairs and unification committee, told reporters after meeting with him at the National Assembly building in Seoul.

The celebrations are reportedly scheduled to take place in Beijing in September. Liu's visit to Seoul also coincides with a trip by U.S. Assistant Secretary of State Daniel Russel.

Russel arrived in Seoul earlier in the day for a two-day visit, during which he will meet with his Korean counterpart Lee to discuss issues of mutual interest and to reaffirm their countries' strong alliance, according to the foreign ministry.

THAAD and the AIIB may be discussed at the talks slated for Tuesday, according to government sources.

Re 21st para:

"Liu's visit to Seoul also coincides with a trip by U.S. Assistant Secretary of State Daniel Russel."

대니얼 러셀 미 국무부 동아태 차관보의 한국 방문은 이 기사의 중요 부분인데 21번째 단락에 가서야 언급되고 있다. 이에 대한 언급을 lead 가까이 옮기면 어떻게 달라지는지 알아보자.

☞ SEOUL, March 16 (Yonhap) -- China, in an unusually strong way, asked South Korea on Monday not to allow the United States to deploy a newly developed missile-defense system on its soil, bringing to the fore a long-simmering dispute that could jack up tensions in Northeast Asia.

A few hours after the issue was hotly discussed in a meeting of senior diplomats from China and South Korea, U.S. Assistant Secretary of State Daniel Russel flew to Seoul presumably to discuss the same topic with Seoul officials.

Washington has expressed hope to deploy its advanced missile-defense system, called the Terminal High-Altitude Area

Defense (THAAD), in South Korea but China opposes the U.S. move, calling it a threat to its national security. Wedged between Washington and Beijing, the Seoul government has so far shelved its decision on the U.S. plan but it is under increasing pressure from both sides to decide in their favor.

"We had very candid and free discussions over the THAAD issue," Chinese Assistant Minister of Foreign Affairs Liu Jianchao said after a meeting with his South Korean counterpart, Lee Kyung-soo, in Seoul. "It would be appreciated if Seoul takes account of China's concerns and worries." Liu, who arrived in Seoul on Sunday for a four-day visit, expressed hope that South Korea and the U.S. make an "appropriate" decision on the issue, but also added that China is concerned about a possible deployment.

Chinese Defense Minister Chang Wanquan made similar remarks on the issue during his visit to Seoul last month.

Experts say South Korea's decision on the THAAD issue could upset either the U.S. or China.

U.S. Deputy Secretary of State Tony Blinken told reporters in Seoul last month that THAAD, if deployed, is aimed at exclusively dealing with the threat posed by North Korea, calling it a "purely defensive and good system."

South Korea has said it does not plan to buy THAAD, but it is also not opposed to a possible deployment on its soil if Washington brings the advanced defense system to protect its troops stationed in the country.

A government official said that Seoul plans to decide on the THAAD issue from a comprehensive perspective. It also told China that Beijing could make more efforts to resolve North Korea's evolving nuclear threats.

Touching on a China-proposed development bank, Liu said that China repeated its hope for Seoul to join the Asian Infrastructure Investment Bank (AIIB).

Beijing singed a preliminary deal Friday to set up the bank with 20 countries, including India and Malaysia. Many outside experts see AIIB as part of China's efforts to counterbalance the Asian Development Bank (ADB), led by the U.S. and Japan.

x x x

〈외국인 독자를 위한 고려 사항이 있는 기사〉

29

SEOUL, Oct. 23 (Yonhap) -- The United States Forces Korea's 2nd Infantry Division (2ID) is equipped well enough to counter North Korea's artillery threats, and its counter-fire capabilities will remain the same even after the planned relocation of its base near the border down south, the division commander said.

"North Korean long-range artillery is a huge threat to stability in the area," said Maj. Gen. Theodore Martin, commanding general of the 2ID, whose mission is to defend South Korea in the initial stages of a potential invasion from North Korea until other American units arrive.

"I am very fortunate, and I am the only division in the United States Army that has a three-battalion rocket brigades," the major general said in a press conference Thursday inside the 2ID's Camp Red Cloud in Uijeongbu, Gyeonggi Province, located between Seoul and the Demilitarized Zone.

The artillery-oriented North Korean military has one of the

world's biggest artilleries, including long-range multiple launch rocket systems (MLRS) and self-propelled guns, which put South Korea's capital Seoul and the surrounding areas within their range.

"I am very fortunate, and I am the only division in the United States Army that has a three rocket battalion rocket brigades," the major general said in a press conference Thursday inside the 2ID's Camp Red Cloud in Uijcongbu, Gyeonggi Province, located between Seoul and the Demilitarized Zone.

"The 210th Field Artillery Brigade has recently been reinforced with an additional rotation rocket battalion," the commander noted. Earlier this year, one more artillery unit was added to the 2ID's field artillery brigade to enhance counter-fire response capabilities.

"We are very well-provided with precision guided munitions," along with an exceptionally trained artillery brigade, Martin said, adding, "I am very satisfied with my capabilities at this time."

The combat power will remain unwavering even after the 2ID moves its base away from the DMZ, the commander said, referring to its relocation plan, which will start in 2016.

Under an agreement between South Korea and the U.S.,

the entire division will start moving to the military compound in Pyeongtaek, Gyeonggi Province, 70 kilometers southeast of Seoul, next year until the field artillery brigade last vacates the region presumably around the mid-2020s.

He said even after the relocation, the 2ID troops will continue training in Uijeongbu and adjacent border areas by railing their equipment into the areas.

"As far as reacting to an event of crisis, it will make no difference in how we will respond," Martin said. "It does not matter where I am based, because of the wonderful infrastructure that the Republic of Korea has to allow us to rapidly move North or South by rail or road."

Following the 1950-53 Korean War, 28,500 American troops are stationed in South Korea against North Korea's potential invasion as the war ended in a cease-fire, not a peace treaty.

> 한반도 사정을 잘 모르는 외국인 독자를 위해 더 많은 배경 설명이 필요해 보인다. 서울이 휴전선으로부터 55km쯤 떨어져 있는데 그 거리는 Washington D.C.에서 인근의 가장 가까운 Dulles International Airport까지의 거리보다 짧다. 많은 외국인은 이런 사실을 알고 놀란다. 북한의 다연장 로켓포는 서울 남쪽 외곽까지 타격할 수 있는 능력을 가지고 있다고 한다.

☞ SEOUL, Oct. 23 (Yonhap) -- The only U.S. infantry division stationed in South Korea is well-equipped to counter North Korean artillery attacks in the event of a war and such ability will remain unaffected even if the unit relocates away from the inter-Korean border, its commander said Thursday.

Under a multibillion-dollar joint program with the Seoul government, the U.S. military is set to move almost all of its troops away from the border with North Korea to Pyeongtaek, a town 70 kilometers south of Seoul, beginning in 2016.

Key American units to move out will include the 2nd Infantry Division deployed near the central western sector of the 248-kilometer Demilitarized Zone (DMZ) that separates the two Koreas. The division is the only U.S. combat infantry unit based in South Korea.

In a careful move to cope with growing artillery threats from North Korea, the U.S. division's field artillery brigade will remain in its present location near the border area until the mid-2020s, military officials from both sides said.

They pointed out that Seoul, the South Korean capital,

lies only 55 kilometers from the inter-Korean border, a distance which puts it within range of the North's rockets and self-propelled guns.

"North Korean long-range artillery is a huge threat to stability in the area," Maj. Gen. Theodore Martin, commander of the 2nd Infantry Division, told a group of South Korean reporters at Camp Red Cloud in Uijeongbu, a city situated between Seoul and the inter-Korean border. "I am very fortunate, and I'm the only division in the United States Army that has a three-battalion rocket brigade."

Given its geographical proximity to the border with North Korea, the 2nd Infantry Division has long been considered a trip wire against a possible North Korean invasion.

"The 210th Field Artillery Brigade has recently been reinforced with an additional rotation rocket battalion," Martin said, discussing the combat readiness of his unit. "I am very satisfied with my capabilities at this time."

x x x

SEOUL, Feb. 9 (Yonhap) -- The new leader of the main opposition party vowed Monday to raise the corporate tax rate amid controversy over the government's dwindling welfare budget.

Moon Jae-in was elected chairman of the New Politics Alliance for Democracy in a national convention Sunday, about 26 months after he lost the presidential election to then ruling party candidate and now president Park Geun-hye.

"Our party members and the people did not give me power but a responsibility to protect the lives of the people," he said in his first meeting with other members of the party's Supreme Council. "It is an order to stand against the Park Geun-hye government. I will block the recklessness of the Park Geun-hye government, which is destroying the people's lives."

Moon especially accused Park of deceiving the public with her campaign pledge to expand welfare without tax hikes. Since taking office in February 2013, the Park administration has been dogged by questions about whether it will be able to implement all of the expensive welfare projects she promised without raising taxes.

The government has come under fire in recent months for raising tobacco prices, pushing to reform civil service pensions and introducing a revised tax settlement scheme, all of which critics argue are designed to squeeze more money out of ordinary wage earners.

"I will cut through to withdraw tax cuts for the rich, such as by normalizing the corporate tax rate," Moon said. "I will once again establish a fair tax system."

South Korea's corporate tax rate on taxable income exceeding 20 billion won (US$18.2 million) was lowered from 25 percent to 22 percent during the preceding Lee Myung-bak administration.

Earlier in the day, Moon visited the National Cemetery in Seoul to pay tribute to late former presidents, including Presidents Rhee Syng-man and Park Chung-hee, the father of the current president. About 50 opposition lawmakers accompanied Moon on the visit.

It marked the first time that the opposition party's leadership paid their respects to the late authoritarian leaders whose legacies still divide the Korean public.

Former President Park is praised by his supporters for leading the country's economic development in the aftermath of the 1950-53 Korean War, but denounced by his critics for brutally suppressing democracy.

"I decided to pay my respects with the hope of contributing to national unity," Moon told reporters after paying tribute at the late presidents' graves.

"True national unity is not achieved by paying respects at a cemetery but when the perpetrators repent for their historical wrongdoing, offer their sincere apology to the people, comfort the victims, and the victims come to have a heart of forgiveness," he said. "I sincerely urge the Park Geun-hye government to take that path to true reconciliation and unity."

Re lead:

"SEOUL, Feb. 9 (Yonhap) -- The new leader of the main opposition party vowed Monday to raise the corporate tax rate amid controversy over the government's dwindling welfare budget."

문재인 새정치연합 대표가 법인세 인상을 공약했는데 정작 그가 이끌고 있는 야당이 국회에서 입법을 통해 약속을 이행할 수 있는지 여부에 대한 설명이 없다. 한국 실정을 잘 모르는 외국인 독자를 위해 친절한 설명이 필요하다. 결론적으로 의석 숫자가 부족해 문 대표의 공약 이행은 불가능하다.

☞ SEOUL, Feb. 9 (Yonhap) -- The new leader of South Korea's main opposition party vowed Monday to raise the corporate tax rate to cover a widening welfare fund shortfall but his move is unlikely to be accepted by President Park Geun-hye's ruling party, which controls the one-house parliament.

Moon Jae-in, a three-term lawmaker, was elected president of the No. 1 opposition party, the New Politics Alliance for Democracy, in a national convention Sunday, about 26 months after he lost to Park in the 2013 presidential voting.

The human rights lawyer-turned politician prominently declared that the opposition party at his helm will take the offensive against the Park government, accusing it of committing many policy blunders, including what he called unfairly low tax rates for the nation's dominant corporations.

"Our party members and the people did not give me power but a responsibility to protect the lives of the people," Moon said in a top party policy meeting. "It is an order to stand against the Park Geun-hye government. I will block the recklessness of the Park Geun-hye government, which is destroying the people's livelihoods."

South Korea's corporate tax rate on taxable income exceeding 20 billion won (US$18.2 million) was lowered from 25 percent to 22 percent during the preceding Saenuri-backed Lee Myung-bak administration from 2008-2013. The Park government has declared that it has no plan to change it.

During her presidential campaign, Park promised wider public welfare benefits without increasing tax burdens, a pledge many critics now say is impossible to be fulfilled.

The opposition party's push to increase the corporate tax rate may not make it through the National Assembly unless the ruling party agrees. Of the 299 seats in the one-house parliament, the opposition party controls 127.

x x x

31

SEOUL, Feb. 16 (Yonhap) -- President Park Geun-hye appears likely to shake up her Cabinet this week, an official said Monday, after her choice for prime minister won parliamentary endorsement.

The National Assembly voted 148-128 to confirm Lee Wan-koo as the country's No. 2 leader on Friday, a move that allows Park to make changes in the Cabinet.

Park is set to formally appoint Lee as prime minister on Tuesday morning before holding a regular Cabinet meeting.

"A smooth passage of a confirmation motion heightened the possibility of a Cabinet shake-up tomorrow," a presidential official said, requesting anonymity.

Still, another presidential official said it remained unclear whether Park will replace her unpopular chief of staff, Kim Ki-choon, along with a Cabinet shake-up on Tuesday.

Park has been under pressure to fire Kim, a septuagenarian politician, over a series of incidents, including the leakage of sensitive presidential documents.

Speculation is ripe that South Korea's outgoing ambassador to China, Kwon Young-se, may replace Kim as Park's chief of staff.

In the Cabinet shake-up, Park is expected to nominate Yoo Ki-june, a U.S.-educated ruling party lawmaker, as her new maritime minister, a post that has remained vacant since December.

Last month, Park said she will carry out a small-scale Cabinet shake-up to refresh her team, though she did not elaborate on how many ministers will be affected.

The upcoming personnel reshuffle is widely seen as Park's desperate attempt to try to regain public confidence amid her low job approval rating.

In South Korea, it's common to conduct a Cabinet reshuffle or other personnel changes in a bid to overcome crises and start afresh with a new lineup.

Re lead:

"SEOUL, Feb. 16 (Yonhap) -- President Park Geun-hye appears likely to shake up her Cabinet this week, an official said Monday, after Park's choice for prime minister narrowly won parliamentary endorsement."

이완구 총리후보의 국회 인준안이 가까스로 통과됐고 이제 박 대통령이 개각을 단행할 태세다. 이 기사에는 한 가지 중요한 요소가 빠져 있다. 법률상 개각은 총리의 제청을 받아야 할 수 있다는 것이다. 이를 지키지 않은 경우도 있었지만 이 법은 존재한다. 박 대통령은 이 법을 준수하기 위해 이 총리의 국회 인준을 기다린 것이다. 한국 실정에 어두운 외국인을 위해 때로는 친절한 설명이 필요하다.

☞ SEOUL, Feb. 16 (Yonhap) -- President Park Geun-hye is likely to shake up her Cabinet this week now that her latest choice for prime minister was approved by parliament although by a narrow margin, a presidential official said Monday.

Last month, Park said she will carry out a small-scale Cabinet shake-up to refresh her team but her plan to do so has been held up by the absence of the prime minister.

Under South Korean law, the president is bound to have prior consultations with his or her prime minister before making Cabinet appointments.

Parliamentary approval of Park's new prime minister-nominee, Lee Wan-koo, had looked doubtful until Monday over his qualifications. The former floor leader of the ruling Saenuri Party was found to have a host of ethical issues, including his alleged involvement in real estate speculation and his failure to fulfill his mandatory military service.

But after weeks of wrangling, rival parties finally endorsed the nominee by a vote of 125-48 on Monday, clearing the way for the president to reorganize her Cabinet probably before the three-day lunar new year holiday begins on Wednesday.

A largely symbolic post in the government in which power is concentrated on the president, the prime minister is the only Cabinet member whose nomination requires parliamentary approval.

"A smooth passage of a confirmation motion heightened the possibility of a Cabinet shake-up tomorrow," a presidential official said, strongly indicating that the president would announce her new Cabinet team before the Lunar New Year holiday.

"A smooth passage of a confirmation motion heightened the possibility of a Cabinet shake-up tomorrow," a presidential official said, strongly indicating that the president would announce her new Cabinet team before the Lunar New Year holiday.

Still, another presidential official said it remained unclear whether Park will replace her unpopular chief of staff, Kim Ki-choon, along with a Cabinet shake-up on Tuesday.

Park has been under pressure to fire Kim, a septuagenarian politician, over a series of incidents, including the leakage of sensitive presidential documents.

Speculation is ripe that South Korea's outgoing ambassador to China, Kwon Young-se, may replace Kim as Park's chief of staff.

In the Cabinet shake-up, Park is expected to nominate Yoo Ki-june, a U.S.-educated ruling party lawmaker, as her new maritime minister, a post that has remained vacant since December.

The upcoming government reorganization is widely

seen as Park's desperate attempt to try to regain public confidence amid her low job approval rating.

In South Korea, it's common to conduct a Cabinet reshuffle or other personnel changes in a bid to overcome crises and start afresh with a new lineup.

SEOUL, March 30 (Yonhap) -- A Seoul court on Monday refuted a Japanese reporter's claim that South Korean President Park Geun-hye met a man on the day of the deadly ferry sinking in April last year.

Tatsuya Kato, former head of the Seoul bureau of Japan's Sankei Shimbun newspaper, has faced trial in Seoul as he was accused of defaming Park by reporting rumors in August 2014 that she might have been with Jeong Yun-hoe, a former close aide to Park, when the ferry Sewol sank on April 16. The tragic accident killed more than 300 people.

The Seoul Central District Court said Monday that Kato's claim is deemed false as Jeong's records of a mobile phone and other materials have served as evidence.

In his article, Kato cited a column carried by the Chosun Ilbo in mid-July, in which South Korea's largest-circulation newspaper said Park's whereabouts were unknown for seven hours, a development it said caused rumors that she met Jeong at an undisclosed location.

The presidential office has refuted the newspaper's claim, saying that Park "was inside the presidential compound."

The indictment has sparked fierce backlash from Japan as Tokyo claims that the move has discriminated against foreign media and suppressed freedom of speech.

The local court said Kato's claim was seen as groundless, but it approved a request by Kato's lawyer to review Jeong's phone records and to call a reporter from the Chosun Ilbo as a witness.

Kato has been banned from leaving South Korea since August last year pending a trial for defamation.

Re lead:

"SEOUL, March 30 (Yonhap) -- A Seoul court on Monday refuted a Japanese reporter's claim that South Korean President Park Geun-hye met a man on the day of the deadly ferry sinking in April last year. "

독자의 입장에서 보면 이 기사의 lead는 이해하기가 어렵다. 박 대통령이 세월호 침몰 당일 어떤 남자를 만났다는 루머가 쟁점인데 왜 이것이 문제가 되는지 적절한 설명이 없으면 외국인들은 이해하기 어렵다. 만났으면 어떤가? 대통령은 여러 사람을 만날 수 있지 않은가? 이런 질문에 대해 설명하는 노력이 필요하다.

SEOUL, March 30 (Yonhap) -- A Seoul court on Monday refuted a key element of a Japanese newspaper report that triggered a defamation suit by South Korean President Park Geun-hye's office over last year's deadly sinking of the ferry Sewol that left more than 300 people killed, mostly high school students.

Tatsuya Kato, a former Seoul bureau chief of Japan's Sankei Shimbun, is on trial for an article he wrote for his conservative newspaper in August last year in which he raised questions about Park's whereabouts in the critical several hours just before and after the ship's sinking.

The report stirred a controversy in South Korea as it implied that Park was unavailable for a report on the emergency situation. The Coast Guard took a lot of blame for bungling its initial rescue operations, which critics said contributed to the high death toll.

Based on a published local media report, the Japanese journalist indicated in his article that the South Korean president might have been out of touch during the critical hours, because she probably was meeting an acquaintance somewhere.

The acquaintance Park was alleged to have met by the newspaper is Jeong Yun-hoe, a top aide to the president while she was a lawmaker about a decade ago.

On Monday, the Seoul Administrative Court, citing cell phone and other records presented as evidence by the defense counsel, said there is no truth in the Japanese newspaper report that the president met with Jeong on the day of the ship's sinking.

"The rumors that President Park had met Jeong on

the day of the Sewol's sinking are false," senior judge Lee Dong-geun said, asking the defense lawyers to focus on the other key issue -- whether the Sankei Shimbun reporter had any malicious intentions to defame the president.

It's highly unusual for a court to pass its judgment on a key element of a lawsuit before it wraps up its review of the whole case.

In his article, Kato cited a column carried by the Chosun Ilbo in mid-July, in which South Korea's largest newspaper said Park's whereabouts were unknown for seven hours, a development it said caused rumors that she met Jeong at an undisclosed location.

x x x

〈Why 요소가 없거나 약한 기사〉

SEOUL/SEJONG, Feb. 24 (Yonhap) -- Choi Kyung-hwan, South Korea's finance minister, denied Tuesday that he personally made the order to buy a disputed Canadian oil company, Harvest Operation Corp., during the previous government.

In a parliamentary hearing to investigate problems with overseas resource development carried out by the 2008-2013 Lee Myung-bak government, lawmakers from rival parties exchanged strong words over Choi's role in the purchase of the company, which has been losing money and become the target of criticism for bad policy decisions.

At that time, Choi led the knowledge economy ministry that oversaw the government's overseas resource development projects, which proved schemeless and nonviable.

Opposition lawmakers claimed that the state-run Korea National Oil Corp. (KNOC) bought Harvest Operation and its refining subsidiary, North Atlantic Refining Limited (NARL), for 4.6 trillion won (US$4.15 billion) in 2009, a price much higher than a local think tank's estimated value of the firm.

"Choi Kyung-hwan, who was the knowledge economy minister at the time, received the report but did nothing," said Choi Min-hee, a lawmaker from the New Politics Alliance for Democracy.

She claimed that because of this inaction the government lost money, so the minister must take responsibility.

KNOC sold NARL late last year for just 33.8 billion won, or less than 3 percent of the firm's original purchase price.

Others, citing testimony given by former KNOC president Kang Young-won, said Choi personally ordered the purchase during a meeting held in mid-October 2009.

In response, Choi said the purchase of Harvest was planned before he was tapped as knowledge economy minister and that while he did meet the KNOC chief he gave no orders for the purchase.

Other ruling Saenuri lawmakers took Choi's side and pointed out that Kang is under investigation for lying to the board of directors, and that his testimony against the minister has changed over time, making any statement questionable.

Rep. Kim Tae-heum argued that the opposition's attacks are politically motivated and that pressing the case will only hurt ongoing efforts to expand the country's presence in overseas resources development.

Related to the standoff, Choi told lawmakers at the start of the hearing that resource-poor South Korea has no choice but to develop overseas resources to support economic growth and counter sudden spikes in prices.

Choi pointed out that due to the very nature of the resource development business, it is effectively impossible to gauge the success or failure of an investment in a short period of time.

The finance minister, who doubles as deputy prime minister, argued that while resource development requires substantial initial investment, the profits generated are only felt over a long period of time. Profit margins are also affected by market conditions, he said.

"Highlighting specific projects that did not meet expectations and saying the entire endeavor failed is a dangerous way to approach the matter," he claimed.

The policymaker said that South Korea imports 96 percent of its energy resources from abroad, and at the start of the previous Lee Myung-bak government, the average price for Dubai brand crude oil soared to US$140 a barrel.

Re lead:

"SEOUL/SEJONG, Feb. 24 (Yonhap) -- Choi Kyung-hwan, South Korea's finance minister, denied Tuesday that he personally made the order to buy a disputed Canadian oil company, Harvest Operation Corp., during the previous government."

문제의 핵심이 lead에 충분히 나타나 있지 않다. 캐나다의 하베스트(Harvest)사가 논란이 있는 회사라는 것을 기술하고 있지만 이 회사를 사들인 한국 정부의 조치가 왜 문제가 되는지, 이에 대한 설명이 lead에 나타나 있지 않다.

☞ SEOUL/SEJONG, Feb. 24 (Yonhap) -- South Korea's finance minister denied Tuesday that he personally made the order to buy **a controversial Canadian oil company in 2009 that later turned out to be a huge investment fiasco.**

Choi Kyung-hwan, a ruling party lawmaker, was the knowlege economy minister in 2009-2011 in charge of the then Lee Myung-bak administration's strong push for overseas resources development. Many of those projects pursued at that time are now under close scrutiny after losing billions of dollars in state funds.

One of the failed projects is the controversial purchase of the Canadian oil company, Harvest Operation Corp. and its refining subsidiary, North Atlantic Refining Limited (NARL), by the state-run Korea National Oil Corp. (KNOC) in 2009 for 4.6 trillion won (US$4.15 billion), a price much higher than estimated by a local think tank.

The KNOC sold NARL late last year for just 33.8 billion won, or less than 3 percent of the firm's original purchase price.

The problem has become a big political issue in South Korea, prompting the National Assembly to hold a hearing on Tuesday.

"Choi Kyung-hwan, who was the knowledge economy minister at the time, received the report (on the purchase of the Canadian oil firm) but did nothing," Choi Min-hee, a lawmaker from the main opposition New Politics Alliance for Democracy, said during the parliamentary hearing.

She claimed that because of the minister's inaction, the government lost large amounts of money, so he must take responsibility.

Others, citing testimony given by former KNOC President Kang Young-won, said Choi personally ordered the purchase during a meeting with him in mid-October 2009.

In response, the finance minister said the purchase of Harvest had been planned before he was tapped as knowledge economy minister and that while he did meet the KNOC chief, he gave no order for the purchase.

x x x

〈Dateline이 문제가 되는 기사〉

YEONGJONG ISLAND, South Korea, Feb. 5 (Yonhap) -- The head of BMW Korea, the local unit of German carmaker BMW, said Thursday he expects double-digit sales growth in South Korea to continue this year on the back of strong demand and expanding customer base.

The growth outlook followed a milestone sales figure

achieved by BMW last year in the country, where it sold more than 40,000 vehicles for the first time as a foreign carmaker.

"We usually do not disclose exact figures on sales, but we expect to continue a double-digit growth this year," Kim Hyo-joon, the head of BMW Korea, said at a press conference held in Yeongjongdo, west of Seoul.

The outlook is based on the fast-expanding customer base here in which a growing number of younger people tend to buy foreign vehicles and demand for cars with an engine smaller than 2,000 cc is rising, a trend that he expects will last "for the time being."

Last year, BMW Korea sold a total of 40,174 vehicles in South Korea. The 2014 sales represent a 21.5 percent increase from a year earlier. As a result, Kim said that South Korea emerged as the eighth-largest global market for BMW.

Kim said that BMW Korea will keep its efforts to strengthen its market-leading status by unveiling 12 new models in South Korea this year, including its first plug-in electric vehicle model i8.

With regard to the company's somewhat disappointing sales in January, Kim cited a lack of supply as a reason for the failure to meet demand, but he assured that overall sales remain on track.

The Korea Automobile Importers and Distributors Association earlier reported that BMW slipped to third in terms of January sales following Mercedes-Benz and Audi. BMW sold 3,008 vehicles last month.

"Simply put, we didn't have cars to sell," Kim said. "Since we have annual supply plans, we do not pay much attention on monthly ups and downs in supply. Supply disruptions could last until February, but (the overall sales) will go as planned."

Re lead:

"YEONGJONG ISLAND, South Korea, Feb. 5 (Yonhap) -- The head of BMW Korea, the local unit of German carmaker BMW, said Thursday he expects double-digit sales growth in South Korea to continue this year on the back of strong demand and expanding customer base."

Dateline이 왜 영종도인가? 설명이 필요해 보인다. BMW가 2014년 8월 아시아 최초로 축구장 33개 크기의 자동차 주행 센터를 영종도에 건설했는데 기자 회견이 그곳에서 열린 것으로 보인다. 또한 한국의 자동차 시장 규모는 얼마나 되는지 설명해 줄 필요가 있다.

☞ YEONGJONGDO, South Korea, Feb. 5 (Yonhap) -- German carmaker BMW expects to see its sales in South Korea grow by double digits this year on the back of strong demand and an expanding customer base, the head of its local unit said Thursday.

BMW Korea sold more than 40,000 cars in South Korea last year, becoming the first foreign carmaker to reach the milestone in a country where about 1.55 million vehicles were sold in the year.

"We usually do not disclose exact figures on sales, but we expect to continue a double-digit growth this year," Kim Hyo-joon, the head of BMW Korea, told reporters in Yeongjongdo, west of Seoul, where the company has recently built a vehicle driving center.

BMW's rosy sales outlook is based on the fast-expanding customer base in South Korea in which a growing number of younger people tend to buy foreign vehicles and demand for cars with an engine smaller than 2,000 cc is rising, a trend that Kim expects will last "for the time being."

Last year, BMW Korea sold a total of 40,174 vehicles in South Korea, up 21.5 percent from a year earlier. It made

South Korea BMW's eighth's largest global market.

x x x

〈기타〉

SEOUL, Oct. 12 (Yonhap) -- President Park Geun-hye said Monday that she agreed with German President Joachim Gauck to make efforts to ensure North Korea will abandon its nuclear weapons program and join the international community.

Park said in a joint news conference with Gauck after the **summit** that they shared "the urgency and importance of North Korea's denuclearization."

North Korea pledged to scrap its nuclear programs in return for diplomatic concessions and economic aid under a landmark 2005 nuclear deal with South Korea, the U.S., China, Russia and Japan.

The North later backtracked from its commitment and conducted nuclear tests in 2006, 2009 and 2013, drawing international condemnation and U.N. sanctions.

The North has repeatedly vowed to develop its economy and nuclear arsenal in tandem, viewing its nuclear programs as a powerful deterrent against what it claims is Washington's hostile policy against it.

Park also said she and Gauck will continue to cooperate to help improve North Korea's dismal human rights record, though she did not elaborate.

North Korea has long been accused of grave human rights abuses, ranging from holding political prisoners in concentration camps to committing torture and carrying out public executions.

The North has denied accusations of its alleged rights abuses, describing them as a U.S.-led attempt to topple its regime. The country has claimed it has the world's most advantageous human rights conditions and policies.

Park also said South Korea will further strengthen cooperation with Germany over potential unification between South and North Korea, noting the German experience of unification can be a valuable lesson to South Korea.

Park believes that peaceful unification is the fundamental solution to resolve the standoff over North Korea's nuclear weapons program. She has called unification a "bonanza" for South Korea as well as a blessing for neighboring countries.

Gauck said he is pleased that South Korea and Germany exchange opinions on the issue of unification.

North Korea has long suspected that Seoul could be plotting to absorb Pyongyang, a claim denied by South Korea.

The Korean Peninsula was divided into the capitalistic South and communist North after liberation from Japan's 1910-45 colonial rule. The two sides then fought in the 1950-53 Korean War, which ended in a truce, not a peace treaty.

Re 2nd para:

"Park said in a joint news conference with Gauck after the **summit** that they shared "the urgency and importance of North Korea's denuclearization."

독일에서 대통령은 상징적인 존재고 실질적인 국가수반은 Chancellor 직책을 가진 총리다. 따라서 방한한 Joachim Gauck 독일 대통령과 박근혜 한국 대통령과의 만남을 summit이라고 하는 것은 잘못이다. summit 대신 meeting이라고 하는 것이 옳다. 만약 박대통령이 아키히토(Akihito) 일왕을 만난다면 이 또한 summit이 아니다. 일본의 왕, 영국의 엘리자베스 여왕은 모두 상징적인 국가수반(ceremonial head of state)에 불과하다. 무엇보다도 이 기사는 기자 회견에 대한 보도인데 quote가 부족하다.

☞ SEOUL, Oct. 12 (Yonhap) -- South Korean President Park Geun-hye said Monday that she has agreed with visiting German President Joachim Gauck to pressure North Korea to abandon its nuclear weapons program and join the international community.

Speaking at a joint news conference with Gauck, Park said that they shared "the urgency and importance of North Korea's denuclearization."

Park said she believes that peaceful unification of the divided Korean Peninsula is the fundamental solution to the standoff over North Korea's nuclear weapons program. She has called unification a "bonanza" for South Korea as well as a blessing for neighboring countries.

XXX

36

Nepal-bus accident

Four S. Koreans dead, one injured critically in bus accident in Nepal

SEOUL, March 30 (Yonhap) -- Four South Koreans died and one was seriously injured on Monday as a bus carrying them collided with another bus in Nepal, Seoul's foreign ministry said.

The accident occurred as a bus carrying more than 15 people collided with the oncoming bus while on the move to Kathmandu from Pokhara, about 200 kilometers west of the capital, according to the ministry.

Two Korean men in their 60s and another two women in their 50s were found dead and another Korean man in his 60s was in critical condition, it said. Ten passengers were also taken to a nearby hospital.

The collision seemed to have been caused by visibility lost due to fog, according to witnesses.

The South Korean embassy in Nepal dispatched a consular official earlier in the day to the hospital to provide necessary support, it said.

Re 5th para:

"The collision seemed to have been caused by visibility lost due to fog, according to witnesses.

사건 사고 기사에는 인명 피해와 더불어 원인이 중요하다. 네팔에서 일어난 이번 교통사고는 안개가 원인일 수 있다는 추측을 불러일으킨다. 그런데 이에 대한 언급이 끝에서 두 번째 단락에 나타나 있다. Lead에 언급되어야 한다.

☞ SEOUL, March 30 (Yonhap) -- Four South Korean travelers were killed and about a dozen others injured in Nepal on Monday when a bus they were riding in collided head-on with another bus **in dense fog**, South Korea's Foreign Ministry said.

More than 15 South Koreans were traveling to Kathmandu from Pokhara, about 200 kilometers west of the Nepalese capital when their bus collided with another bus coming from the opposite direction, it said.

Two Korean men in their 60s and two women in their 50s were killed and another Korean man in his 60s was in critical condition, the ministry said in a news release. Ten passengers were taken to a hospital for treatment.

The area was shrouded in thick fog, which might have caused the disaster, the ministry said, citing a report from its embassy in Kathmandu.

The South Korean Embassy in Nepal dispatched a consular official to the hospital earlier in the day to provide necessary consular support, it said.

37

SEJONG, March 26 (Yonhap) -- South Korea agreed to join the China-led regional development bank as one of its founding members, the finance ministry announced Thursday, a move that can bolster the Asian neighbor's growing clout in the region as well as further Seoul's own economic interests.

The ministry said the decision to play a part in the Asian Infrastructure Investment Bank (AIIB) has been made to better help provide regional economies with the necessary funds to carry out critical development projects vital for growth. It argued that existing institutions such as the Asian Development Bank (ADB) and World Bank have not been able to fully meet regional demands for capital.

Data provided by the ADB said infrastructure investment demand among Asian countries will stand at some US$730 billion every year at least until 2020.

"Once AIIB begins operations, it will likely spur large scale infrastructure work in Asia that can help South Korean companies with extensive experience in construction, communication and transportation to expand their market presence," the ministry said, making clear that the decision to join had the best interest of the country in mind.

It added that becoming an early member of the AIIB can allow the country to expand its financial influence, and permit it to play a greater role in international affairs commensurate with its economic size. The bank is the first multinational financial institution South Korea will join as a founding member.

On the governance structure and other safeguards that are needed to run a multinational investment effectively, the finance ministry, which has been in close consultation with all interested parties, stressed it joined forces with countries that have opted to join the AIIB to demand the setting up of operational guidelines that reflect best international practices.

"In this regard, considerable headway was made," it claimed, adding that it will continue to work with others to enhance transparency, accountability and sustainability of the new institution so it can meet high international standards and contribute to global economic growth.

The new bank will be tasked with providing funds and consulting expertise to economies that want to upgrade their social and industrial infrastructure, which is vital for creating an environment for sustainable growth.

The move by Seoul, meanwhile, was anticipated as China is South Korea's largest trading partner, surpassing the United States, Data provided by the ADB said infrastructure investment demand among Asian countries will stand at some US$730 billion every year at least until 2020.and a key destination for business investments. The two countries inked a free trade pact, and Seoul is striving to become a leading renminbi hub in the coming years.

China is expected to foot the bulk of the initial US$50 billion needed to get the bank started, with other members expected to make donations to increase the size of the authorized capital to reach $100 billion.

South Korea is seen as wanting to better reflect the country's interest in the overall ownership of the investment bank and play a role in the drafting of the organization's charter that is expected to be released in June.

Behind South Korea's decision on the AIIB were complex diplomatic elements, squeezing Seoul between its decades-long alliance with Washington and the reality of Beijing's growing influence. Some observers speculated that it is because of Washington's influence that Seoul had put off joining the investment bank for eight months.

Developed European economies such as Britain, Germany, France and Italy have all announced that they will join the AIIB, with New Zealand following suit. Switzerland and Luxembourg have said they will join.

The move by such countries has upset the U.S., which has been persuading its trading partners and allies to sit out.

Washington had been the first to raise doubts about the China-led institution meeting the rigorous standards of governance the world has come to expect from the World Bank and ADB. It said the new bank must also be clear on what measures it will take on environmental issues such as global warming and social safeguards like people's welfare.

Despite such objections, many local economists said that joining the AIIB makes sense for South Korea because local companies, can undertake AIIB-funded infrastructure building projects.

While the World Bank and ADB do offer funds, they have in the past come under attack for not responding quickly and effectively to growing infrastructure-related demands in the Asia-Pacific region.

"Joining the AIIB will further strengthen South Korea-China economic ties as well as making it possible for the country to directly participate in infrastructure development in developing economies," said Lee Moon-ki a professor of China trade and commerce at Sejong University in Seoul said.

In regards to the future, South Korean officials have said joining the organization is just the start, with the real challenge coming when the country has to secure voting rights that directly impact its role in the bank.

Among Asian members that joined the AIIB, South Korea's

economy is the third largest by size after China and India, although all details related to voting rights, including those of China, will be worked out in the next few months.

AIIB participants have generally agreed that voting rights will be proportional with the contributions made, with Asian countries largely expected to get 75 percent of the voting rights and the rest going to other outside partners. The structure of the bank will be made up of Board of Governors and Board of Directors as well as a management secretariat, with China unlikely to demand veto power.

The finance ministry said while it has agreed to join, with its intent being sent via a formal letter, its status as a founding member will be decided after other countries that joined earlier agree to include the country.

Once it becomes a founding member, the National Assembly will be asked to ratify the move, with the AIIB itself to start operation late this year or early 2016.

Re lead:

SEJONG, March 26 (Yonhap) -- South Korea agreed to join the China-led regional development bank as one of its founding members, the finance ministry announced Thursday, a move that can bolster the Asian neighbor's growing clout in the region as well as further Seoul's own economic interests.

뉴스 기사에서 동사의 시제가 일치하지 않는 경우가 자주 발생하며 그럼에도 불구하고 별 문제가 되지 않는다는 점은 이미 밝힌 바 있다. 따라서 첫 문장에 있는 "agreed"는 문제가 된다. 한국이 AIIB에 가입하기로 동의한 시점은 과거이지만 그 결정의 효력은 현재는 물론이고 앞으로도 계속될 것이기 때문이다. 따라서 "agreed"는 현재완료형인 "has agreed"로 해야 한다.

그리고 세부적인 내용에 집착하는 것보다 전체적으로 큰 그림을 그리는 것이 좋다.

☞ **Sejong, March 26 (Yonhap) -- South Korea said Thursday it has decided tol join the China-led regional development bank as one of its founding members, a decision that comes along with a recent rush by Britain and other European countries to embrace the Chinese** initiative against the wishes of the United States.

South Korea's decision to join the Asian Infrastructure Investment Bank (AIIB) is expected to help further boost china's growing clout in the region and its push to counter-balance the Asian Development Bank (ADB) and the World Bank that have been dominated by the United States.

South Korea said its decision to join the new bank will help expand its participation in infrastructure projects to be pushed in the region, stating that the ADB and other existing international lending institutions have been unable to fully meet rising demands for capital in the region.

"Once AIIB begins operations, it will likely spur large-scale infrastructure work in Asia that can help South Korean companies with extensive experience in construction, communication and transportation to expand their market presence," the Finance Ministry said in a news release.

South korea's move comes ahead of the March 31 deadline set by China to join the bank. In a surprise

move earlier this month, Britian joined the bank despite Washington's objection. Germany, France, Italy, Switzerland and Luxembourg followed suit.

Seoul's decision to join the bank was anticipated as China is South Korea's largest trading partner, surpassing the United States. South Korea and China have inked a free trade pact, and Seoul is striving to become a leading renminbi hub in the coming years.

Behind South Korea's decision to join the AIIB were complex diplomatic elements, squeezing Seoul between its decades-long alliance with Washington and the reality of Beijing's growing influence. The U.S. is by far the most important ally of South Korea.

Washington had been the first to raise doubts about the China-led institution meeting the rigorous global standards of governance. It said the new bank must also be clear on what measures it will take on environmental issues such as global warming and social safeguards like people's welfare.

Despite U.S. objection, many South Korean economists said that joining the AIIB makes sense, because it will help South Korean companies undertake AIIB-funded infrastructure projects.

"Joining the AIIB will further strengthen South Korea-China economic ties as well as making it possible for the country to directly participate in infrastructure development in developing economies," said Lee Moon-ki a professor of China trade and commerce at Sejong University in Seoul.

Data provided by the ADB said infrastructure investment demand among Asian countries will stand at some US$730 billion every year at least until 2020.

x x x

38

SEOUL, March 26 (Yonhap) -- Suspended Olympic swimming champion Park Tae-hwan will hold a press conference this week, his agency said Thursday, in what will be his first speech to the public following a 18-month suspension on an alleged anti-doping violation.

Team GMP, Park's agency, said the suspended swimmer will be speaking at a hotel in the southern Seoul district of Songpa at 3 p.m. on Friday.

The move comes after FINA, the international swimming governing body, on Monday handed down the ruling to Park, a four-time Olympic medalist and two-time world champion in freestyle, after he had tested positive for testosterone, a substance banned by the World Anti-Doping Agency (WADA).

The suspension will begin retroactively on Sept. 3 and conclude on March 2, 2016, according to the FINA website, with the decision to strip Park of one silver and five bronze medals he earned at last year's Incheon Asian Games.

Park has 21 days to appeal the doping panel's decision with the Court of Arbitration for Sport.

Upon Park's arrival here from Lausanne, Switzerland, where his doping hearing took place, his agency issued a statement and extended an apology.

Re lead:

SEOUL, March 26 (Yonhap) -- Suspended Olympic swimming champion Park Tae-hwan will hold a press conference this week, his agency said Thursday, in what will be his first speech to the public following a 18-month suspension on an alleged anti-doping violation.

박태환의 금지약물 복용은 국제 수영연맹의 결정으로 사실로 판명났다. 따라서 "alleged"를 사용하면 안 된다.

☞ SEOUL, March 26 (Yonhap) -- South Korean Olympic swimming champion Park Tae-hwan will hold a news conference in Seoul before this weekend, his agency said Thursday, in his first public appearance since he was banned 18 months for doping.

Park's agency, Team GMP, gave few other details on the issue except that he will hold a news conference at 3 p.m. at a Seoul hotel on Friday.

It will be Park's first public appearance since the

international swimming governing body FINA banned him for 18 months for testing positive for testosterone, a substance banned by the World Anti-Doping Agency (WADA), in September last year.

What Park will say at the news conference is unknown but he is expected to make comments on his future which has been thrown into doubt following the FINA decision, especially whether he can compete in the 2016 Reo Olympics.

According to the FINA website, the suspension will begin retroactively on Sept. 3 and end on March 2, 2016. It will strip Park of one silver and five bronze medals he earned at last year's Incheon Asian Games.

Park has 21 days to appeal the FINA decision with the Court of Arbitration for Sport.

Upon Park's arrival in Seoul from Lausanne, Switzerland, where his doping hearing took place, his agency issued a statement and extended an apology.

39

SEOUL, Nov. 28 (Yonhap) -- A Seoul court on Friday commuted the prison sentence for a senior police officer convicted of destroying computer evidence related to the national spy agency's alleged meddling in the 2012 presidential election.

In June, the Seoul Central District Court sentenced the police inspector surnamed Park to nine months in jail for deleting computer files at the Seoul Metropolitan Police Agency (SMPA) ahead of a prosecution raid in May 2013.

The court said the 36-year-old inspector did this to botch prosecutors' attempt at determining whether the police tried to soft-pedal their investigation into the alleged electioneering by the National Intelligence Service (NIS).

Park had been kept in custody since pending an appellate trial.

Overturning the ruling, an appeals court reduced Park's sentence to nine months in prison with a two-year stay of execution, saying the extent to which Park deleted the files was relatively insignificant.

"Park's crime is serious in that it hampered the function of the state's judiciary," Judge Seong Su-jae said. "But he spent a relatively short amount of time trying to delete the files and did not delete extensively."

The judge added that the nine-month prison term may have been too severe for Park, "considering that the case has been more or less resolved and that his crime was not part of a systematic, premeditated one orchestrated by the police."

Earlier this year, a Seoul appeals court acquitted the now former head of the SMPA, Kim Yong-pan, of charges that he impeded a police probe into the election-meddling scandal.

Charges against Kim and Park were brought to attention after Kwon Eun-hee, a lead investigator on the case at the time, claimed that she could not fully look into the case due to pressure from her superiors, including Kim.

In June, however, the Seoul High Court said Kwon's testimony lacked credibility and delivered the non-guilty verdict to Kim.

In early September, the Seoul district court also found the head of the NIS at the time of last year's scandal, Won Sei-hoon, not guilty of intervening in the 2012 election.

He, however, was found guilty of "meddling in local politics," and is currently appealing the verdict.

Re lead:

SEOUL, Nov. 28 (Yonhap) -- A Seoul court on Friday commuted the prison sentence for a senior police officer convicted of destroying computer evidence related to the national spy agency's alleged meddling in the 2012 presidential election.

감형을 결정한 곳은 고등법원인데 이 기사의 lead를 보면 하급 법원인 지방법원의 결정으로 오해할수 있게 되어있다. Lead에 고등법원 판결임을 명확히 해야 한다. 이에 대한 내용이 네 번째 단락에 가서야 언급되고 있다.

☞ SEOUL, Nov. 28 (Yonhap) -- A Seoul appellate court, slightly mitigating a lower court ruling, handed down a suspended nine-month jail sentence to a police officer convicted of destroying evidence related to the national spy agency's alleged meddling in the 2012 presidential election, saying that his role in the crime was insignificant.

In June, the Seoul Central District Court had sentenced

the police inspector surnamed Park to nine months in jail for deleting computer files at the Seoul Metropolitan Police Agency (SMPA) ahead of a prosecution raid on his office in May 2013 to secure incriminating evidence.

The high court said the 36-year-old inspector did this to botch prosecutors' attempt at determining whether the police tried to soft-pedal their investigation into the alleged election meddling by the National Intelligence Service (NIS).

XXX

40

SEOUL, Dec. 1 (Yonhap) -- The South Korean government vowed full support Monday for the nascent Rajin-Khasan project, saying it would help spur the "Eurasia Initiative" proposed by President Park Geun-hye.

The unification ministry described the logistics program, which is on a test run, as the "starting point" for economic cooperation among the two Koreas and Russia.

"It is meaningful as a project to lay the foundation for realizing the Eurasia Initiative, peace in Northeast Asia and the renovation of our economy," ministry spokesman Lim Byeong-cheol said at a press briefing.

He was referring to South Korea's plan to bring Russian coal through the North's port of Rajin.

In the landmark pilot operation, 40,500 tons of Russian coal arrived in the South on a Chinese-flagged ship over the weekend from Rajin. The coal was transported from the Russian town of Khasan to Rajin on a 54-kilometer railway that was re-connected last year.

South Korea's top steelmaker POSCO is set to unload the coal from the ship at its iron mill in Pohang later Monday.

Lim said his government will provide every necessary support for the tripartite project in an effort to achieve the Eurasia Project.

Last year, President Park suggested linking energy and logistics infrastructure in the Far East and Europe.

But Seoul is not yet considering any other measure such as the modernization of the North's Rajin port, he added.

Re Lead:

SEOUL, Dec. 1 (Yonhap) -- The South Korean government vowed full support Monday for the nascent Rajin-Khasan project, saying it would help spur the “Eurasia Initiative” proposed by President Park Geun-hye.

Lead에 언급된 “Rajin-Khasan project”는 어떤 사업 구상인가? 이에 대한 빠르고, 명쾌한 설명이 필요해 보인다. 독자가 모든 것을 알고 있으리라는 가정하에 기사가 작성되어서는 안 된다. 여러 번 강조했지만 기사는 모든 독자가 어려움 없이 이해할 수 있을 정도로 평이하게 작성되어야 한다.

SEOUL, Dec. 1 (Yonhap) -- After a successful test-run of a long sought-after logistics project linking the two Koreas with Russia, South Korea vowed full support Monday for it, saying that it would help spur the “Eurasia Initiative” proposed by President Park Geun-hye.

In the first phase of the project, North Korea’s northeastern port of Rajin has recently been connected with Russia’s far eastern city of Khasan by a 54-kilometer railway.

In a test-run of the new rail link, 40,500 tons of Russian coal was transported from Siberia to Rajin and then to South Korea by ship last weekend.

South korea's Unification Ministry hailed the project, calling it the "starting point" for long-term economic cooperation among the three countries. The project fits into Park's proposal to build sustainable logistics networks for shipment of South Korean goods to Europe.

"It is meaningful as a project to lay the foundation for realizing the Eurasia Initiative, peace in Northeast Asia and the renovation of our economy," ministry spokesman Lim Byeong-cheol said at a press briefing.

x x x

41

SEOUL, Dec. 8 (Yonhap) -- North Korea has replaced its air force chief, Pyongyang's state media confirmed Monday, as leader Kim Jong-un inspected a major aviation unit.

The Korean Central News Agency (KCNA) identified Lt. Gen.

Choe Yong-ho as commander of the air and anti-air forces of the Korean People's Army, while calling his predecessor Col. Gen. Ri Pyong-chol a "responsible worker" at the Workers' Party of Korea.

Ri led the air force until recently, according to earlier reports by the KCNA.

It is unusual for a two-star general to take command of the North's Air Force, with a three-star general being transferred to the Central Committee of the party apparently to hold a high-ranking position.

The replacement may be part of efforts to increase the party's influence over the Air Force, observers said.

South Korea's unification ministry said it is aware of the replacement. But it said it has no credible information yet on the reason for it or related background.

Re 2nd para:

"The Korean Central News Agency(KCNA) identified Lt. Gen. Choe Yong-ho as commander of the air and anti-air forces of the Korean People's Army, while calling his predecessor Col. Gen. Ri Pyong-chol a "responsible worker" at the Workers' Party of Korea."

북한의 군 계급체계는 서방 세계와 달라 혼란스럽다. 한국은 미국의 군 체계를 따르고 있으나 북한은 러시아 군 체계를 그대로 따르고 있기 때문이다. 이에 따른 혼란을 해소하는 방법으로 양쪽의 상응한 계급을 기사에 명기하는 것이다. 남·북의 군 계급 체계의 차이는 파트 1 Stylebook(p 310~311)에서 자세히 설명한바 있다.

☞ SEOUL, Dec. 8 (Yonhap) -- In what appeared to be an unusual move, North Korea has named a two-star general to head its air force, a post usually taken by a three-star general, according to the North's state-controlled media on Monday.

Secretive North Korea seldom announces its military reshuffles. Ousiders often know them belatedly through the country's media.

The latest North Korean military reshuffle was known when the country's state media identified Lt. Gen. Choe Yong-ho as commander of the air and anti-air force of the Korean People's Army while calling his predecessor Col. Gen. Ri Pyong-chol a "responsible worker" at the ruling Workers' Party of Korea.

The North's Korean Central News Agency (KCNA) said the new commander accompanied leader Kim Jong-un on an inspection tour of an aviation unit.

According to North Korea's military system, a lieutenant general is equivalent to a two-star general in South Korea and the United States, while a colonel general is a three-star general.

North Korea experts in Seoul said that it is unusual for a two-star lieutenant general to take command of the North's Air Force with a three-star colonel general being transferred to the Central Committee of the party where he apparently was given a high-ranking position.

x x x